ミネルヴァ日本評伝選

北条義時

これ運命の縮まるべき端か

岡田清一 著

ミネルヴァ書房

刊行の趣意

「学問は歴史に極まり候ことに候」とは、先哲荻生徂徠のことばである。

歴史のなかにこそ人間の智恵は宿されている。人間の愚かさもそこにはあらわだ。この歴史を探り、歴史に学んでこそ、人間はようやくみずからの正体を知り、いくらかは賢くなることができる。新しい勇気を得て未来に向かうことができる。徂徠はそう言いたかったのだろう。

「ミネルヴァ日本評伝選」は、私たちの直接の先人について、この人間知を学びなおそうという試みである。日本列島の過去に生きた人々の言行を、深く、くわしく探って、そこに現代への批判を聴きとろうとする試みである。日本人ばかりではない。列島の歴史にかかわった多くの異国の人々の声にも耳を傾けよう。

先人たちの書き残した文章をそのひだにまで立ち入って読み、彼らの旅した跡をたどりなおし、彼らのなしとげた事業を広い文脈のなかで注意深く観察しなおす——そのとき、はじめて先人たちはいまの私たちのかたわらによみがえってくる。彼らのなまの声で歴史の智恵を、また人間であることのよろこびと苦しみを、私たちに伝えてくれもするだろう。

この「評伝選」のつらなりのなかから、列島の歴史はおのずからその複雑さと奥ゆきの深さをもって浮かび上がってくるはずだ。これを読むとき、私たちのなかに新たな自信と勇気が湧いてきて、その矜持と勇気をもって「グローバリゼーション」の世紀に立ち向かってゆくことができる——そのような「ミネルヴァ日本評伝選」にしたいと、私たちは願っている。

平成十五年（二〇〇三）九月

上横手雅敬
芳賀　徹

三鱗紋兵庫鎖太刀（北条太刀）（部分）

（東京国立博物館／Image: TNM Image Archives）

この太刀は鞘の地板に北条家の三鱗紋があり，
北条氏が伊豆三嶋大社へ奉納したものと伝えられている。

覚園寺本堂薬師堂

（十文字美信撮影）

和田合戦図屛風

（都城市立美術館寄託）

北条義時――これ運命の縮まるべき端か　目次

図版一覧

序章　変化する人物像

迫られる再評価

十三世紀前半、承久三年（一二二一）五～六月に起こった承久の合戦（いわゆる承久の乱）は、東国の武士を基盤とする鎌倉の幕府勢が京方の軍勢を各地で破り、京内に進駐した初めての事件ではなかったかと思う。それ以前、治承～文治の内乱期に、寿永二年（一一八三）七月、木曾義仲率いる軍勢が、あるいは源頼朝の指示によって平家追討を命じられた源範頼・義経が洛中に攻め入ったことがあったものの、それまでであった。承久の合戦では、北条義時の命に基づいて進駐した泰時・時房が、後鳥羽院政を廃止して後堀河天皇を即位させ、はたまたその父にあたる行助法親王（後鳥羽上皇の兄）を還俗させて後高倉院政を開始させるなど、国政の変革をもたらしたことなど、かつて無かったことである。

従来、承久の合戦については、後鳥羽上皇の倒幕計画が発端という理解が一般的であった。しかし、当時、下された官宣旨や院宣が北条義時の追討を前面に出したものという事実から、後鳥羽上皇の目的は義時追討にあり、倒幕でなかったことが指摘されて久しい。さらに、なぜ倒幕という目的に変容していったかについて、時代が降るなかで、変化していった過程を詳細に検討する実証的な研究も現れた（長村 二〇一五）。

それは、治天《ちてん》の君《きみ》の志向する方向性と幕府のそれの違いなのか、あるいは幕府が全国政権化するなかで、新たな国制へのスタートなのかなど、南北朝期の動乱が従来の荘園体制を交替させ、守護領国制を形成させるなど、大きな変革をもたらしたという評価をもつなかで、承久の合戦ももう一度考える時期にきている。

そして、この戦いを進めた幕府方の中心人物の一人が、北条義時であった。義時は、鎌倉幕府体制が変化するなかで幕政に大きく関与してきたためか、政治史や鎌倉期の通史的叙述のなかで描かれてきた。その結果、かれ個人をテーマに描いた著書は意外に少ない。戦前の、悪意に充ちた記述はともかく、佐藤進一氏「北条義時」（河出書房『日本歴史講座』三、一九五一）はその嚆矢であろうが、細部にわたるものではない。そうしたなかで、安田元久氏『北条義時』（吉川弘文館、一九六一）は、背景となる時代性を活写して義時を描いたもので、今なお高い評価をもつ。しかし、安田氏の著書は昭和三十年代の刊行であったから、その後の著しい研究の進展を視野に入れた義時が待たれるところである。近年、田辺旬氏は、そうした研究成果を著されたが、紙幅の関係から詳述できないところも少なくない（田辺 二〇一四）。

ところで、『鎌倉遺文』が刊行され、それらを活用した多くの成果が出現するなかでも、鎌倉時代の幕府政治が将軍独裁（親裁）制から執権政治、そして得宗《とくそう》専制へと変化していったという理解は、基本的にはほぼ定説化しているといってよい（五味 一九八八）。もちろん、将軍の独裁は頼朝の時代だけか、頼家・実朝の時代も含まれるのかについては見解が分かれるところである。そもそも、頼朝の独裁制自体が当初からのものなのか、それとも順次独裁化されたのかについても異なる見解がある（岡田 二〇〇六）。その際、前者の前提に頼朝の「貴種」性があり、後者の前提に「貴種」性の限界、主従制の限界があるように思われる（川合 二〇〇四・関 二〇〇一）。

また、執権政治にしても、その始まりを頼朝死後の時政に求めるのか、義時に求めるのか、あるいは義時死後の泰時から始まるのか、見解の相違は大きい。その違いは、将軍の独裁（親裁）制が頼朝だけなのか、頼家期を含めるのか、さらに実朝期まで含めるのかなどとも関連する。

それは、得宗専制についても同様である。時頼から始まるにしても、有力御家人三浦氏を滅ぼした「宝治合戦」後か、寄合《よりあい》政治を始めた時か、あるいは執権を長時に譲った時、あくまでも「眼代《がんだい》」であったことを重視するのか、さらに貞時にしても、御内人《みうちびと》平頼綱によって有力御家人の安達氏が滅亡した霜月騒動を重視するのか、平頼綱を滅ぼした「平禅門の乱」なのか、多くの見解が錯綜している。

さらに、こうした三段階論を前提にしても、執権政治こそ幕府政治の本質と見る考え（安田 一九七九）に対して、真の執権政治は泰時段階だけであり、それ以外は独裁と専制であったのであり、わずか二十年ほどの泰時時代が幕府政治の本質、幕府が追い求めた体制ではないとの考えもある（杉橋 一九八一・岡田 二〇〇六）。

もう一人の義時像

そして、こうした幕府政治の中心に位置する北条氏自体をどのように評価するかについても、再検討が迫られつつある。北条氏が伊豆国の有力在庁官人とする古典的考えに対して、それを否定する見解が多く生まれた。ところが近年は、各地で進められる発掘の成果から、交通と流通による交流の盛んな中世という視点が重視され（永原 一九九五・峰岸／村井 一九九五・綿貫 一九九八）、閉鎖的中世社会という理解が捨て去られると、交流盛んな中世観は北条氏ばかりか、当時の御家人社会の研究にも大きな影響を与えている（野口 二〇一七）。

しかし、いずれにしても豪族的な武士団ではなかった北条氏が、変転する幕府政治のなかで、多くの御家人を滅ぼして頭角を現し、幕府政治を主導するにいたったことは事実であるから、そして、最後に滅び去ったことも事実であるから、いかに主導できたのか、なぜ亡んだかをいかに整合性をもって表現できるかになりやすいことも事実である（永井 二〇〇〇）。だが、それでは結果論に充ちた叙述に陥り易いし、歴史の変化を単純化させることにもなる。個々の事件、戦いにはそれなりの原因があり、滅ぼされた側にもそれなりの理由があったはずである（岡田 一九八三）。この点を描ききらねば、平準化した歴史となってその力強さを失うことにもなる。

そうした躍動感のなかで、個々の人間がどのように判断し、どのように動いたのか、あるいはなぜそうしなければならなかったのかを明らかにできれば、個々の人間が関与した歴史を活き活きと描くことができよう。

その際、歴史資料との間合いを常に考える必要があろう。史料は、偶然残されたものもあれば、あるいは意図的に残されたものもある。偶然にせよ、意図的にせよ、残された史料は一部であり、すべてではない。とくに後者の場合、残された背景・背後にある筆者・編者の意図をも探らねばならないことはいうまでもない。

本書は、微細に記述されるところも少なくない。しかし、細かな事実の積み重ねのなかから、人物像を描き出そうとする手法は、歴史事実を追求する際の基本手段であろう。その結果、義時の「天性の器量」と兄宗時の死という「一つの偶然」によって「幕府の中心人物として活躍」したという評価（安田 一九六一）とは異なる、もう一人の義時が描写できるのではないか、と考えている。

それは、その負の側面も含めて描くことであり、そうした葛藤のなかで成長する人間像を描くことでもある。そこでは、負の側面は成長の証しであって、その人物を貶めるものでは決してない。負の側面を畏れずに事実を追求する姿勢と、その結果、得られた成果はなにものにも替えがたく、そこに、歴史の醍醐味があると確信している。

第一章　「北条」の大地のなかで

1　北条氏の原風景

北条氏の家系

北条義時は、北条時政を父として、長寛《ちょうかん》元年（一一六三）に誕生した。四年前の平《へい》治《じ》元年（一一五九）十二月には、いわゆる平治の乱が勃発し、翌年正月、義朝が尾張国内で謀殺されると、三月には頼朝が伊豆国に配流された。義時が誕生した時、頼朝はすでに伊豆国で三年を過ごしていた。

以後、平清盛は、仁安元年（一一六六）十一月には内大臣、翌年二月には太政大臣となって、平家一族が権勢を極めようとしていたが、幼い義時にとって、それは遠い、かけ離れた世界のできごとであった。

ところで、義時が誕生した当時の北条氏については、不明な点が多い。父の時政についても、大き

円成寺遺跡（池谷 2010より）

く二つの考えが交錯する。その一つが、伊豆国の在庁官人《ざいちょうかんじん》であったとするものであり、もう一つが対照的に、無位無冠の小規模な武士（団）のひとりであったとする指摘である。

そうしたなかで、北条氏の本拠、苗字の地でもある「北条」（伊豆の国市）に関心が払われつつある。その背景に、北条氏の館跡と考えられる円成《えんじょう》寺《じ》遺跡で進められている発掘の成果がある（池谷 二〇一〇）。その詳細については後述することにして、しばらくは文献史料から、北条氏の家系や伊豆国内の状況について見ていこう。

といっても、北条氏の場合、その不明瞭さが際立つ。北条氏の系譜が収録されたものに、『尊卑分脈《そんぴぶんみゃく》』や『続群書類《ぞくぐんしょるい》従《じゅう》』、『系図纂要《けいずさんよう》』がある。その他、単独の系図には、野津《のづ》本「北条系図、大友系図」や前田家本「平氏系図」、正宗《しょうじゅう》寺《じ》本「北条系図」などがある。野津本「北条系図、大友系図」は、豊後国に西遷《せいせん》した鎌倉御家人大友氏の一族野津氏に伝えられた系図で、現在は皇學館《こうがくかん》大学史料編纂所が所蔵している（皇學館大学『福富家文書』二〇〇七）。本系図は、かつて田中稔氏が翻刻、紹介し、十四世紀を降らない時期の成立と指摘している（田中 一九八五）。

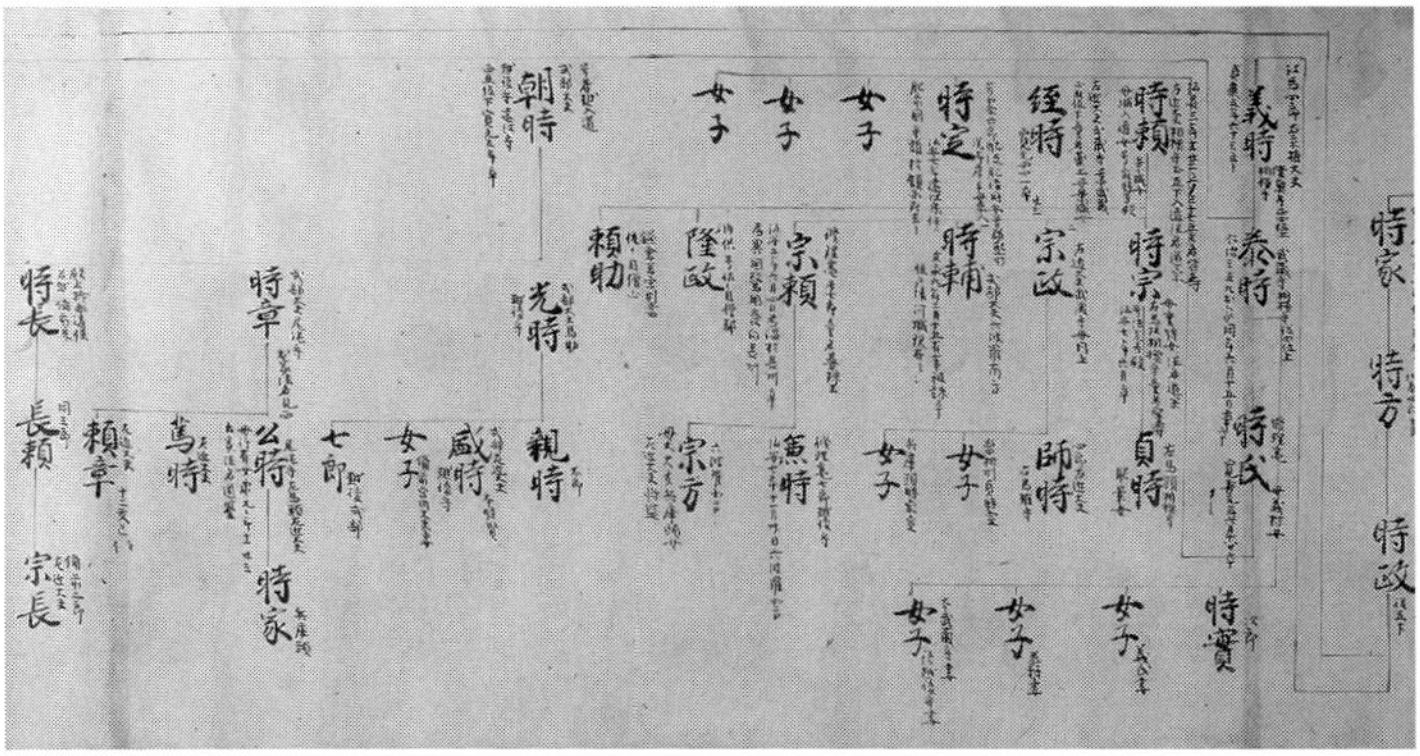

野津本「北条系図，大友系図（福富家文書）」
（皇學館大学史料編纂所蔵）

前田家本「平氏系図」は、財団法人前田育徳会所蔵の系図で、細川重男氏が翻刻している（細川 二〇〇〇）。正宗寺本「北条系図」は、秋田県立秋田図書館が所蔵する系図であるが、茨城県常陸太田市にある佐竹氏の菩提寺「正宗寺」に伝来したものである。

北条氏の出自

『続群書類従』には二種の系図が収録されているが、この二種の系図は、時政の曾祖父聖範が「阿多美禅師」と名のって「阿多美」＝熱海との関連を示唆し、その孫にあたる時兼を「北条介」と記述して伊豆国との関係を継承させ、その兄弟にあたる時家（時政の父）は「北条四郎大夫」として時政の「四郎」と関連づけている。

一方、『尊卑分脈』は、時政の祖父として時家を記載して「伊豆介」であったとするなど、時家は時政の父なのか祖父なのかさえ不確かである。こうした多くの系図に共通するのは、桓武平氏貞盛流《さだもりりゅう》にして、貞盛の子維将《これまさ》に始まること、その孫直方《なおかた》の子孫という点

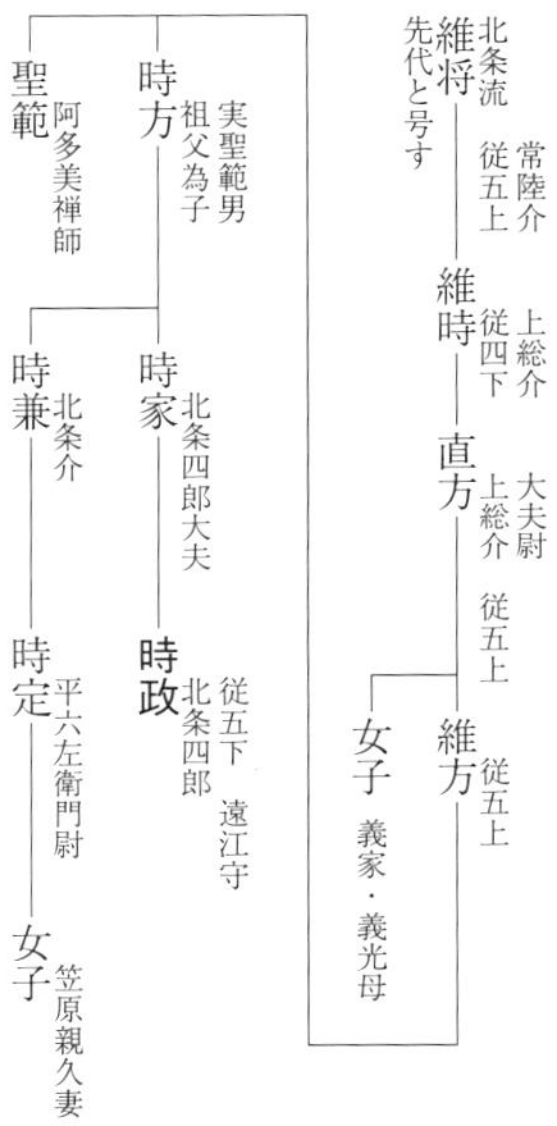

系図1　北条氏略系
（続群書類従本）

だけになる（立花 二〇〇六）。

しかも、阿多美禅師を名のった聖範や北条介を名のる時兼、北条四郎大夫を名のった時家について、いずれも同時代の史料から確認できるものではない。なお、時政が遠江守に就任したのは正治二年（一二〇〇）のことで、源頼朝の挙兵に加担してからであるから、それ以前の家系を考える手立てにはならない。

こうしてみると、時政の父からして時方とするもの、時家とするものがあって、その系譜を確定できず、幕政に大きな影響を与えた一族の系譜としては疑問が多すぎる。このような系図の現況を前提に、系譜が正確に伝わるような家系ではなかったとの指摘があるのは当然である（細川 二〇一一）。

時政は在庁官人か

一般に、北条氏は伊豆国の在庁官人といわれるが、その明確な根拠は確認できない。わずかに元弘三年（一三三三）二～四月に下された護良親王《もりよししんのう》の令旨《りょうじ》に「伊豆国在庁北条遠江前司時政」や「伊豆国在庁時政」と記載されるが、いずれも討幕をめざす護良親王の令旨に限られる。令旨自体が北条氏打倒というきわめて明確な目的意識をもった文書であり、しかも時政と同時代の史料ではない。ほかに、同年三月の護良親王令旨案や同年五月の結城宗広の軍忠状案に「伊豆国在庁高時法師」とあって、北条高時と伊豆国府との関係を記述するが、令旨と同様に考えられ、高時（北条氏）が伊豆国府に関わっていたことを証明するものではない。

また、後白河法皇の皇子以仁王《もちひとおう》の令旨が、源行家によって頼朝の在所「伊豆国北条館」に届けられた時、頼朝が時政を招いて令旨を見たことを記載する『吾妻鏡《あづまかがみ》』治承四年（一一八〇）四月二十七日条にも「上総介平直方朝臣五代の孫、北条四郎時政主は当国の豪傑なり」とあるのみで、伊豆国衙との関係を示す文言はない。

『吾妻鏡』は、鎌倉時代後半、幕府の中枢にいた複数の人物によってまとめられたもので、当時の権力者である北条得宗《とくそう》家側からの記述ともいわれる。そうした史書に初めて現れる北条時政であるにもかかわらず、無位無冠の「豪傑」と記述せざるをえない程度の武士団の長であったとも評価できる。

しかも『吾妻鏡』建久四年（一一九三）二月二十五日条には、時政の眼代として在京した時定の父を「北条介時兼」と記載し、時定自身は文治二年（一一八六）七月に左兵衛尉、同五年四月に左衛門尉に任じられており、官途《かんと》からすれば、時兼系こそ伊豆国の在庁官人であったと考えざるをえない。

多くの識者が指摘するように、この時の時政はなんら官爵《かんしゃく》をもたず、単に「四郎」とあるのみで、「豪族」という抽象的な表現で有力者ということを暗示しているに過ぎない。ここでは、直方の子孫を強調しているが、あるいは野口実氏が指摘する源頼義との婚姻関係に基づいて、源家との関係を、『吾妻鏡』の編者が意識づけているとも考えられる。それは、五代前の先祖を持ち出して素性を記述せざるをえないほど、現在の時政には何も無かったと考えることもできる（野口　一九八二）。

系図に関する研究、家意識や名のりに対する研究が深められている現在、父時方あるいは時家が五位の位階を有し、あるいは伊豆国の「介」に就いていたならば、時政の名のりも「介四郎」や「大夫四郎」（大夫は五位以上の称、五位を有する父の子の意）、あるいは「伊豆四郎」などと記載されるはずである。単なる「四郎」という名のりからは、在庁官人の有力者の後継者とはまったく想定できないという本郷和人氏の指摘はもっともである（本郷 二〇〇四）。

では、時政はまったくの小規模な武士団であったかというと、それほど簡単ではない。たとえば杉橋隆夫氏は、時政の後妻である牧《まき》氏の系譜的関係を検討し、

①時政の後妻である牧氏（牧方《まきのかた》）は、平清盛の継母である池禅尼《いけのぜんに》の姪にあたり、その家系は平安時代末期、院近臣グループを形成していた。

②牧方は駿河土着の者ではなく、京都にしかるべき基盤を有する家柄の出身であり、時政との結婚後も継続して京都との縁を維持していた。

③牧方の父である宗親および伯父にあたる宗長・宗賢兄弟は、東国との関わりが密接であった。

④時政と牧氏の婚姻は、平治の乱時、あるいは乱以前に遡る時期に成立していた。

⑤源頼朝が伊豆国に配流されたのは、池禅尼―牧氏―北条時政の関係があったためである。

などを指摘する（杉橋 一九九四）。

これを受けて関幸彦氏は、北条氏の本拠円成寺遺跡の発掘成果を加味するとともに、なぜ『吾妻鏡』の編者が時政を「豪傑」と記述したのかを肯定的に受け止め、北条氏を伊豆国の有力領主と主張する（関 二〇〇四）。関氏は、『吾妻鏡』に記載されていないからといって、時政＝非在庁説に直結するものではないと強調するが、時政あるいは北条氏が在庁に基盤を置く有力武士団であったことを実証しているわけではない。

『吉口伝』の衝撃

ところが、ここに貴重な文献が、森幸夫氏によって紹介された（森 一九九〇）。すなわち、『吉口伝《きちくでん》』（『続群書類従』十一輯下）である。『群書解題《ぐんしょかいだい》』第五の『吉口伝』解題（岩橋小弥太執筆）によれば、『吉口伝』とは、延慶《えんきょう》元年（一三〇八）十二月、蔵人頭《くろうどのとう》に就いた吉田（甘露寺《かんろじ》）隆長が兄定房から、「諸公事」の故実について受けた教えと、さらに定房の日記から関係部分を抄出したものである。

その際、隆長は書札を兄に送ると、定房はその書状に返事を記入して返すというかたちで、正和元年（一三一二）正月から正慶二年（一三三三）四月まで二十年にわたって行われた。したがって、吉田家に口伝された故実とでもいうべきものである。また、日記は永仁元年（一二九三）正月から応長元年（一三一一）の記事まで十九年分から抄出しているが、定房の日記は永仁元年分しか現存せず、その意味からも貴重な史料であるという。以下、関係部分を読み下しておこう。

元弘二、四、三、相語らる条々

（中略）

一、頼朝卿憑《たの》み申す故大納言（吉田経房）由来のこと。

大秦故右衛門（吉田経藤）権佐入道相語りしは、伊豆国を故大納言殿知行せしめ給う。この時、北条四郎時政、在庁として奇恠《きかい》のことあり。国司召し籠めらる。すなわちその時、大納言殿の行迹以下、時政ことごとく甘心申しけり。すなわち、右幕下（源頼朝）に語り申すの間、賢人ゆゆしき人と相存じて憑み申しけり。重泰祇候して申して云く、先年御使いとして、関東に下向の時、大方禅尼申しけるは、前大将（源頼朝）の時、旧好みな存知せしむることなり。大将出世の時、天下の諸人面々媚び承け候き。しかして、この大納言一人、いっさい承る旨無し。すなわち、若し平家一体の仁かなど相存ずるのところ、その儀なきの間、賢人と存じて、ことに憑み申すぞと承り候きと申すなり。

元弘二年四月三日、隆長が定房に問い合わせたところ、定房は伯父の大秦故右衛門権佐入道経藤が語った内容を用いて応答したのである。文意に不明な点があるが、森氏の解釈を参考にしてその大意を整理すれば、次のようになる。

吉田経房が伊豆国を知行していた時、北条時政は在庁官人として「奇恠のこと」をはたらいたため、国司によって召し籠められた。それに対して、経房の「行迹」＝対応については時政が悉く感心した。その後、時政は経房の「行迹」を頼朝に話したので、頼朝は賢人＝経房を「ゆゆしき人」（すぐれた人）と認め、「憑み申し」たのである。重泰がやって来て申すには、以前、使者として関東に下向した際、大方禅尼が、頼朝生前中の経房との「旧好」は知っている。「大将」＝清盛が出世した時、人びとは媚び諂ったが、経房だけはしなかった。あるいは平家と一体の人ではないかと思っていたが、媚びることもなかったので、頼朝は賢人と思い、とくに「憑み申」したのであると承った、と重泰に申したのである。

『吉口伝』の周辺

森氏は、吉田経房の伊豆国知行は確認できないものの、仁平元年（一一五一）七月二十四日、伊豆守に任じられ、重任されて保元三年（一一五八）十一月まで在任したこと、経房十歳の時から十八歳までに下向したとは考えられないが、七年以上の在任中、在庁官人との結びつきが発生したと想定している。

さらに、経房の父光房について『尊卑分脈』に「号伊豆弁」とあること、経房の兄信方が久安四年（一一四八）正月に伊豆守に任じられ、在任中の仁平元年に没しており、久安四年から経房が離任する保元三年までの約十一年間、光房の子息二人が伊豆守であったことなどから、光房こそ知行国主ではなかったか、こうした事実関係から『吉口伝』の「伊豆国を故大納言殿知行せしめ給う」は、経房が知行国主ではなく、伊豆守として国務を担当していたと指摘、こうした時政との出会いが、経房を関東申次とする頼朝の判断をもたらしたと結論づけている。

従来知られていなかった史料を「発見」し、時政在庁官人説を補強した森氏の指摘は大きい。しかし、すべて肯定できるだろうか。定房の返答は、伯父経藤からの伝聞であることに不安を感じる。経藤の語った内容が何に基づくものであるかわからない。

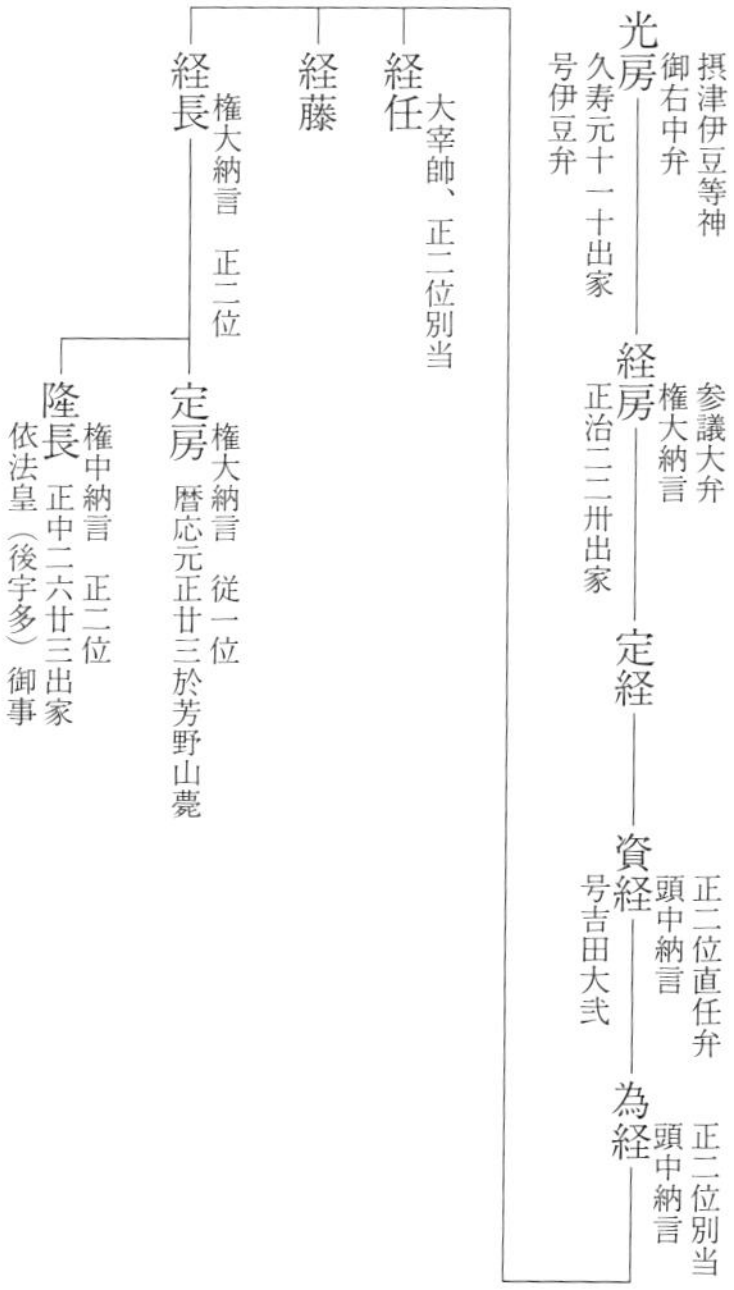

系図2　吉田氏略系（尊卑分脈）

また、『尊卑分脈』に記載される「伊豆弁」は、弁官との関連が考えられる。すなわち、光房は久安三年正月二十八日、蔵人のまま右少弁に任じられ、仁平三年（一一五三）閏十二月には、権右中弁のまま蔵人頭を兼任、左少弁を経て久安六年四月には権右中弁、仁平元年には正四位下、同四年十一月、四十六歳にて卒している（『弁官補任』第一）。

この間、久安四年には子息信方が、仁平元年から保元三年までは次子経房がそれぞれ伊豆守に就いているから、二人の子が伊豆守に在任中、光房は弁官として勤仕しており、それゆえに「伊豆弁」と号したのであって、知行国主との関係だけで解釈できるものでもない。蔵人頭と弁官を兼ねた場合、「頭弁《とうのべん》」と称される事例もある。

なお、定房は大覚寺統に重用され、徳治元年（一三〇六）には後宇多上皇の院使として、さらに元亨元年（一三二一）にも使者として鎌倉に派遣され、後醍醐天皇の親政開始を申し入れている。『吉口伝』にみえる「先年御使いとして、関東に下向の時」とは、このいずれかの定房自身の可能性もある。その後、後宇多上皇の子尊治《たかはる》親王の「乳父」を務め（『増鏡』）、文保二年（一三一八）に後醍醐天皇として即位すると仕えた。元亨三年（一三二三）十月、正二位にして権大納言の職を辞したが、元徳二年正月には従一位に叙せられ、さらに後醍醐天皇が復位した建武元年九月には内大臣に任ぜられるなど、その信を得た。北畠親房《きたばたけちかふさ》、万里小路《までのこうじ》宣房と合わせて「後の三房」と呼ばれたことはよく知られている。

この吉田家に北条時政＝在庁官人との伝聞が残り、さらに護良親王の令旨に「伊豆国在庁北条遠江前司時政」が記載されるなど、いずれも討幕をめざした後醍醐天皇周辺の史料に限定されることに不安を感じるのである。

2　伊豆国の武士たち

工藤氏と伊東一族

北条氏と伊豆国衙との関係を実証できないなかで、十二世紀後半、伊豆国に大きな影響を与えた武士団に工藤・伊東一族がいる。『尊卑分脈』や「工藤二階堂系図」（『続群書類従』六輯下）によれば、藤原不比《ふひ》等の長男武智麻呂《むちまろ》の系統で、為憲《ためのり》が木工助《もくのすけ》に任じられたため初めて工藤を名のったが、伊豆国押領使《おうりょうし》に就いた曾孫維職《これもと》の子孫である祐家・祐継・茂光兄弟が、伊東や河津、宇佐美・工藤を名のっているから、伊豆国府の南に位置する狩野郷を根拠に、

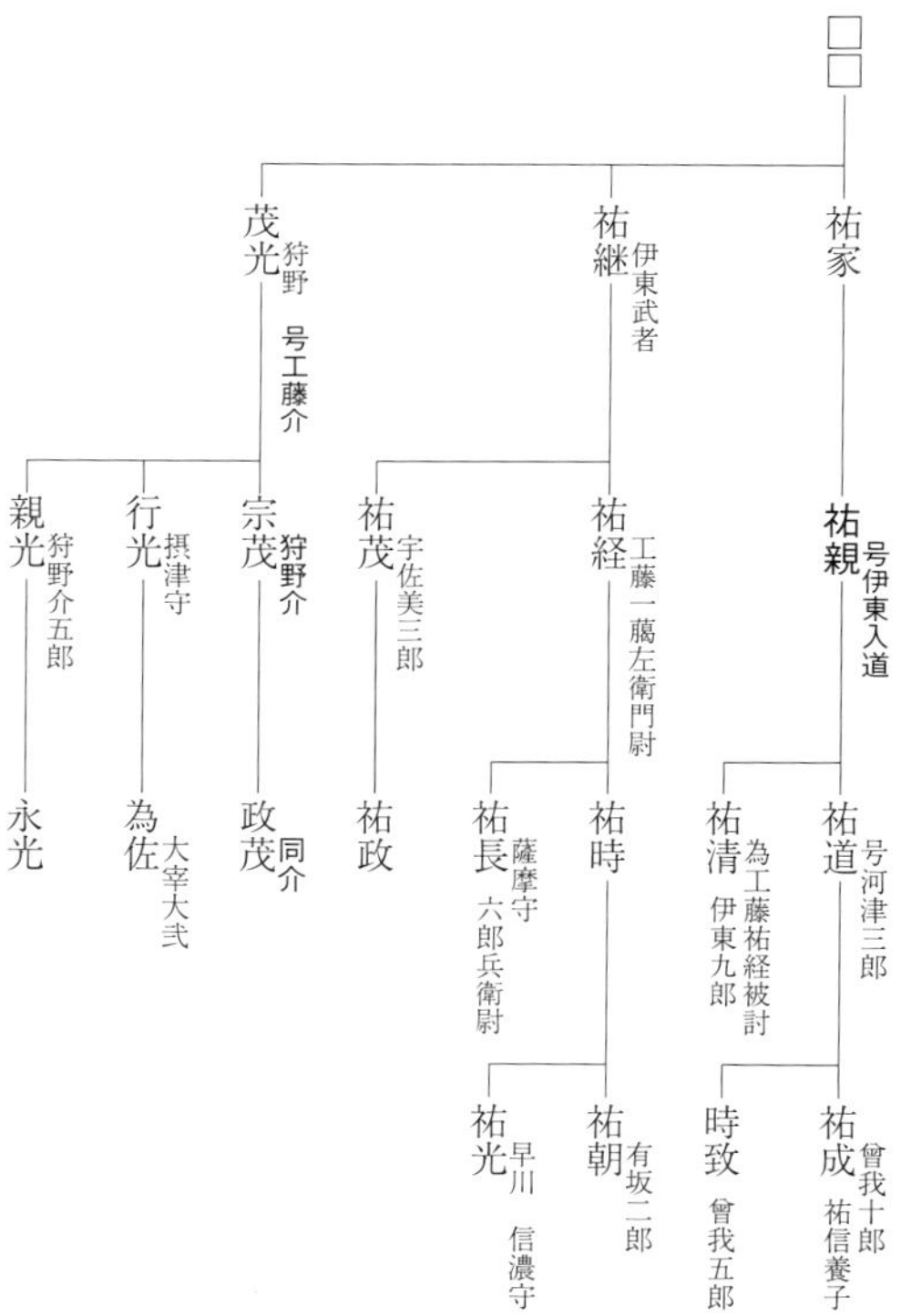

系図3　工藤・伊東氏略系

伊豆半島東岸にその支配地を拡張していったものと思われる。

ただし、祐家・祐継・茂光兄弟の父については、『尊卑分脈』が狩野四郎大夫家次とし、「工藤二階堂系図」は工藤定経、真名本『曾我物語』は祐隆とするなど混乱が見られる。この数家に別れた一族のなかで、とくに工藤介を名のる茂光《もちみつ》こそ本流であって、しかもこの「介」こそ、下総介や下野大掾《だいじょう》の系譜を引く、千葉氏（千葉介）や小山氏の類例からすれば、伊豆国の在庁に関わった証しでもある。

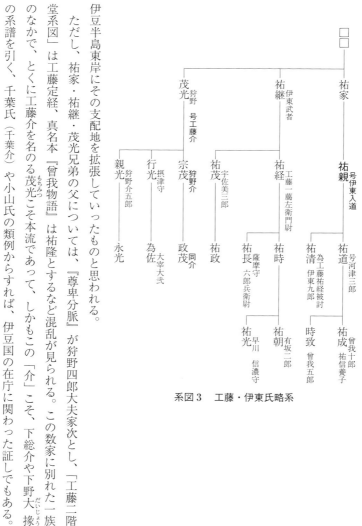

茂光については、治承四年（一一八〇）八月、源頼朝の挙兵に関連して、頼朝から「閑所」に招かれ、挙兵に際しては「そなたを頼りにするので励むよう」にと、慇懃《いんぎん》のことばをかけられた七人のひとりである。頼朝の人心掌握の手段として知られた逸話ではあるが、それを鵜呑みにした者がどれほどいたかはわからない。ただし、山木兼隆《やまきかねたか》を急襲して後、いわゆる石橋山《いしばしやま》の戦いで敗れると、行歩叶わず自殺しているから、すでに高齢の域に達していたのであろう。

元暦《げんりゃく》元年（一一八四）三月、一ノ谷の戦いで敗れた平重衡《しげひら》が鎌倉に送られた時、その身柄を預けられたのが茂光の子宗茂《むねもち》である。この時、宗茂は狩野介を名のっているが、千葉介・三浦介の事例のように伊豆国の「介」として国衙在庁との関わりを示しているのである。

伊豆の武士

伊豆国を本貫とする武士《もののふ》は、工藤氏や伊東氏だけではなかった。建治元年（一二七五）五月、幕府は焼失した京都の六条八幡宮を再建するため、御家人にその造営負担を求めた。その時に作成された「造営注文」には、「鎌倉中」一二三人、「在京分」二八人、「諸国分」三一八人の計四六九人という、おそらく最大規模の御家人名とその負担額が記載されている（福田 一九九五）。そのなかで、伊豆国の御家人としては、

伊豆国
土肥杢助跡　五貫　三戸尼跡　五貫
狩野弥三郎入道跡　三貫　南条七郎左衛門入道　三貫

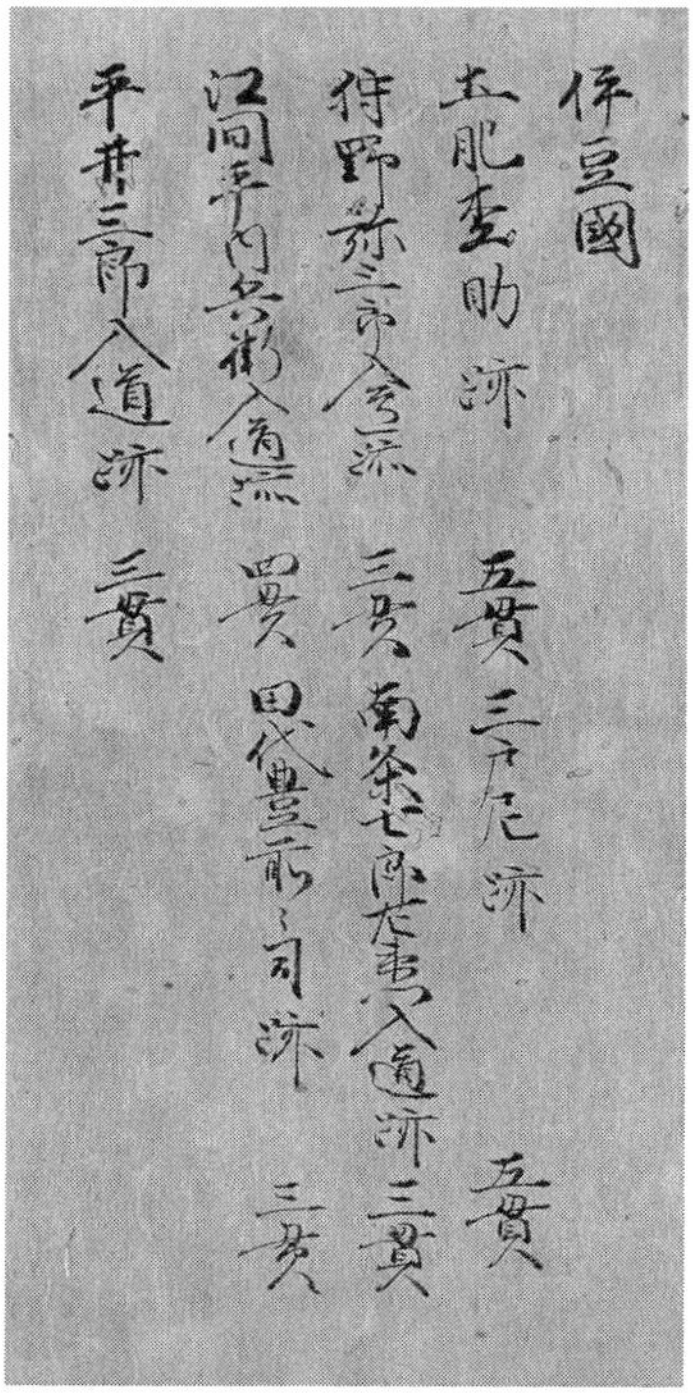
伊豆國
土肥[illegible]助跡　五貫　三戸尼跡　五貫
狩野弥三郎入道跡　三貫　南条七郎左衛門入道跡　三貫
江間平内兵衛入道跡　四貫　田代豊前々司跡　三貫
平井三郎入道跡　三貫

六条八幡宮造営注文
（国立歴史民俗博物館所蔵）

江間平内兵衛入道跡　四貫　田代豊前前司跡　三貫
平井三郎入道跡　三貫

の七名が記載されているが、もとよりこれがすべてではない。鎌倉に近接する地理的位置から、鎌倉に常駐する武士もいたと思われ、北条氏は当然のことながら、「鎌倉中」として記載されるなかにも、

伊東大和前司跡　六十貫
伊東薩摩前司跡　三十五貫

宇佐美左衛門尉跡　二十貫
狩野馬入道跡　十二貫
大見平次跡　十貫
狩野六郎左衛門入道跡　五貫

の六人が確実視される。

伊東、狩野、宇佐美、大見諸氏のように幕府草創に加わったことが確認される御家人だけでなく、南条・江間・田代・平井はいずれも田方郡に属して「北条」に近接している。三戸《みと》も三津《みと》とすれば、北条とは静浦山地と呼ばれる山々を隔てて駿河湾に面した地域であろう。また、相模国の御家人と思われる土肥氏が記載されるが、相模国にも「土肥左衛門入道　六貫」とあり、その一族が伊豆国内に所領を有した結果とも考えられる。さらに『吾妻鏡』からは、頼朝が山木兼隆を急襲した時の軍勢に加わった天野藤内遠景、天野平内光家、仁田四郎忠常、那古谷橘次頼時なども、「北条」に近い田方郡内を苗字の地としている。

このように隣接して多くの武士が存在することは、当然のことながら、それぞれの支配領域が狭いということを示している。一方でかれらは、隣接する地域だけでなく、広範囲の大小さまざまな武士と交流していたことは、真名本『曾我物語』に「武蔵・相模・伊豆・駿河・両四箇国の大名たち、伊豆の奥野の狩して遊ばむとて、伊豆の国へ打超えて伊藤が館に入りにけり。助親、大きに喜て様々に

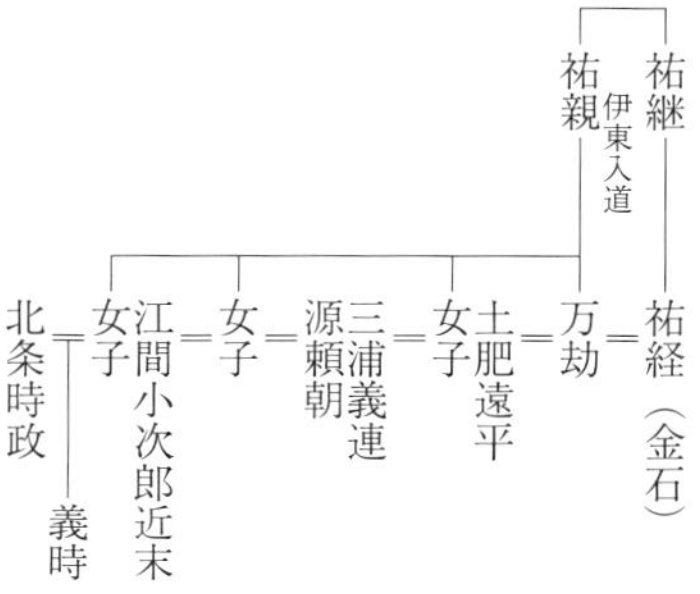

系図4　伊東祐親女子の婚姻

賞《もてな》しつつ三日三箇の酒宴ありけり。両四カ国の人々は、かれこれ五百余騎の勢を以て伊豆の奥野へ入りにけり」とあり、四カ国の五百余騎もの武士が集まって狩りを楽しむという、おそらく情報交換を兼ねて武芸の鍛錬に励むこともあったのである。

こうしたなかに、北条氏の名が確認できないのは不思議であるが、「北条」の近辺に、在地名を名のる多くの武士が確認されることは、北条氏の在地領主としての基盤がきわめて脆弱《ぜいじゃく》であることを意味する。

祐親三女と頼朝、江馬氏

伊東一族のなかで、中心的な役割をはたしたのは祐親であった。延慶本《えんきょうほん》『平家物語』や『源平闘諍録《とうじょうろく》』などによれば、祐親は娘四人に恵まれたが、長女は三浦義連《よしつら》に、次女は宇佐美祐経《すけつね》に嫁した後、土肥実平の子遠平にそれぞれ嫁したというから、『曾我物語』に見られる万劫御前のことである。ところが、残る二人の娘については、「第三の女、未だ男も無り」や「三、四（女）は未だ傍家を見ず」という未婚の状況であった。

そうした状況のなかで、永暦元年（一一六〇）三月、源頼朝が伊豆国に流されてきた。「艶書の数も重なる」ほど送ったためか頼朝に靡《なび》いた「伊東の三女は十六歳」、頼朝二十一歳の時であったというから、仁安二年（一一六七）のこと。当時、伊東祐親は大番役《おおばんやく》のために上洛しており、留守中のできごとであった。

ところが、嘉応元年（一一六九）七月、大番役も終わって帰国し、三女と頼朝とのあいだに長子千《せん》鶴《づる》が誕生したことを知った祐親は、「平家の聞こえあらば、祐親定めて其の罪科を蒙る」ことを怖れ、その郎従らに命じて千鶴を殺害する。そのうえで、頼朝から三女を引き裂いた祐親は、「当国の住人、「江葉《えマ》の小太郎近末」を聟《むこ》に迎えるのである。もっとも、三女は近末に靡かず、ひそかに縁者のもとに逃げ出したため、近末もどうすることもできなかったという。

北条と「江馬」

ところで、この三女が祐親によって嫁せられた相手が「江葉《えマ》の小太郎近末」であったという記述は重要である。延慶本『平家物語』には「当国ノ住人、エマノ小次郎」、真名本『曾我物語』には「当国の住人、江馬次郎」などと微妙に異なり、近末という実名も諸本で確認されるわけではないが、これらの資料から少なくとも江馬氏の存在は読み取れる。この「江《え》葉《マ》・エマ・江馬」が伊豆国の江馬であることは間違いなく、静岡県伊豆の国市、後述する守山中世史跡群の西側を北流する狩野川の西方約一キロメートル、大男山のさらに西麓に位置する。

また、真名本『曾我物語』によれば、「佐殿《すけどの》の伊藤の北の方取り奉りたりし江馬次郎」は、頼朝の挙兵後、伊東祐清とともに加賀国篠原で戦死する。その後、その幼児は北条義時によって養育されたが、義時が烏帽子親となり「江馬の小次郎」と名のらせたという。『吾妻鏡』建久四年六月一日条にも、祐清は平家方として「北陸道合戦」で討ち取られたとあるが、江馬次郎や幼児については書かれていない。

これらの説話を実証することは、かなり難しい。しかし、江馬氏が伊東祐親一族と密接な関係をもっていたこと、祐親が三女を頼朝のもとから引き離し、再嫁させたのであるから、流人のような不安定な存在ではなく、「江馬」を支配する領主であったことは認められよう。したがって、本来、この地域を北条氏が支配することはなかった。後に、義時が「江馬」を名のることになるが、それは北条氏伝来の所領であったからではない。

考えてみれば、北条という苗字から、それに対置される南条があったことは、『吾妻鏡』に散見する南条氏の存在から容易に推測できる。こうした分割地名は、もともとは一つのまとまった地域であったものが、何らかの事情で南北に分割されたものである（柳田 一九六八）。

現に、北条時政によって建立された願成就院《がんじょうじゅいん》の南域には中条が、さらに南の伊豆長岡駅周辺が南条であることを確認すると、本来一つにまとまっていた地域もそれほど広いものではなかったろう。まして、狩野川の西方に位置する江馬が、以前から北条氏の支配する地域内であったとは考えにくい。

少なくとも、頼朝の挙兵以前、北条氏が狩野川西方の静浦山地を経由して駿河湾にいたる交通路（あったとすれば）を掌握していたと想定することは難しいのではなかろうか。もちろん、狩野川の存在を軽視することはできず、北条氏の苗字の地「北条」とその下流域に位置する国府との関係も考慮すべきであるが、流通・交通の要路としての地勢的位置を、変化する時間軸のなかで検討することも必要であろう。後世、時政が幕府政治に大きな影響を与えた事実から、結果論的に理解する誤ちを犯していないかという不安を感じる時、やはり史料に語らせる手立てが必要であろう。

北条氏関連遺跡の発掘と成果

文献史料から見える北条氏像は、伊豆国を代表できるほどの「大名」ではなく、しかも苗字の地でもある「北条」周辺には、多くの武士が存在したのであり、きわめて限られた地域を支配する領主でしかない。

一方で、その館跡と伝えられる円成寺遺跡を含めた周辺の関連遺跡の発掘成果をもとにして、北条氏の特異性を指摘する研究が増えてきた。それらは、円成寺遺跡の出土品の特異性であり、それに関連した周辺遺跡との関係、さらに文献史料からの考察がそれに関わり合っているというのが現状であろう。

とくに、池谷初恵氏『鎌倉幕府草創の地――伊豆韮山の中世遺跡群』(二〇一〇)は、発掘担当者による、わかりやすい成果のまとめである。同書および同遺跡の調査報告書等によって得られる成果は多岐にわたるが、簡潔にまとめてみよう。

北条氏邸跡に比定される円成寺遺跡は、守山の北麓に位置し、西を狩野川が流れ、東には十キロメートル程で伊豆国府(三島市)にいたる下田街道が通る交通の要衝地にある。周辺には、願成就院(跡)や伝堀越御所跡、光照寺《こうしょうじ》遺跡、御所之内遺跡などが散在し、守山中世史跡群と総称される。

北条氏邸跡は全域が調査されているわけではないが、建物跡が集中する調査区北西部の遺構は、4期五段階の変遷が確認されている。そのもっとも古い時期(1期)は十二世紀中ごろ~後半に設定されるが、同時期に東遠江地方(静岡県菊川市周辺)で生産された山茶碗《やまちゃわん》が出土したことに基づく。その後、建物跡も増え、もっとも多くの建物が確認されるのは十二世紀末~十三世紀前半で2期にあたる。

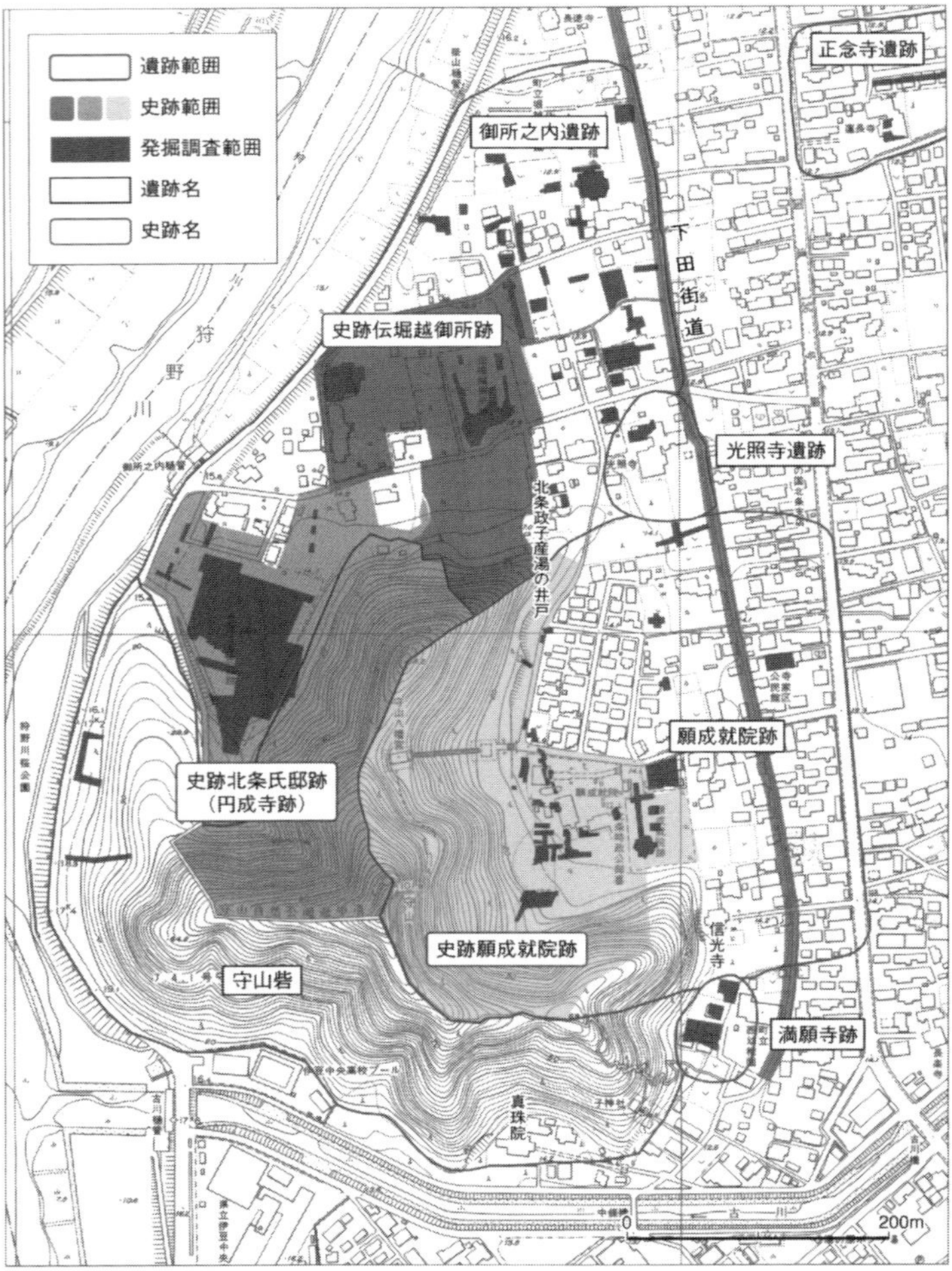

守山中世史跡群全図（池谷 2010より）

中国同安窯系《どうあんようけい》（中国福建省）の青磁碗、龍泉窯系《りゅうせんようけい》（中国浙江省）の劃花文碗《かっかもんわん》などの舶載《はくさい》（輸入）陶磁器のほか、地域でロクロ生産されたかわらけのほか、京都系の手づくねかわらけとして、白い胎土《たいど》の「白かわらけ」などが出土している。

舶載陶磁器は、入手が容易ではなく、もつこと自体が権威の象徴でもあり、「威信財《いしんざい》」としての役割をはたした。「かわらけ」は素焼きの皿で、使用後は清浄さを保つために廃棄されたが、その清浄さの極めつけは、ロクロで成形するのではなく、手づくねで成形したものが最上と考えられた。大量のかわらけが出土しており、北条館でもかわらけをともなう儀礼が行われたことを示している。さらに、手づくねのかわらけも一定量出土しており、京都や鎌倉との交流が考えられるという。

3期が十三世紀中ごろと考えられ、建物の存在が不明確になる時期である。調査区北部に集中する土坑からは、十三世紀中ごろから後半の遺物が出土する。4期は十三世紀後半から十四世紀初頭と考えられ、土坑墓《どこうぼ》五基が確認されるものの、屋敷跡は確認できない段階である。

こうした時期区分から、池谷氏は北条邸跡が十二世紀中ごろから使用され始め、十二世紀末〜十三世紀前半に最盛期を迎えるものの、十三世紀後半〜十四世紀初頭には屋敷地ではなくなると整理している。

『吾妻鏡』によれば、嘉禎二年（一二三六）五月二十七日、北条泰時は亡祖父義時の十三年追善《ついぜん》供養を行うため「北条」に下向、六月五日に挙行すると、願成就院の北側に塔婆《とうば》を建立したが、十一日夜半には鎌倉に帰っている。その後、北条氏と「北条」を結びつける資料は確認できない。北条氏が、幕府首脳として幕政を運営していくなかで、鎌倉に本拠を移し、北条の地を離れるという池谷氏の図式はわかりやすい。

しかし、円成寺遺跡を含めた周辺の関連遺跡の発掘はいまだ中途であり、何より円成寺遺跡内の北条氏館でさえ調査区の東側は下層の鎌倉時代の遺構までは発掘されていない。出土遺物も多岐にわたるものの、2期とされる時期も十二世紀末〜十三世紀前半と幅があって、時政段階と義時段階の違いを確認することさえ容易ではない。

時政から義時への権力移行期の様相が、遺構・遺物を含めて対応関係にあるかどうか、今後の発掘成果を待つ必要があろう。

第二章　幕府草創のなかで

1　義時の誕生

義時の家族

義時は、長寛元年（一一六三）に誕生した。病死したことを伝える『吾妻鏡』元仁元年（一二二四）六月十三日条に、「御年六十二」とあることからの逆算である。ちなみに、伊豆国に配流された源頼朝は、義時より十七歳年長であるから、当時の社会的通念からいえば、親子ほどの年齢差ともいえる。

義時の父はもちろん北条時政であるが、その母についてはわからず、わずかに前田家本「平氏系図」に「母伊東入道の女《むすめ》」とあるにすぎない。伊東入道とは、延慶本《えんきょうほん》『平家物語』にある「伊豆国住人、伊東入道祐親《すけちか》法師」のことである。

ところで、時政には少なくとも三人の妻が確認される。義時の母「伊東入道の女」が最初の妻と思われ、兄宗時や政子の母でもあった。次の妻は弟時房の母で、武蔵国の大族、足立遠元の娘である（「足立系図」『新編埼玉県史』別編4、一九九一）。そして、三人目の妻が、いわゆる牧方《まきのかた》である。

時政と三人の女性との婚姻期間は、いつごろからいつごろまでと見るべきだろうか。それぞれの所生の娘の婚姻関係を見ると、伊東入道の娘と時政とのあいだに生まれた子女は、政子の一一五七年、義時の一一六三年と、一一五〇年代後半から六〇年代前半の生まれである。他の子女の年齢はわからないが、政子の子は頼家の一一八二年、義時の嫡子泰時の一一八三年から始まり、実朝および政子の妹阿波局《あわのつぼね》の子阿野隆元は一一九二年となり、一一八〇年代から一一九〇年代初頭の生まれである。

ところが、牧方所生の子女は、政範の生年が一一八九年と唯一わかるだけであるが、その娘が婚姻関係を結んだ宇都宮頼綱の生年は一一七二年、藤原国通《くにみち》の生年は一一七六年であって、一一五〇年代後半から六〇年代前半生まれの政子・義時とは約十年間の年齢差があるように思われる。もちろん、親子ほどの婚姻や再嫁の場合もあったし、婚姻関係が重複している可能性もあろうから、年齢差だけで時政の婚姻期間を確定することは難しいが、所生の子は一人ではないのでおおよその年代設定はできよう。

なお、畠山重忠だけは義時と同世代である。重忠の没後、その妻室が再婚した足利義純は一一七六年生まれであるが、「時政前妻之聟」という「鎌倉年代記裏書《かまくらねんだいきうらがき》」の記述に基づけば、あるいは足立遠元の娘を母とすることも考えられる。

以上、時政の子女の生年等を考えてきたが、時政と伊東入道の娘との婚姻時期は、政子の生年一一五七年以前、足立遠元の娘とは一一七〇年代初め、牧方とは一一七〇年代前半が想定できる。

時政と牧氏・牧方

牧方については、杉橋隆夫氏の「牧の方の出身と政治的位置」（一九九四）が詳しいが、基本的史料として『愚管抄』にある次の記述は良く知られている。

時政若キ妻ヲ設ケテ、ヒレガ腹ニ子共設ケ、娘多ク持チタリケリ。コノ妻《め》ハ大舎人允宗親ト云ケル者ノ娘也。舅トテ大岡判官時親トテ五位尉ニナリテ有キ。其ノ宗親、頼盛入道ガモトニ多年仕イテ、駿河国ノ大岡ノ牧ト云所ヲ知ラセケリ。武者ニモ非ズ、カヽル物ノ中ニカヽル果報ノ出クル不思議ノ事也。

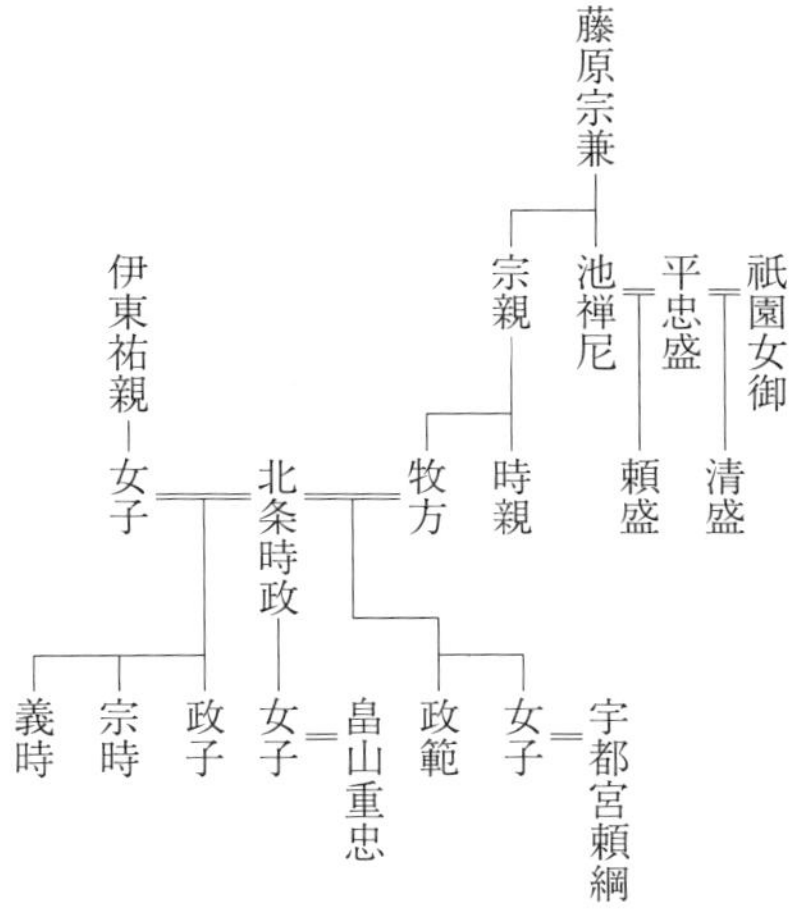

系図５　時政と牧氏

すなわち、時政は大舎人允《おおとねりじょう》宗親の娘と結婚したこと、舅（同腹の兄弟）に五位の位階をもつ大岡判官時親がいたこと、宗親は池大納言平頼盛に仕え、その所領である駿河国大岡牧を支配したこと、この一族は武者（武士）ではないことなどが記されている。

では、時政と牧方との結びつきは、どのようにして生まれたものであろうか。これについては、細川重男氏の指摘がある。すなわち、時政の子宗時の「宗」は牧氏の通字《とおりじ》であることから、宗時が元服するに際して牧氏が烏帽子親《えぼしおや》となり「宗」を与えたこと、同様に義時の「義」も三浦氏の通字であることなどを推測し、時政は平頼盛に仕える「貴族」牧氏との関係を重視、深めることによってその本拠駿河国、さらには全盛を極める頼盛の異母兄である清盛と結びつくとともに、義時を通じて相模国の有力者三浦氏との協調をめざしたと指摘する（細川 二〇一一）。

たしかに、当時の武家社会にあって、烏帽子親子関係は乳母《めのと》関係と同じように緊密な擬制《ぎせい》的血縁関係と認識されていたから、元服時の烏帽子親＝加冠役《かかんやく》はきわめて重要な、そして両者を結びつけるうえで重要な役割をはたしたことはたしかである。

しかし、時政の無位無冠という状況を考えた時、隣接する駿河国大岡牧を支配しているとはいえ、五位の位階をもつ牧氏との関係が簡単に進展したとは思えない。おそらく、伊東氏や時政が大番役《おおばんやく》のために上洛・在京中に、朝廷の権門《けんもん》・勢家《せいか》と結びつく機会が生まれたとも考えられる。清盛が京都政界を威圧するなかで、院政期に成立した京都の治安維持のための軍事、警察機能は、大番役や瀧口祗《たきぐちし》候《こう》役として諸国の武士に課せられていた。その際、朝廷の有力者とのあいだに主従的関係を結ぶことは、帰国後も、所領を支配するうえで有効に作用したことであろう。

2　頼朝のもとで

頼朝の成功

挙兵の発端は、以仁王《もちひとおう》の令旨《りょうじ》にあった。平家の専横に対し、後白河法皇の子以仁王は、源頼政《よりまさ》と諮《はか》って平家追討の令旨を全国の源氏に発した。以仁王、頼政は平家のために敗死したが、その令旨は源行家《ゆきいえ》（頼朝の叔父）によって、頼朝のもとにもたらされた。しかし、留意すべきは、令旨は頼朝一人に発令されたものではない点である。木曾義仲もそのひとりであったし、上野国の新田義重も令旨を受けた可能性がある。さらに、甲斐源氏の武田氏、信濃源氏の井上氏、あるいは常陸の信太《しだ》義広なども同じように考えられる。

頼朝が、下総国に留まっていた時、時政を甲斐国に派遣し、上野・下野・武蔵等の精兵を率いて駿河国で平家の東下をまっているので、先遣隊として黄瀬《きせ》川まで出陣するよう武田信義以下の源氏に連絡をとっているのも、甲斐源氏に対する脅威のあらわれであろう。

こうした以仁王の令旨を受けた、頼朝と同格ともいえる源氏一族の存在は、頼朝にとって脅威であった。したがって、早急にその脅威を拭《ぬぐ》う必要があったが、そのためにも自らの軍事基盤を確保することが求められた。

頼朝挙兵を成功に導いた要因は、東国の武士社会にもあった。ひとことでいえば、武士の所領に対する支配権の弱さである。散見する国司・国衙との相克、在地領主間の対立、これらは在地の武士たちの立場がきわめて不安定であったことを示している。だからこそ、京都の権力者との関係、庇護《ひご》を求め、あるいは所領を寄進して、その保全に努めたのである。

このような社会情勢にあって、京都の貴族の出身、そして南関東を支配し、武門の棟梁として活躍した源義朝の正妻の子という頼朝に、かかる不安定な立場の武士が期待するのは当然のことであった。したがって、頼朝のもとに集まった武士がまず第一に求めたのは、所領支配の確認、すなわち本領安堵であり、頼朝自身このような要請に応じなければならなかった。それは頼朝が、東国に覇権を確立するためにも、また甲斐源氏や信濃源氏、さらには木曾義仲に対抗するためにも、上総権介広常や千葉介常胤、そして三浦義澄らの率いる武力がぜひとも必要だったのであり、両者は相互補完の関係にあったのである（岡田 二〇〇六）。

流人から独裁者へ

挙兵当初、頼朝のもとには多様な人びとが群がっていたものの、軍事基盤となしえるような存在はなかった。石橋山の敗戦後、逃れた房総半島で上総氏や千葉氏を味方につけ、勢力を盛り返して鎌倉に入った後も、頼朝に直属する軍事集団が作られることはなかった。その頼朝が、東国の武士団をいかに統制するかは大きな課題であった。

しかも治承四年十月には、広常や常胤、義澄の要請を受け入れ、常陸国の佐竹氏を攻撃し、その勢力を削いでいるのであるが、佐竹の家人岩瀬与一太郎から「誤り無き一門＝佐竹氏」を滅ぼすことの理不尽を指摘される有りさまであった。

こうした状況に、頼朝はいかなる対応を示したのだろうか。その一つは、侍所《さむらいどころ》の設置である。

佐竹氏を攻撃した後、鎌倉に帰った頼朝は、和田義盛を侍所別当に就けたのである。どの程度の実務がなされたのか疑問も残るが、このころから頼朝は、東国の武士団に対し、主君としての地位を主張し、かれらを家人として処遇する方向へ進もうと考えたのではないだろうか。もちろん、直属の軍事力をもたぬ頼朝にとって、軍事力を提供した源氏一族や豪族的な東国の武士の処遇は大きな問題であった。侍所を設置したからといって、巨大な軍事力をもつかれらを自由に駆使しえるわけではない。

ところが、養和元年（一一八一）ころから、少しずつ変化が見られ始める。たとえば、武田信義に頼朝追討の命令が下ったとのうわさが京都に流れたことが三善康信（出家して善信、以下善信）から頼朝に報告されると、信義を鎌倉に召して陳謝させるとともに起請文《きしょうもん》を書かせ、翌月には小山田重成が頼朝の勘気《かんき》にふれて籠居《ろうきょ》させられた。寿永元年（一一八二）七月、新田義重が頼朝の気色《けしき》を蒙ると、翌年十二月には広常が殺害された。『愚管抄』には、頼朝に対する広常の不満を、「ナンデウ朝家ノ事ヲノミ身グルシク思ゾ。タ、坂東ニカクテアランニ、誰カハ引ハタラカサン」と載せている。

東国に自立しようとする広常の姿勢に対し、朝廷との関係を清算できない頼朝の方向性が見てとれる。さらに元暦元年（一一八四）六月、頼朝はかねてから反逆の意図がうわさされていた甲斐源氏の一条忠頼を、さらに翌月には忠頼に同意したとして信濃源氏の井上光盛を殺害した。

ところで、広常の殺害後、頼朝は広常に同意したとして所領を没収した上総国の御家人に対し、「私領本宅」を安堵するとともに、忠頼殺害の直後、その家人である甲斐秋家を、さらに井上光盛の殺害後にはその侍である保科《ほしな》太郎・小河原雲藤三郎らを御家人に組み入れたのである。こうした、一国単位の広域支配権をもつ豪族的な武士を殺害して、その被官を家人化する事例は、頼朝による在地勢力の支配を、間接把握から直接把握へと押し進めたと理解できよう。

流人頼朝が、強固な武力基盤を背景に東国を支配するためには、豪族的な武士層を排除し、その支配下にある中小武士団を家人化して直接支配することが必要だった。侍所によって、東国の武士を自由に動かすためには、豪族的な武士は不要であり、「御家人体制」の中核を中小武士団とすることによって、組織を介しての支配を容易なものにしようとしたといえる（岡田 二〇〇六）。

そして、その総仕上げともいうべき事件が、平泉攻略であった。すなわち、文治五年（一一八九）の平泉藤原氏を滅ぼした奥羽合戦に際し、頼朝は前九年の合戦の故事にならって、泰衡の首級を安倍《あべの》貞任《さだとう》のそれと同じ八寸の鉄釘で曝《さら》したという。しかも、この行為は多くの軍勢の前でなされたが、それはおそらく、源頼義当時の主従関係が譜代性をもったものと強調し、印象づけるとともに、頼朝の立場がいかに正統性をもったものかを強烈に再認識させることにあった。泰衡梟首《きょうしゅ》の後に、あえて全国の武士を引き連れて厨川《くりやがわ》まで北上したのも、「前九年の合戦」の再現であった（川合 二〇〇四）。

さらに、安芸国の豪族葉山介宗頼や豊前国の住人貞継らは、奥羽攻撃に加わらなかったために所領を没収され、一方で、従軍した薩摩国の藤内康友や日置兼秀などは所領の安堵を受けている。頼朝は、この平泉攻略に従軍するかどうかでその忠誠心をはかり、去就をはっきりさせることもねらいとしたのである（入間田 一九七八）。

寝所祇候衆

頼朝は、東国の武士に対して強圧的になるとともに、直属の軍事集団を構築しようとした。その一つが、「寝所祇候衆《しんじょしこうしゅう》」の組織化である。養和元年（一一八一）四月、頼朝は御家人のなかから「弓箭に達する者」で、かつ「御隔心無きの輩」十一人を選び、毎夜、寝所の近辺に祇候するよう命じたのである。今、仮に「寝所祇候衆」と称するが、次の十一人である。

江間四郎（義時）　下河辺庄司行平　結城七郎朝光　和田次郎義茂
梶原源太景季　宇佐見平次実政　榛谷四郎重朝　葛西三郎清重
三浦十郎義連　千葉太郎胤正　八田太郎知重

かれらの年齢がはっきりしないため、すべてが「幕府の次の世代を担う人々」（本郷 二〇〇四）とは断定できないが、それぞれの地域の有力者、あるいはその子弟であって、頼朝の信任厚い人びとであったことはたしかである。そうしたなかで、義時もまた十八歳の若さであったから、政子の弟ということが考慮されたとしても、次世代を担うひとりと評価されたのであろう。

門葉・家子・家人

このような鎌倉殿頼朝が信頼をよせる家人集団こそ、後に「家子《いえのこ》」と称された人びとの原型にあたるのではないか、幕初期には、御家人のなかに門葉《もんよう》・家子・侍《さむらい》という序列があったが、頼朝が将軍に直属する軍事力の育成を意図していたのではないかとの指摘がある（本郷 二〇〇四・細川 二〇一一）。それは、既述したように、一国単位の大きな権力をもつ豪族的領主層を頼朝が滅ぼし、その支配下に組み込まれている中小の武士団を直接支配しようとした動きとも通ずるものがある。

たとえば、『吾妻鏡』元暦元年(一一八四)三月十七日条によれば、西国に派遣された板垣兼信が飛脚を派遣し、門葉として追討使を承ったものの、配下の土肥実平は、頼朝から特別の命令を受けたと称して談合にも加わらず、兼信の指示を無視して勝手なことをしていると訴えたという。

ところが、頼朝は兼信の要請を認めず、「門葉によるべからず、家人によるべからず」と応えたというのである。すなわち、京都から下ってきた下級貴族はともかく、それ以外で国司に就いた者は源氏一族に限られたから、御家人が門葉(源氏一族)と家人に区別されていたことは事実である。ただし、平家追討に限っては、門葉・家人を区別せず、能力に応じた差配をしていたのである。

また、はるか後代のことであるが、宝治二年(一二四八)閏十二月、足利義氏から結城朝光への書状の宛所が「結城上野入道殿、足利政所」であったため、朝光は宛所を「足利左馬頭入道殿御返事、結城政所」として返書を送った。政所という組織から、直接相手に書状や返書を出すのは、格下への対応であったから、足利義氏が結城朝光を見下したことになる。そこで、朝光も義氏に対して結城家の政所から返書を送ったのである。

そのため、義氏は「右大将家の御氏族」である足利家に対し、結城家は頼朝に仕えた一族であるのに、その事実を忘れて格下への書式で書状を送ることへの非礼を問いただした。それに対して、朝光は頼朝の花押が据えられた「宗たる家子・侍の交名」を記載した書状を提出し、義氏の父足利義兼と当時結城七郎と称した朝光は同等であることは明らかと反論したのである。

ここに記載された家子・侍とは、幕府草創の段階で板垣兼信に対する頼朝の返答にある「家人」が分化されたものであろう。

「殿」の有りや無しや

『吾妻鏡』建久元年九月二十九日条は、頼朝が十一月に上洛する時の「先陣の随兵記」を和田義盛に、「後陣の随兵記」を梶原景時に手渡してそれぞれを担当させたことを載せている。しかもその「随兵記」には、「家子ならびに豊後守・泉八郎らにおいては、『殿』の字を加えら」れていた。

豊後守とは、文治二年二月、頼朝から国司に推挙された毛呂季光である。その祖父（『尊卑分脈』によれば曾祖父）大宰権帥藤原季仲は、長治二年（一一〇五）十二月、日吉社の訴えにより周防国に配流されたが、翌年には常陸国に移配され同国で没したという（『公卿補任』）。季光は、頼朝が鎌倉に新造した「御亭」に移ろうとした治承四年十二月、騎馬する頼朝の右方に祗候している。配流先で永年を過ごしたという境遇が頼朝に似通っていたためであろうか、「由緒あり、門葉に准じられて」いる。国司推挙もその立場の延長上のできごととして位置づけられる。

泉八郎の詳細は不明。ただし、養和元年三月、頼朝の叔父行家が尾張・三河両国の武士を動員して墨俣川に着陣した時、行動をともにした泉太郎重光が確認され、『尊卑分脈』には保元・平治の乱に際して義朝に味方した信濃源氏・片切小八郎大夫景重の甥に泉二郎親平が記載される。おそらく、泉八郎も源氏の一族なのであろう。

少し迂遠な説明になったが、「随兵記」には、家子や門葉に準ずる人びとは「殿」付けで記載されていたというから、一般御家人は「殿」無しで記述されていたことになる。ここに記載される「家子」とは、頼朝のそれであって、御家人の家子ではない。したがって、門葉とともに記載される（頼朝の）「家子」は、一般御家人よりも上位に位置づけられる存在である以上、一般御家人とは、結城朝光が提出した「宗たる家子・侍の交名」の「侍」に該当することになる。その際、朝光の提出した交名には、江間小四郎と名のった義時は筆頭家子とでもいうべき「家子の専一」と記載されてあったという。

たとえば、建久四年正月一日、千葉介常胤が垸飯《おうはん》を献上した際、「源氏ならびに江間殿及び御家人」が庭上に祗候したという。江間殿（義時）は源氏に准じて記述され、一般の御家人とは別個に『吾妻鏡』は記載する。もちろん、『吾妻鏡』という史料の性格も加味して考えなければならないものの、義時が頼朝の身近に祗候している事例が『吾妻鏡』には散見し、そのすべてを編纂過程で行った曲《きょく》筆《ひつ》とは理解できまい。義時がどのように考えて対応したのかはわからないが、少なくとも義時を起用しようとする頼朝の思惑が見え隠れする。

雌伏の義時

「寝所祗候衆」を組織化して、頼朝に直属する軍事集団を構築するという施策は、その後、どうなったのだろうか。もっとも、この後に展開される平家との戦いにかれらを投入せざるをえず、それぞれの追討使に帰属させざるをえなかった。たとえば、元暦元年（一一八四）八月には追討使として西国に派遣された範頼に従軍したのは、北条義時を筆頭に、足利義兼、武田有義、千葉常胤らのほか、寝所祗候衆の八田知重、葛西清重も含まれていた。

しかし、平家追討は順調には進まなかった。従軍した東国の家人たちも、長期化する戦いのなかで厭戦気分に浸されつつあった。そうしたなかで、文治元年（一一八五）二月、頼朝はその戦意を鼓舞しようと書状を送ったが、義時だけでなく、中原親能や比企朝宗や能員も含まれていた。頼朝の書状は、三月にも義時や小山朝政、葛西清重、比企能員ら十二人に届けられたが、義時が特別視されているわけではない。それは、文治五年の平泉藤原氏を攻撃した「奥羽合戦」に際しても、頼朝率いる大手軍の一員として出陣しているが、具体的な行動は『吾妻鏡』にはまったく描かれていない。

一方、頼朝直属の軍事集団の組織化という観点からすれば、建久四年（一一九三）三月二十一日、頼朝が下野国那須野および信濃国見原の「狩倉《かりくら》」に出発した際、とくに選ばれた「弓馬に達せしめ、また御隔心無きの族、二十二人」も同じように理解できる。

以前から「狩猟に馴れるの輩を召し聚《あつ》め」ていたが、信濃国の「狩倉」に向かうということからか、武田信光や加々美長清、諏訪大夫のような信濃国の有力者も含まれているものの、義時を始めとして工藤行光や狩野介宗茂、仁田忠常、三浦義連、和田義盛、渋谷高重、梶原景季など、伊豆・相模両国のまさに「御隔心無きの族」が選出されている。ここには、義時や千葉胤正、三浦義連、梶原景季など寝所祗候衆も含まれていた。とはいっても、かれらが頼朝に直属して何らかの軍事行動を行ったという形跡はないし、義時の際立った対応も表面的にはない。

その後の『吾妻鏡』の記述を見ても、義時の立ち位置はきわめて曖昧というか弱いといわざるをえない。後の時房や泰時の元服のような派手さが無いのである。『吾妻鏡』という史料からすれば、もう少し際立たせた描き方は可能であったろうが、地味な描き方に終始していると見ざるをえない。

待つ義時

そうしたなかで、『吾妻鏡』建久三年九月二十五日条は、義時の性格といおうか、その内面性を考える材料でもある。当時、幕府内にあって「権威無双の女房」がいた。かの女は「姫《ひめ》の前《まえ》」といい、比企朝宗の娘であったが、「容顔はなはだ美麗」であったためか、頼朝の意にも叶う女性であった。この女性に、義時は懸想《けそう》したのである。『吾妻鏡』には、

この一両年、色に耽《ふけ》るの志をもって消息せらるといえども、敢えて容用無きのところ、将軍家（頼朝）聞こし食《め》され、離別致すべからずの旨、起請文を取り、行き向かうべきの由、くだんの女房に仰せらるの間、その状（起請文）を乞い取るの後、嫁娶の儀を定むと云々。

とある。義時は数年前から「消息」（恋文）を送ったのであるが、受け入れられるところがなかった。そこで、頼朝が仲立ちし、「離別致すべからず」との起請文を取りつけるので、義時の想いを受け入れるように説得した。こうして、義時は想いを遂げることができたのである。時に義時、三十歳。

相手が「権威無双」であったとしても、この二年間、義時は待った。挙げ句、頼朝があいだに入ることによって、その願いは叶ったのである。後に見るように、有力御家人に対しても強い姿勢を取り続ける義時の姿とは、あまりに異なる一面といわざるをえない。しかし、寝所祗候衆に組み入れられ

ても、あるいはいくつかの合戦に従軍しても、まったく武勇譚を残していない義時に対して「何もしない人」（細川 二〇一一）という一面はたしかにあった。

3　江間義時の誕生

時政の後継者は誰か

義時の動向が具体的にわかるのは、『吾妻鏡』の記述によってであるが、その初見は治承四年（一一八〇）八月二十日条の三郎（宗時）と四郎（義時）である。すなわち、山木兼隆を急襲して後、相模国土肥郷をめざした頼朝勢四十六人のなかに、北条四郎時政とともに記載される。ところが、石橋山の敗戦後、甲斐国に向かおうとする父時政・弟義時に対し、宗時は土肥山から桑原・平井郷（静岡県函南町）を経た「早河」の近くで、伊東祐親の軍兵に射取られたのである。

当時、時政には三人の男子がいた。宗時（年齢不詳）、義時（十八歳）、時房（六歳、当時は時連）であり、牧方所生の政範は生まれていない。したがって、北条「家」の嫡子と考えられる宗時が戦死したのであるから、順序からすれば義時がその後継者となっても良い。

しかし、後に詳述するように、翌年以後の義時は「江間」姓でもって『吾妻鏡』に散見し、北条姓で表現されることは基本的になかった。そのため、本郷・細川両氏は、義時が新たに江間氏として分立したと考え、北条家の継承者として、牧方所生の政範や義時の次男朝時を想定している（本郷 二〇〇四・細川 二〇一一)。

たしかに、政範は元久元年(一二〇四)四月、十六歳にして従五位下に叙せられ、左馬権助《さまごんのすけ》に任官した(『明月記』同年四月十三日条)。その前月、義時は従五位下に叙せられ、相模守に就任した。位階上は同じだが、政範の十六歳に対して義時は四十一歳であるから、いかに政範が優遇されていたかがわかる。後継者としては申し分が無い。しかし、政範は建久元年(一一九〇)、義時の子朝時も建久五年(一一九四)の出生だから、宗時没時には生まれていない。

では、宗時の没後、時政は家督継承者を選出しておかなかったのだろうか。石橋山の敗戦後、時政は宗時と別行動をとったが、いずれかが生き延びることができれば、北条という家が存続できるという読みがあったともいわれる。しかし、時政の願いにもかかわらず宗時が戦死したのであるから、先行きの見えない不安定な状況のなかで、後継者の選定は急を要したはずである。これから生まれる子や孫を当てにするなど、あるいは男子が誕生する保証もないのだから、ありえない話である。

時房の元服

宗時の戦死後、男子は義時、時房の二人しかいなかった。順当であれば、宗時に続くのは義時である。しかし、義時は「江間」に追いやられた。とすれば、残る該当者は時房しかいないではないか。

このように考えると、文治五年(一一八九)四月に挙行された時房十五歳の元服の儀式は盛大である。すなわち、その儀式は御所内の西侍において、武蔵守大内義信、駿河守源広綱、遠江守安田義定、三河守源範頼、新田義兼、千葉介常胤、三浦介義澄ら、源家一族のみならず幕府草創期の重鎮が参列し、頼朝までもが着座して挙行されたのである。その様子は、建久五年（一一九四）二月、幕府西侍において行われた泰時の元服に匹敵する。この盛大な元服の記述については、『吾妻鏡』編纂時の「過修飾」の可能性も指摘されている（渡邊 二〇一五）。しかし、政子が時房に対して「殊に憐愍」を加えただけでなく、将来、源家の方人となることを欲して元服の儀を行ったというから、その盛儀ぶりを敢えて否定する必要も無いだろう。

しかも、こうした時房に対する盛大な元服の儀式は、かれが北条氏の後継者としての披露であったことを暗示させる。いつ、時房が時政の後継者になったかはわからない。十五歳の元服は必ずしも遅いものではないだろうが、宗時の没後、九年目にして時房の元服が行われたこと、政子の「憐愍」があって可能になったことを考えると、後継者の指名が必ずしも順調でなかったことさえ推測される。

義時が江間という別家を立て、政子が頼朝と結婚するなかで、北条「家」を差配するのは時政と牧方であった。しかも、二人のあいだに生まれた政範の官位を見る時、時政夫妻の期待と溺愛ぶりが想像できる。慈円が『愚管抄』に「時正（政）ワカキ妻ヲ設ケテ、ソレガ腹ニ子共設ケ、ムスメ多クモチタリケリ」と記載されるほどの関係であった。そこに、時政の後妻牧方の存在さえ思い浮かぶ。

たとえば、真名本『曾我物語』は、継母の女房（牧方）は頼朝が政子のもとに通うのを見て、頼朝と「当腹の我が姫」を結婚させようと考えたものの、政子が頼朝を受け入れたため、政子に嫉妬する牧方を描写している。

時間は経っているものの、牧方にとって、政子の同母弟義時の後継はありえない。牧方にはいまだ後継の男子が誕生していないなかで、後継者の選出は急務であったから、残されたカードは時房だけであった。頼朝の死後、時政は頼家の近辺に時房を送り込んでいる。たとえば、建仁元年九月、頼家が「蹴鞠師範」の下向を後鳥羽上皇に要請したところ、紀行景《きのゆきかげ》が派遣された。早速「御鞠」が行われ、頼家自ら鞠足《まりあし》（蹴鞠の競技者）としてプレーしているが、ここに時房も祗候していた。以後、時房が頼家のもとで、蹴鞠に興じる機会が見られるようになる。時政が、頼家のもとに時房を送り込み、その情勢を探らせたかのような見方もあるが、北条氏の後継者と考えれば、鎌倉殿に祗候させることは当然のことであった。

一方、時房の選出も受け容れ難いなかで、時房元服の翌年、牧方は待望の男子を出生したのである。後の政範である。即座にではないだろうが、時政の後継者としての時房の立場が危うくなることは目に見えていた。もちろん、出生したからといって無事に成長するかも危ういなかで、あまりに突拍子もない、まさに話しであるが、繋ぎの策として女婿を考えるということはなかっただろうか。すなわち、娘が結婚した平賀朝雅である。その婚姻時期は、朝雅の年齢とともにわからないが、二人のあいだには朝経が生まれている（『尊卑分脈』）。

朝雅が追討された後、その娘が嫁いだ藤原国通は一一七六年生まれで、畠山重忠に嫁いだ娘が再嫁した足利義純と同年齢であった。おそらく、重忠と朝雅は同世代であり、治承四年当時、重忠が十七歳であったことを考えれば、文治五年までに両者の婚姻が成立する可能性はある。後に、牧方は朝雅を実朝の後継者にしようとして失敗するが、時政に溺愛される牧方が、時政の後継者に女婿を迎えることは充分に考えられる。そうした牧方の存在を前に、政子が「憐愍」を加えなければ行えなかった時房の元服を位置づけることができるのである。

牧方と政子・義時の衝突の芽は、すでに生じていたと考えるのは読み過ぎであろうか。

鎌倉幕府の成立後、北条時政が幕政の中心をしめるなかで、その立場は義時が継承したと理解されている。結果論的にはそのようになるものの、詳細に史料を見ていくと、必ずしもそう単純ではない。この考え方のもとになったのが、義時の名のりについてである（本郷 二〇〇四・細川 二〇一一）。

義時と江間

義時の日常をもっとも良く書き残している『吾妻鏡』には、義時の名前が三百四十七カ所に見られる。そのなかで、相模守に就くと「相州」（一三一カ所）、右京大夫に就くと「右京兆」（五一カ所）、陸奥守に就くと「奥州」（四八カ所）と表現されるが、こうした官職名で表される以前、八十一カ所に記載されるなかで、そのほぼ三分の二に当たる五十八カ所が「江間」姓で記載されている。

しかも、義時ばかりか、その嫡子泰時も青年期には「江間」姓で記載されることから、本郷・細川両氏は、義時が「北条」氏ではなく、伊豆国江間を本貫地とする「江間」氏の初代であったと考えたのである。では、その記載内容をもう少し詳しく見てみよう。頼朝の挙兵に従ってから、かれは父時政とともに行動しており、北条時政に続いて記述されるなかで、「同四郎」と記載される。ところが養和元年（一一八一）四月七日条は、義時が単独で記述される初見でもあるが、頼朝の寝所祗候衆の一人として「江間四郎」と記載されたことはすでに述べた。以後、「江馬四郎」と記載されることが

江馬に残る伝義時邸跡
（元江間村尋常高等小学校跡）

急に多くなってくる。その意味で、本郷・細川両氏の指摘は的を射ている。

しかし、「江間」の地は伊東祐親に近《ちか》しい江間氏の所領であったし、その江間氏は、平家方に与して加賀国篠原の戦いで敗死したこともすでに触れた。この真名本『曾我物語』の記述によれば、江間氏の没落によって、「江間」の地は義時に与えられたと考えざるをえない。義時が、頼朝の寝所祇候衆に登用された時から「江間」姓で記載されるようになるのも象徴的であり、頼朝から「江間」の地を与えられたことさえ推測できる。宗時の亡き後、義時が北条氏の後継者から外《はず》された環境こそ、新たに「江間」家を創設する背景だったのではないだろうか。

義時と比企氏

義時には、泰時・朝時ら少なくとも七人の男子と七人の女子が『吾妻鏡』や諸系図から確認される。長子は泰時、生年は寿永二年（一一八三）、その母は『武家年代《ぶけねんだい》記《き》』に「母は御所女房阿波局《あわのつぼね》」とあるから、頼朝挙兵後の婚姻であるが、離別したらしい。その後、建久三年（一一九二）九月、義時は懸想した比企朝宗の娘（姫の前）を迎えたが、二年後には次子朝時が、さらに建久九年（一一九八）には三子重時がそれぞれ誕生した。頼朝に強要されて認《したた》めた起請文「離別致すべからず」を、義時は遵守している。

しかし、頼朝が比企一族の女性「姫の前」と義時のあいだを取り持ったのは、義時の優柔さ故ばかりではなかろう。すでに頼朝は、自らの後継者頼家の周辺に比企氏とその関係者を、乳母《めのと》として迎え入れていた。政子の同母弟ということもあったろうが、寝所祗候衆に組み入れて近侍させるとともに、頼家を囲繞する比企氏と婚姻関係を結ばせることによって、義時を「源家の方人」にしようと目論んだのであろう。政子が、時房に憐愍を加えたように。もっとも、「姫の前」との婚姻も、建仁三年（一二〇三）九月、比企一族が滅亡した段階で解消したろう。

第三章　変転する幕政のなかで

1　頼朝から頼家へ

頼朝体制下の北条氏

一般に幕府の基本的な組織としては政所や問注所、侍所が知られるが、京都守護や鎮《ちん》西《ぜい》奉行人のほか、公事《くじ》奉行人という一般に馴染みのない職制もあった。しかし、その実態は、組織は存在しても職務範囲（分担）が明確でなかったばかりか、頼朝の政治が独裁体制であるが故に、きわめて流動的であった。こうした不分明さは、頼朝時代を通じて大きく変わることはなかった。

しかし、その多くに北条時政や義時が加わった事例は少ない。頼朝の生存中、時政が歴史の表舞台に現れるのは、挙兵時と、文治元年（一一八五）十一月から翌年三月にかけてである。すなわち、頼朝の意向を受けて上洛した時政は、文治元年十一月二十八日、朝廷に対し、源義経に頼朝追討を命じた責任を追及するとともに、吉田経房を介して「諸国平均に守護・地頭を補任し、権門勢家、庄公を論ぜず、兵粮《ひょうろう》段別五升を宛て課すべきの由」を申請し、これを認めさせた。さらに時政は、朝廷との政治折衝のなかで、翌年正月には後白河法皇の近臣を処断し、親鎌倉派と目される九条兼実以下を議奏《ぎそう》公卿《くぎょう》に就けるという朝政《ちょうせい》改革を推し進め、その過程で諸国に配置された「惣追捕使《そうついぶし》ならびに地頭」の七カ国分を拝領した。

ところが時政は、頼朝の代官以上の独自な働きを行うようになっていく。たとえば、翌年正月、高野山の訴えに対して、高野山領荘園の兵粮米と地頭の停止を下知するとともに、雑色《ぞうしき》を派遣して狼藉《ろうぜき》の停止を執行しようとしている。『吾妻鏡』には「北条殿、下知を加えしめ給う」とあり、時政が独自に行っているかのような記述である。

権門からの要請に応える時政の姿勢が窺えるが、その直後には、河内国高瀬荘（大阪府守口市）について「武家の沙汰交わるべからずの由」仰せ下されたものの、「兵粮米を究済せしむるといえども、地頭・惣追捕使においては補せられ候いおわんぬ。ただし狼藉においては停止せしむべく候」と、時政自身の「所存」を吉田経房に送り届けている。「武家の沙汰」（兵粮米の賦課と地頭・惣追捕使の設置）を停止したにもかかわらず、時政は遵守せず、狼藉停止のみを返答したのである。

一方、頼朝は義経問題を梃子《てこ》に、朝廷から多くの権限を得たものの、経済基盤の簒奪を恐れた諸卿・朝臣《ちょうしん》は反撥を強め、兵粮米停止を要請し続けた。早くも二月末には、「領家の訴え」が増えたため「兵粮米の未進」を免除し、土民の安堵を時政に下知したのである。

京都にあって、朝廷への対応を硬軟使い分ける時政とは別に、頼朝は慎重になり始めていた。こうした対応の違いから、落合義明氏は独自の行動を取り始めた時政について、第二の義仲・義経になりうる可能性を指摘する（落合 二〇一四）。

三月一日、頼朝の意向に基づいてか、時政は「七カ国地頭職」を辞退するとともに、その後、一族の北条時定に京都の治安維持を、一条能保《よしやす》（頼朝の妹聟）に朝廷との交渉をそれぞれ任せて、自身は鎌倉に帰っている。頼朝が、兵粮米の賦課徴収権の停止を申し入れ、宣旨が下されたのは三月二十一日のことである。以後、『吾妻鏡』に時政の動向は記載されるが、幕政に直接かかわる記述は激減する。落合氏は、頼朝から自立しようとする時政を指摘するが、そうした姿勢のために幕府の政事から遠ざけられた、あるいは遠ざかったのである。

それは、義時についても同様である。養和元年（一一八一）四月、頼朝の「寝所祗候衆《しんじょしこうしゅう》」に加えられ、信任厚いひとりであったことはたしかである。しかし、その後の『吾妻鏡』に記載される義時は、そのほとんどが従軍の記述であり、際《きわ》だった働きを残しているわけではない。たとえば、文治元年二月、平家追討のため周防国から豊後国に渡海した範頼であったが、難渋すると、頼朝は義時、中原親能、比企朝宗、比企能員に書状を送り、それぞれ同心して事に当たるよう下知している。さらに頼朝は、翌月にも義時、小山朝政、中原親能、比企朝宗・能員を含む十二人に「慇懃《いんぎん》の御書」を送っているが、これとて、義時を特別視しているわけではない。

頼家の政治

北条時政・江馬義時の立場が大きく変化するのは、新鎌倉殿頼家以降である。

頼朝急逝後の正治元年（一一九九）正月二十六日、朝廷は、頼家（十七歳）に対し、頼朝の跡を継いで諸国守護を奉行すべき宣旨を下した。頼家を二代鎌倉殿として認めたのである。

翌二月六日、政所にて吉書始め（業務の開始）の儀式が行われた。この儀式に参列した人びとは、

政　所　大江広元（別当）、中原仲業（別当か）、二階堂行光（令）、源光行（？）
問注所　三善善信（執事）
侍　所　梶原景時（別当）、和田義盛（所司）
公事奉行人　平盛時、三善宣衡
その他　北条時政、三浦義澄、八田知家、比企能員

に分けられる。ただし、政所は三位以上の公卿が設置できる家政機関であったから、当時、正五位下にあった頼家は有資格者ではない。したがって、厳密には頼家の政所ではないが、幕府の機能を維持するための事務機関として「政所」は存在したし、職務は継続して続けられたはずである。それが、次の下文《くだしぶみ》（菊亭家文書）である。

下す　河内国氷野領住人

女房大宮局《おおみやのつぼね》をもって預所ならびに地頭職となすべきこと。

右、くだんの預所の所当年貢は、故大将家（頼朝）の御時、天王寺四門持経《じきょう》十二口供料の用に宛てられ、残りは同寺三个院《さんかいん》小人等の養料たるべきの由、定め仰せられおわんぬ。然らば、かの局、預所・地頭両職を執行し、十二口持経者供料と云い、三个院小人等の養料と云い、ことに信心の沙汰を抽《ぬき》んじ、合期の勤濟を致すべし。然らば即ち、かつは太子聖憲の照鑑に叶い、かつは先閤菩提の御資たるか、てえれば、鎌倉中将殿（頼家）の仰せにより、かの職に補任することくだんのごとし。住人（宜しく）承知し、敢えて違失することなかれ。以て下す。

正治元年六月十日

前掃部允惟宗在判

散位藤原朝臣在判　（二階堂行政）

兵庫頭中原朝臣在判　（大江広元）

ここに署判した「兵庫頭中原朝臣」大江広元は、母が中原広季《ひろすえ》に再嫁したため、長く中原姓を名のっており、大江姓に復すのは建保四年（一二一六）閏六月のことである。また、「散位藤原朝臣」は、後に政所の「令」（次官）として現れる主計允《じょう》藤原（二階堂）行政。前掃部允《さきのかもんのじょう》惟宗《これむね》はわからないが、広元・行政は頼朝期以来の政所職員（別当・令）であって、従前通り、「政所」は機能していたことを示している。ただし、それは正式な形式をともなったものではなかった。そこで、「政所」が正式に開設されていない段階を考慮して、この形式の文書を「将軍家略式政所下文」と仮称しておこう（杉

橋 一九八一）。

四月一日、問注所が御所の郭外に新設され、三善善信があらためて執事《しつじ》（長官）に就いた。五味文彦氏は、この新たな問注所の造営を、頼朝から頼家への代替わりにともなって進められた訴訟制度の整備事業の一つと位置づけ、後の十三人による訴訟取り次ぎ体制と連動していると指摘する（五味 二〇〇〇）。もっとも、それは二月に行われた政所の吉諸始めの儀から、波乱を含みながらもスタートしていた。

ところが、頼家が新鎌倉殿として政権をスタートさせた直後、後鳥羽院政の中枢をになった土御門《つちみかど》通親《みちちか》に対する襲撃未遂事件が発覚した。すなわち、頼朝の妹婿一条能保の遺臣で、鎌倉御家人でもある後藤基清らが、通親の襲撃を計画したものの、事前に発覚し、頼家の雑色に捕らえられて後鳥羽院庁に引き渡されたのである。そればかりでない。親幕派と考えられていた京都の公卿たちも、朝廷の要職から外されることになった。これら一連の処置は、すべて新鎌倉殿頼家の諒解のもとに行われた。頼家に妹乙姫を入内させたいという希望があったため、通親の方針を受け入れざるをえなかったといわれる。その結果、頼家は鎌倉御家人と親幕派の公卿たちの権益を保護することができないという失態を犯したのである。

十三人の合議制

そうしたなかで、頼家の親裁《しんさい》権に関わる事態が発生する。すなわち、『吾妻鏡』正治元年四月十二日条には、

> 諸訴論のこと、羽林《うりん》（頼家）、直に決断せしめ給うの条、これを停止せしむべし。向後、大少のことにおいては、北条殿（時政）、同四郎主（義時）ならびに兵庫頭広元朝臣、大夫属入道（三善）善信、掃部頭親能在京、三浦介義澄、八田右衛門尉知家、和田左衛門尉義盛、比企右衛門尉能員、藤九郎入道蓮西（安達盛長）、足立左衛門尉遠元、梶原平三景時、民部大夫（二階堂）行政ら、談合を加え計らい成敗せしむべし。その外の輩、左右無く訴訟のことを執り申すべからざるの旨、これを定めらると云々。

とあって、頼家が訴訟に直接判決を下すことが止められ、北条時政以下十二人の合議に決裁が委ねられることになったことを載せている。頼家の権力制限に関するこの条文は、その後の『吾妻鏡』に記載される傍若無人の行動から、頼家が鎌倉殿（将軍）の器《うつわ》ではないという評価を前提に、その親裁が停止されたと理解されてきた。

　しかし、頼家については、『吾妻鏡』以外に知りえる史料が少なく、鎌倉殿を継承してわずか数カ月で、その権限を剝奪するという判断はあまりに早急でもある。『吾妻鏡』が、鎌倉時代後末期、北条氏およびその周辺によって編纂されたという成立上の性格を考える時、かれが年少気鋭であったとしても、従来伝えられる頼家像には考え直すべき部分が多いように思われる（岡田 一九八二）。

　そうしたなかで、五味氏はすでに『吾妻鏡』正治元年四月十二日条は、頼家の親裁を否定したものではなく、頼家に「訴訟のことを執り申す」ことのできる対象を十三人に限定したものと指摘している（五味 二〇〇〇）。近年、藤本頼人氏は頼家からその実権を剥奪したとされる『吾妻鏡』四月十二日条の「諸訴論のこと、羽林、直に決断せしめ給うの条、これを停止せしむべし」は、これが国史大系本に基づくものであるのに対し、吉川《きっかわ》家本『吾妻鏡』は、「諸訴論の事、羽林、直に聴断せしめ給うの条、これを停止せしむべし」とある点を重視する。すなわち、国史大系本では、停止されたのが最終的な「決断」（決定）を下す権限と理解されてしまう。しかし、その後半には、十三人以外が頼家に「直に訴訟のことを執り申す」ことはできないというだけであって、頼家が訴訟に関わることが前提にあることはいうまでもない。このように理解するならば、吉川家本のように、頼家が十三人以外から直接的に訴訟を聞き届けること＝「聴断」の否定であり、頼家の親裁権を否定したものでないことになる（藤本 二〇一四）。これ以降、『吾妻鏡』や文書史料からは、頼家が訴訟に関与した事例が確認されるから、藤本氏の理解は充分に納得できる。

頼家の親裁

頼家の親裁停止と十三人の合議体制という解釈が否定され、十三人による「訴訟上申制」がスタートしたとすれば、これまで否定的に扱われてきた事例も再評価すべきであろう。その一つが、正治二年（一二〇〇）五月以前に発生した陸奥国葛岡《くずおか》郡（宮城県大崎市）にある新熊野《いまくまの》社領の境相論である。

詳細はわからないが、新熊野社の僧侶が所領の境界をめぐって、惣地頭畠山重忠に訴えたのである。ところが重忠は、藤原秀衡時代は王家のための祈禱を致し、幕府が成立すると源家の繁栄を祈念する由緒ある社領については判断し難いと裁決を放棄し、三善善信を介して幕府（頼家）に挙げ申したのである。まさに善信から頼家への「上申」である。

これに対して頼家は、社僧が提出した絵図の中央に線を引き、「広狭はその身の運否に任すべ」きで、使者を派遣する費用も不要になると話したというのである。頼家の能力を否定する逸話として知られるが、少なくとも、十三人の一人である善信から「挙げ申」されたのであり、手続き上は何ら問題はない。しかも、八月になって、幕府は奥羽両国の地頭は、頼朝が「秀衡・泰衡が旧規を守るべきの旨」を定めているが、近年、遵守しない事例があるので厳守するよう再度定めたのである。これを新熊野社の事例に則して考えてみると、社僧が提出した「坊領の境」に関する訴訟は、秀衡・泰衡時代の「旧規」を遵守すべしという頼朝の決定に抵触する行為であった。とすれば、頼家の判決は、こうした亡父頼朝時代の決定を不服とする社僧への対応であると同時に、今後に対する戒めであったとの理解も可能になる（藤本 二〇一四）。

反撥する頼家

しかし、父頼朝が有した権限に比べて、結局は制約されたと考える頼家がまったく従順であったわけではなかった。たとえば、この合議制が決定された直後の二十日、梶原景時、中原仲業の二人は政所に対して、小笠原長経・比企時員・中野能成ら「従類」は、鎌倉内で狼藉を働いたとしても、人びとはこれに敵対してはならない（咎めてはならない）。もし、これに違犯する者がいれば処罰するので、近隣に周知すべきである。また、かれらのほかは、特別の命令がなければ、頼家の御前に参ることは許可されない、と指示したのである。頼家が十三人からなる訴訟の「執り申す」＝上申制の創設に反撥し、新たな側近集団を作り上げようとしているようにも見られる。

しかも、それを政所に指示したのが、十三人の一人梶原景時であったから、後に景時が弾劾される素地がこの辺にあったと暗示するような『吾妻鏡』の書き方でもある。

ところで、頼家を評価するできごとの一つとして、安達景盛からその妾女を奪い取り、「北向いの御所」に囲い込むという事件があった。その際、小笠原長経、比企三郎、和田朝盛、中野能成、細野四郎の五人以外、「北向いの御所」に参ることを許さなかったというから、かれらが鎌倉内での狼藉を許された五人だったのか、あるいはより多くの側近集団を編制しようとしていたのかもしれない。この事件に対して『吾妻鏡』は、頼家が「日ごろ色を重んずるの御志、禁じがたきによって」、この挙動にはしったと記述し、その評価を貶《おとし》める一因としている。しかし、頼家は父頼朝の寝所祗候衆のような直属する武力集団の構築を考えたのかもしれない。

頼家と御家人・行政官僚との相克

さらに同年十二月、頼家は政所に命じて諸国の大田文《おおたぶみ》を提出させ、僧源性《げんしょう》に田積の計算をはじめさせた。かれは、治承以来の勲功として給与された土地五百町以上を所有する御家人に対して、その超過分を没収し、所領をもたない側近に与えようとしたのである。もちろん、宿老たちは頼家の行為を諫めたという。

しかし、御家人にとって所領とはまさに「一所懸命」であったわけであるから、頼家の施策は御恩と奉公に基づく御家人制度にも手を加えるものであったといえる。頼家が年少気鋭であったとしても、所領が御家人にとっていかに大切なものであるかは良く知っていただろう。それを敢えて強行しようとしたところに、頼家独自の施策と読み取ることができる。

かれは、幕政が治承以来の宿老・重鎮たちの権勢争いの場になることを怖れたのではないだろうか。かれら宿老・重鎮たちの勢力基盤である所領を削減し、所領をもたない御家人に分け与えることによって、御家人の基盤を均一化し、さらに鎌倉殿と御家人の差をはっきりわかるようにしようとする意図があったと考えるのは読み過ぎであろうか（岡田 一九八三）。もっとも、これとて、父頼朝が東国の豪族的領主層、たとえば上総権介広常や甲斐源氏の一条忠頼、信濃源氏の井上光盛を殺害し、それぞれの支配下に組み込まれた国内の中小武士団を直接支配しようとした事例に似ている。

このことは、父頼朝の時とは異なる現状を、頼家が理解していたとみることもできる。頼朝の独裁制は、その本質が頼朝の器量に求められた。しかし、その頼朝の跡をついだ頼家が父と同じような器量をもちえなかったことは、時代がそれを許さなかっただけでなく、かれ自身、気がついていたのではないだろうか。それ故にこそ、あるところでは父頼朝に回帰し、類似したかたちではあってもこうした政策を取らざるをえなかったのである。

しかし、頼家のこの施策は裏目にでた。かれの政策に反対したのは、三善善信《ぜんしん》以下であった。善信は、京から鎌倉に下った行政官僚の筆頭である。だが、たとえば善信が地頭に任命された備後国太田庄（広島県世羅郡）は六百十三町もあり、それだけで五百町を上まわっていた。それは、大江広元や中原親能の場合も同じであった。かれら行政官僚も多くの新恩地を給与されており、所領に関していえば、有力御家人と何ら異なる点はなかったのである（上杉 二〇〇五）。

頼家の政策は、対立する可能性のあった東国の御家人と行政官僚たちの利害を一致させることになった。したがって、かれら東国の有力御家人と官僚たちにとって、頼家に頼朝と同じような権限を与えることは避けなければならなかった。そして、そのためには、頼家の側近勢力を除くことはもちろん、頼家の後見勢力・支持勢力が勢力を拡大することも阻止しなければならなかったといえよう。

頼家の支持基盤

こうした強硬ともいえる施策を行おうとする頼家を支持し、補佐したのが、姻戚関係や乳母《めのと》関係を有する御家人たちであった。婚姻が二人を結ぶ方法として、最善かどうかは別として、相応の意味をもったことはいうまでもない。しかし、当時、婚姻と同じように強い結びつきをもったものに乳母関係や烏帽子親子関係があった。乳母は生母にかわって子どもを育てる女性であって、授乳はもちろん、日常生活上の一般的な作法などについても教授したのであり、実母と同じように重視されていた（糟谷 二〇一四）。しかも乳母の子も同じように授乳されたため、二人は乳母兄弟という関係を維持し続けた。誕生と同時に、異なる乳母によって、異なる環境のなかで養育される実の兄弟が対立・殺戮し合うのに対して、乳母兄弟は実の兄弟以上の強い結びつきを生涯にわたって持ち続けたのである。それは、二人だけの関係に終わらず、主家と乳母家との強い結びつきにもなった。

たとえば、『愚管抄』には「正治元年ノコロ、一ノ郎等ト思ヒタリシ梶原景時ガ、ヤガテメノトニテ有ケルヲ」とあり、景時が頼家の「めのと」であったとする。おそらく、その妻が乳母であったという意味か、あるいは「めのと」＝傅《ふ》（幼主の守り役）の意味かもしれない。さらに、『保暦間記』には「仁田四郎忠常一幡御前の乳母」とあり、忠常の妻が頼家の長子一幡（母は比企能員の娘若狭局）の乳母でもあった。

頼家と比企氏

頼家ともっとも深い関わりをもった一族が比企氏であった。すなわち、比企一族の長老格でもあった比企尼は、自身が頼朝の乳母でもあり、永暦元年（一一六〇）に頼朝が伊豆国に流された時、武蔵国比企郡を「請所《うけしょ》」にして、夫の比企掃部允とともに関東に下ったという。以後、治承四年（一一八〇）にいたる二十年間、物心両面での援助を続けたのである。もっとも、比企氏とその苗字の地である比企郡との関係が、永暦元年まで遡ることについて詳しいことはわからない。

比企尼には三人の娘がいた。長女は二条天皇に仕えて丹後内侍と称されたが、惟宗広言とのあいだに島津忠久・若狭忠季の二人が生まれた。その後、かの女は安達盛長と再婚し、その娘は源範頼と結ばれている。次女は河越重頼と結婚し、その娘は源義経に嫁いだ。さらに三女は伊東祐清と結婚したが、その後、源家一族の平賀義信と再婚した。このように、比企尼の三人の娘は、伊豆国や武蔵国の武士と結婚し、さらに源家一族との婚姻関係も発生しており、比企氏が頼朝とこれら東国の武士たちとを結ぶ役割をもはたしていた。ところが、比企尼には男子がなかったらしく、甥の能員を養子に迎えている。

そして、能員もまた多くの御家人と婚姻関係を結んだ。たとえば、渋河兼忠《しぶかわかねただ》（上野国）は能員の舅（妻の父）であり、笠原親景《かさはらちかかげ》（信濃国）、中山為重《ためしげ》、糟屋有季《かすやありすえ》（相模国御家人）は能員の女婿、河原田次郎は能員の猶子であった。

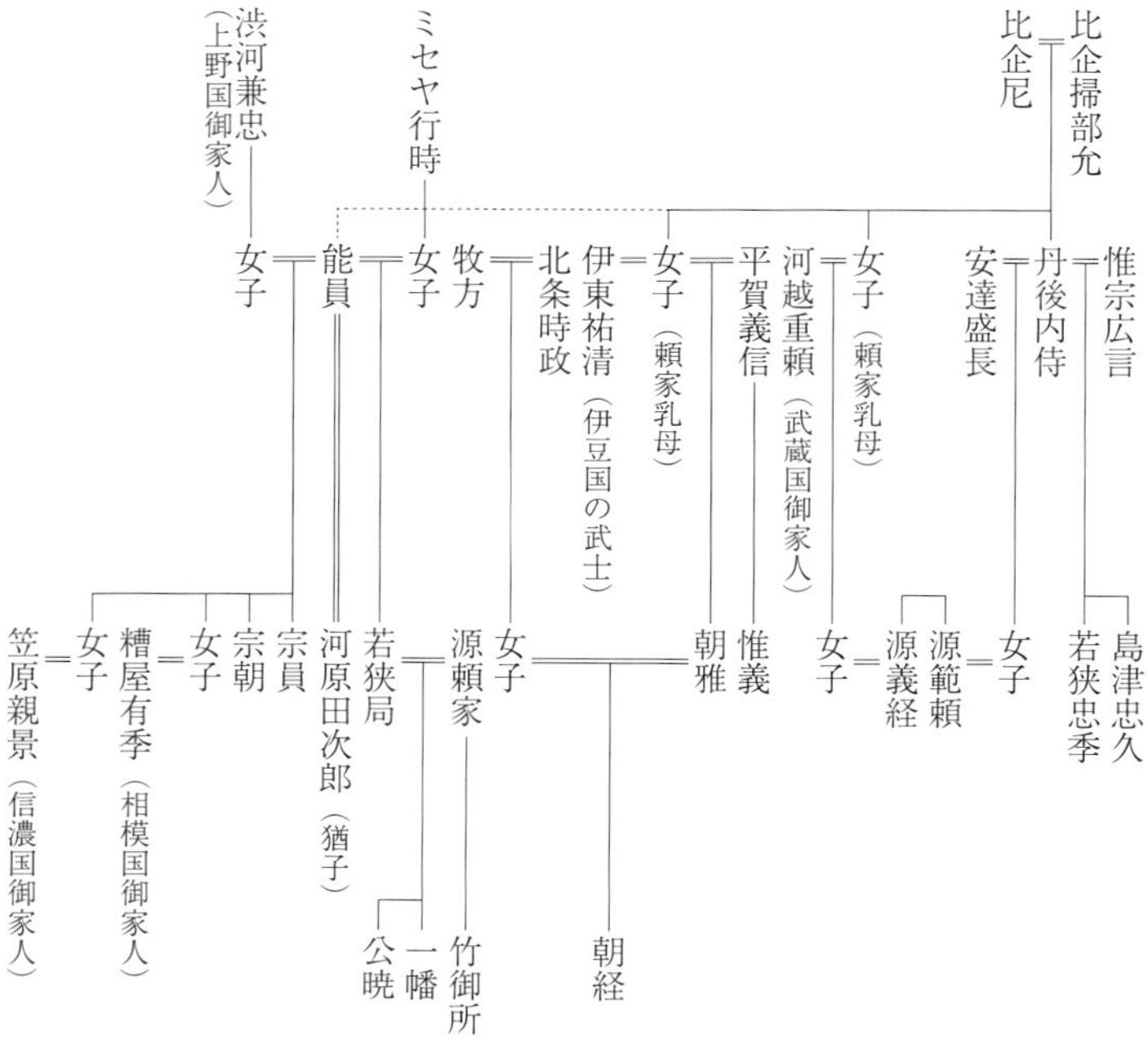

系図６　比企氏関連系図

また、寿永元年（一一八二）八月の頼家誕生に際しては、比企尼の次女が「乳付」を務め、さらに三女が乳母として仕えた。『愚管抄』によれば、能員は比企郡の「ミセヤの大夫行時」の女子を妻に迎え、そのあいだに生まれた娘（若狭局）は頼家とのあいだに一幡・公暁を出生したが、岳父行時もまた武蔵七党《しちとう》の児玉党と婚姻関係を結んでいた。このように、頼朝・頼家父子と比企氏は、婚姻や乳母という擬制的血縁関係によって、幾重にも結びついていたのである。そして、その周辺に「朋《ほう》友《ゆう》」、あるいは縁座《えんざ》して所領を没収された島津忠久や拘禁された小笠原長経や中野能成がいた。

比企氏の所領

ところが、比企氏の所領・所職を残された諸資料から検出してみると、次のわずか四例が確認されるだけである。

①武蔵国比企郡
②信濃国目代・守護職
③上野国守護職
④北陸道勧農使

紙幅の関係で詳述することは避け、具体的内容については拙著『鎌倉の豪族Ⅱ』（かまくら春秋社、一九八三）を参照されたいが、その少なさに驚く。資料的制約もあるから、量的に増えることも考えられるが、それでも少ない。

しかし、このことこそが比企氏の特徴を如実にものがたっているのかもしれない。すなわち、婚姻と乳母関係等によって結ばれた鎌倉殿頼家の存在こそが、比企氏の大きな権力基盤であった。しかも、それに安住したためか、幕府の組織を基盤とすることもせず、きわめて不安定であった。それは北条氏も変わらなかったが、その後の対応の違いが、両者の立場を大きく分けることになる。

梶原景時の失脚

正治元年（一一九九）十月二十五日、御所内で、結城朝光《ともみつ》が「夢想の告げ」があったとして頼朝をしのび、弥陀の名号《みょうごう》を一万回唱えようと傍輩に勧めた。その時、「忠臣は二君に事《つか》えず」というが、頼朝から厚恩を蒙った者として、その死去の際に出家遁世しなかったことが悔やまれる。そればかりでなく、「今の世上を見るに、薄氷を踏むがごと」き状況であると吐露したのである。

ところが、翌々日、御所に仕える女房阿波局が朝光に、梶原景時の讒訴《ざんそ》によって、誅戮《ちゅうりく》の対象になっているとひそかに告げたのである。その理由は、一昨日の「忠臣は二君に事えず」と述懐したことにあった。驚いた朝光が三浦義村に相談したところ、義村は景時のこれまでの所業を非難するとともに、「世のため君のために退治」すべきであり、「宿老等」と談合すべきとの返答がなされた。そこで、和田義盛と安達景盛を呼び、朝光の一件を話したところ、同志を募って景時糾弾の連署状をつくり、頼家に申し入れることになった。

翌二十八日、午前十時ごろには早くも千葉介常胤、三浦介義澄、畠山重忠、小山朝政、和田義盛など六十六人の御家人が鶴岡八幡宮の廻廊に集結した。景時弾劾の一味同心の誓いをたてていると、公事奉行人のひとり中原仲業《なかなり》が景時弾劾《だんがい》状を持参した。全員の前でこれを読み上げた後、署判を加え、義盛と義村が大江広元に手渡して頼家に取り継いでくれるように要請した。

しかし、広元は迷った。代替わりしてすぐの頼朝側近への断罪に不安を感じたのである。もっとも、弾劾状を持参した義盛にそのような感傷は通じなかった。激しく詰め寄る義盛に、ついに頼家に取り継ぐことを承諾せざるをえなかった。

それでも、広元は迷ったのであろう。広元が弾劾状を頼家に取り継いだのは、十日以上も過ぎた十一月十二日のこと。頼家は、即座に景時の弁明を求めたが、景時は翌日になっても陳述せず、子息景茂ひとりを鎌倉に止め、他の一族を引きつれて相模国一宮（神奈川県寒川町）の所領にひきあげたのである。十二月九日、いったん鎌倉にもどった景時であったが、十八日には景時の敗訴が決定した。景時には鎌倉追放が申し渡されたが、和田義盛・三浦義村がこれを担当した。この十日間、何が行われたのであろうか。義盛らと景時とのあいだで弾劾・陳述が展開されたのであろうか、『吾妻鏡』は十日間のできごとをいっさい記述しておらず、奇妙である。

鎌倉追放を伝えた義盛は、景時に侍所の別当職を奪われたものの、所司にとどまっていたから、その職務行為を果たしたとしても、義村は関係ない。十三人の合議制が機能していないばかりか、頼家自身もかれら御家人たちの景時弾劾という実力行使には対応しきれていない。

翌正治二年（一二〇〇）正月二十日、相模国一宮に引き籠もった景時が、子息たちとともに京都へ出発したとの風聞を、相模の御家人原宗房《はらむねむねふさ》が伝えてきた。そこで、御所に集まった時政・広元・善信らは即座に景時の追討を決定、三浦義村・比企兵衛尉らが追撃のために派遣された。ところが、景時らが上洛の途中、駿河国清見関《きよみがせき》（静岡県興津市）近くで周辺の武士たちに発見され、激しい合戦の後、一族もろともあえない最期を遂げたのである。

しかし、景時追討はこれで収まらなかった。景時父子の所領が没収されるだけでなく、景時の朋友加藤景廉《かげかど》も所領を没収され、安房判官代隆重も捕縛された。また、甲斐国では、景時に同調して上洛しようとした武田有義が弟伊沢信光の攻撃をうけて逃亡、行方不明となった。有義が将軍に就任するという計画が練られていたというのである。武田一族は、頼朝の時代、信義が頼朝から叱責され、さらにその子一条忠頼も謀殺されている。おそらく、武田の家督をめぐって有義と信光が対立し、有義が景時と結びついたものであろう。翌二月五日、和田義盛が侍所の別当に還任した。

景時没落の背景

以上が、『吾妻鏡』を中心に見た景時失脚の経緯である。しかし、九条兼実《くじょうかねざね》の日記『玉葉《ぎょくよう》』正治二年（一二〇〇）正月二日条には、

梶原景時、他の武士等のために猜悪を被《こうむ》り、この事を鬱《ふさ》ぐに依り、頼家の弟童名を千万、主君と為すを以て頼家を伐つべきの由、武士ら結構するの旨、これを讒す。即ち、他の武士らを問わせらるのところ、景時を召し合わせらるべしの由と称して、忽ちもって対決するの間、景時は舌を巻き、謀讒たちまち顕《あらわ》る。景時併せて子息ら、皆ことごとく境内を追い払われおわんぬと云々。

とある。すなわち、御家人たちの謗《そし》りを受けた景時は、これに対応しようと、頼家の弟千幡（後の実朝）を主君とすべき計画があると頼家に讒訴。そこで頼家は、御家人たちに問いただしたところ、景時との直接対決を要請、実現したものの、景時は対応できず、鎌倉を追放されたというのである。景時を誹謗するグループを、景時は実朝擁立を謀ったと讒訴して失敗したのである。この日記の内

容が事実であるならば、頼家に反撥する御家人の集団がすでに存在していたことになる。もちろん、当時の日記だからといって、兼実がすべての経緯を知って記述しているわけではない。しかし、少なくとも景時が頼家の傅（あるいは乳母夫）という立場を背景に、幕府内で相当の権勢を有していたこと、さらに一部の御家人が将軍頼家を廃して、実朝を新将軍に立て、梶原一族を失脚させようとしたことなどが窺われる。

この景時の失脚を裏で画策した者として、北条時政を指摘したのは石井進氏である。石井氏は、結城朝光に景時讒訴を密告して景時失脚の発端をつくった阿波局《あわのつぼね》とは、時政の娘で実朝の乳母であること、梶原一族が鎌倉追放後、所領内で合戦の準備をしても見過ごしていたこと、しかも上洛しようとする梶原一族が討たれた駿河国の守護は時政であったことなどを根拠とした（石井　一九六五）。

たしかに、京都の慈円に「鎌倉の本躰の武士」と評価された景時が擁する頼家と、時政の娘阿波局が乳母をつとめ、その擁立をねらう実朝派＝北条氏の対立が、その根底にあったことは充分に考えられる。そして、職務に忠実であるが故に叱責された多くの御家人の怨嗟《えんさ》があったことは間違いない。もちろん、和田義盛がその急先鋒であった背景に、侍所の別当職を奪われた宿怨《しゅくえん》があった。いずれにしても、景時の没落によって、頼家は忠実な後見勢力の一部を失ったのであり、慈円が「景時滅亡は頼家の失敗」と記しているのも的を射ている。

時政の位置

時政の前半生は、『吾妻鏡』にほぼ一貫して「北条殿」と記されるように、官職もなく、個人的能力があったとしても、幕府内での立場は確固たるものではなかった。頼朝と政子が結ばれ、頼家・実朝が誕生して源家との姻戚関係が生まれ、頼朝没後は頼家が鎌倉殿を継承したため、姻戚関係は継続したが、このことしか、北条氏にはなかったといってよい。

ところが、頼朝の遺跡を継承した頼家には、乳母関係（傅）にあった景時のほか、比企氏が重層的な乳母関係を誇示し、能員《よしかず》の娘とのあいだには一幡・公暁らが誕生していた。一幡の乳母夫には、仁《にっ》田忠常《たただつね》もいた。

この事実は、源家（鎌倉殿）との姻戚関係が決して北条氏の独占でなかっただけでなく、頼朝から頼家に代替わりするなかで、比企氏の立場がいっそう強まることを意味した。そればかりでない。頼家の後継者として一幡が擁立されれば、北条氏にかわって比企能員が外祖父の地位を占めることにもなるのである。

したがって、この弱点を克服することが頼朝亡き後の時政に求められたし、さらに鎌倉殿との婚姻関係を独占することが不可能である時、その基盤を補強できる手段として、幕府の組織上に明確な立場を確保することが求められた。もちろん、頼家の「吉書始め」の儀に列席し、十三人の合議制の構成員に加えられたが、いまだ十三人の一人に過ぎなかった。

2　頼家・比企氏の没落

時政、遠江守に就く

景時失脚後の正治二年（一二〇〇）四月一日、北条時政は従五位下に叙せられ、遠江守に任ぜられた。頼朝の生存中、国司に任命された者はすべて源家一門であったから、時政が国司に任命されたことは、かれが源家一門に準ずる立場を与えられたことを意味した。しかも、当時、五位以上が政所別当の有資格者であったのだから、従五位下に叙せられたことの意味も大きい。

頼朝との婚姻関係だけが時政の財産であったとするならば、叙位と国守任命で時政が得たものはかぎりなく大きい。制約はもちろんあったとしても、幕府内でのかれの立場が固まりつつあることは事実であった。

そうしたなかで、十月二十六日、頼家は従三位に叙せられ、政所を設置できる資格を得た。『吾妻鏡』同年十二月二十八日条には「金吾（頼家）、政所に仰せて、諸国の田文等を召し出さる」とあるのも、これに対応するものであろうか。

ただし、頼家の政所より発給された下文《くだしぶみ》は、建仁二年（一二〇二）五月、播磨国大部荘（兵庫県小野市）に守護人使の乱入停止を命じた文書一通（内閣文庫所蔵雑古文書）があるに過ぎない。ところが、この政所下文に別当として署判したのは大江広元と二階堂行政であって、その他、次官の二階堂行光と知家事某・案主清原某が署判するものの、時政の名はない。時政は、いまだ政所別当には就任していない可能性が高い。

では、頼家のもとで、正治元年から建仁三年前半、幕政はどのように遂行されたのであろうか。たとえば、正治元年三月、神宮領六カ所の地頭職の停止を「鎌倉中将殿の御消息」に基づいて広元が執行し、さらに五月にも神宮への御厨二カ所の地頭職寄進を奉行している。また、九月には高野山が備後国太田荘の地頭が公物を割き取ったと訴えたため、地頭からの陳述書を送るとともに、平家没官領・謀叛人跡を理由に改易することはできないと、「中将殿の御消息」に基づいて広元が執行している（高野山御影堂文書）。

一方、八月十六日に行われた鶴岡八幡宮の流鏑馬に関連した宮寺の警固、九月十七日および翌年正月十五日には懈怠している京都大番役の諸国守護人への催促など、御家人役については和田義盛や梶原景時が主に担当し、広元が加わる場合もあった。

そうしたなかで、十一月八日、多好方《おおのよしかた》が頼朝から賜った所領を子息好節《よしたか》に譲与した時、守護使不入の権利を付与する旨を奉行したのが、従五位に叙任される以前、時政が関わった唯一の事例である。さらに昇叙後の建仁元年十一月、文言が欠失して内容が不明ながら、何らかの相論に発給された下知状（薩藩旧記）、あるいは宇佐大宮司職の譲与に関連して下された御教書《みきょうしょ》（皇學館大学図書館所蔵文書）にそれぞれ署判したに過ぎない。

このように見てくると、頼家の決定・裁決の下達は、政所の職員が連署した「将軍家政所下文」を基本とし、「略式政所下文」や将軍家の「仰せ」を受けるかたちで御教書が発給され、時には頼家自身による直状《じきじょう》形式の下文によって施行されていたことがわかる。

一方、鎌倉市中での狼藉行為を認められた小笠原長経、比企時員、中野能成らは頼家が構築しようとした側近集団であろう。そのほか、冨部五郎、細野四郎、大輔房源性、和田朝盛・北条時房らは、頼家が蹴鞠《けまり》に興じる時に供奉するとともに、頼家が懸想《けそう》した安達景盛の妾を強引に招き入れた際、出入りを許されたメンバーでもあった。かれらは、小笠原長経や和田朝盛のような有力御家人の一族だけでなく、比企三郎や弥四郎という比企一族が加えられており、冨部五郎、細野四郎、大輔房源性など、素性もはっきりしない家人も含まれていた。

こうした事例からは、頼家を支える体制づくりが進むなかで、その組織を機能させていたのは広元や二階堂氏といった行政官僚であり、和田義盛や梶原景時という頼朝以来の有力御家人であった。それに対して、頼家との婚姻関係等によって結びついた比企一族は、その組織内に権力基盤を構築できず、頼家が自由に扱える側近集団に組み込まれ、頼家という個人を支えていたのである。それは、遠江守・従五位下に叙任した時政でさえ同様であって、頼家の幕政に積極的に関与したとはいえなかった。時政が、恒常的に下知状形式等で下達するのは、頼家が排斥された建仁三年九月以降である。

比企氏の没落

建仁三年（一二〇三）七月二十日、将軍頼家は突然発病、身心ともに衰弱し、八月になっても回復の兆しがなかった。鶴岡八幡宮の放生会《ほうじょうえ》も、頼家の参列を見ぬままに催された。その間、祈禱《きとう》・治療が行われたが、その効き目も見られなかった。

二十七日、突如、頼家の家督譲与が公表された。すなわち、頼家の権能を二分し、頼家の長子一幡《いちまん》に全国惣守護職《そうしゅごしき》と関東二十八カ国地頭職を、弟の千幡《せんまん》（後の実朝）に関西三十八カ国地頭職をそれぞれ相続させるというものであった。本来ならば、頼家の権能すべてが長子一幡に譲与されるはずであったにもかかわらず、二分されたのである。しかも、この家督譲与は頼家にまったく知らされず、頼家の姻家比企氏も多いに憤慨した。比企氏に対する実朝擁立派＝北条氏の明らかな挑発であった。

九月二日朝、能員は娘若狭局を介して、時政追討を病床の頼家に訴えた。ここで頼家は、家督譲与のことを初めて知ったのである。能員を病床に招き、談合の結果、時政の追討を決定した。しかし、この計画はたまたま居合わせた政子の知るところとなり、時政に通報された。この時、時政は仏事のため名越《なごえ》邸に帰る途中であったが、政子からの連絡を受けるや、政所別当である広元邸に向かった。そこで時政は、広元に対し、頼家の病気を利用して逆謀を企てる比企氏の討滅を申し入れたのである。

これに対して広元は、「幕下将軍（頼朝）御時以降、政道を扶《たす》くるの号あり。兵法においては是非を弁《わきま》えず。誅戮や否や、よろしく賢慮有るべし」と応えている。この広元の返答は、比企氏追討に対する賛意を示すものではない。「よろしく賢慮有るべし」と応えて、明言を避けていると見るべきだろう。ところが時政は、この返答を得るやいなや、すぐさま広元邸を出て、天野遠景《とおかげ》・仁田《にった》忠常《ただつね》に能員の追討を命じたのである。時政の対応は、素早かった。

たしかに、北条氏は一般御家人と比べると、源家に準じて遠江守に任命された時政ではあったが、頼朝の妻の実家であること、頼家の外祖父という立場と連動するものであって、ただちに幕府組織内で中枢の位置を占めることを意味しなかった。したがって、政所という幕府の公的機関の別当が明確に反対しなければ、しかも時政は広元に諮《はか》っているのだから、比企氏の追討を単なる時政の私的行動ではなく、幕府の公的な対応と強弁できたのである。

では、なぜ広元は時政に対して、明確な返答を避けたのであろうか。それは、おそらく梶原景時の追放時とは異なり、多くの御家人が連帯しての行動ではなかったこと、さらに比企氏と北条氏とでは、

比企氏の墓（鎌倉比企ケ谷・妙本寺）

その優劣が即座に判断できなかったことなどがあったように思われる。広元は、兵法を得意とする比企氏とも連携できる可能性も考えたのではなかろうか。

しかし、広元の思案とは関係なく、比企氏の追討計画が時政によって進められた。その日のうちに、時政は使者を能員のもとに送り、時政の名越邸で行われる薬師如来像の供養会への参列を求めたのである。能員による時政の追討計画が露顕したその日のうちに仏像供養を行うとは、かえって時政の行動には綿密な計画性が認められる。軽装・少人数で、時政の名越邸に出向いた能員が、天野遠景、仁田忠常の二人によって暗殺されたのは、それからまもなくのことである。

その直後の午後三時、一幡の小御所《こごしょ》に押し寄せた義時・泰

時・平賀朝政・畠山重忠ら追討の大軍を前に、比企一族は自殺、潰滅したのである。

翌三日から四日にかけて、能員の与党が流罪に処せられ、あるいは監禁され、所領が没収された。頼家が一幡の死と比企一族の潰滅を知ったのは、五日のこと。

比企族滅の余波

近習の武士も監禁され、その権力基盤を失った頼家であったが、この日、ひそかに時政追討を和田義盛・仁田忠常に命令した。しかし、義盛はただちにこれを時政に内報、忠常は対応をためらっているうちに北条氏に殺害されてしまった。この忠常が一幡の乳母の夫あるいは傅であったことはすでに述べたが、時政は頼家を支持する可能性のある忠常を殺害したのである。

この戦いで滅亡したのは、能員の子息やその姻族であった。すなわち、婚姻や乳母関係によって結ばれた鎌倉殿頼家の存在と、数少ない所領を権力基盤とする比企氏にとって、頼家が倒れると、その存在自体がきわめて不安定にならざるをえなかったのである。

では、比企一族が滅亡すると、その所領はどうなったのであろうか。そのすべてを知ることはできないが、少なくとも、比企郡内の一部、信濃国や北陸道諸国の守護職の一部が北条氏の支配に組み込まれた。さらに姻族糟屋有季《かすやありすえ》の本拠相模国糟屋庄（神奈川県伊勢原市）や、島津氏が任命されていた薩摩・日向・大隅三カ国のうち、薩摩・大隅両国の守護職を北条氏は手に入れた（石井 一九六九）。薩摩国の守護職は島津氏に返還されたものの、大隅国守護職はその後も北条氏が掌握したから、北条氏の権力基盤としての所領・所職が増えたことになる。

頼家失権の真実

頼家が鎌倉殿の地位を追われるとともに、その支援者でもあった比企一族が滅亡する過程を、『吾妻鏡』に基づいてやや詳しく叙述した。しかし、頼家という幕府の最高権力者の失権であることを考えれば、朝廷にも関連する情報が届けられたに違いない。すなわち、近衛《このえ》家実《いえざね》の日記『猪熊関白記《いのくまかんぱくき》』建仁三年九月七日条には、

関東征夷大将軍従二位行《ぎょう》左衛門督《さえもんのかみ》頼家、去る朔日《ついたち》薨去《こうきょ》の由、今朝、院（後鳥羽）に申すと云々。日ごろ所労《しょろう》と云々。生年二十二と云々。故前右大将頼朝卿の子なり。くだんの頼家卿一腹の舎弟童年十二云々、今夜、征夷大将軍に任じ、従五位下に叙す。名字は実朝と云々。院（後鳥羽）より定めらると云々。上《しょう》卿《けい》は内大臣、執筆は左大弁と云々。

頼家卿の子息年六歳ならびに検非違使能員くだんの能員は、頼家の子息の祖父今大将実朝がため去る二日に撃たる。後に聞く、頼家卿の子息は撃たれずと云々。能員においては撃ちおわんぬと云々。

と、かなり異なる状況を書き残している。すなわち、家実のもとには九月一日に頼家が薨去したこと、その遺跡をめぐって郎従が「権を争」ったこと、翌二日には比企能員が実朝によって討たれたことなどが大略伝えられたことがわかる。しかも、七日の実朝叙任という日程を考えると、それ以前に頼家の死という誤報が後鳥羽上皇のもとにも伝えられていなければならない。

能員の敗死は二日であるので、鎌倉〜京都間を早馬で三日とすれば、七日に家実にもたらされても

時間的には問題ない。しかし、千幡の相続に対する宣旨を申請し、即日、千幡の叙位・任官と「実朝」という名のりが後鳥羽上皇によって与えられたというのは、あまりに手回しがよすぎる（石井一九六五・永井二〇一〇）。

さらに『愚管抄』には、「頼家ハ世ノ中心チノ病ニテ、八月晦二カウ（二更・午後十時ころ）ニテ出家シテ、広元ガモトニスエタル」とあり、頼家の出家は八月晦日の午後十時ころと伝えている。ところが『吾妻鏡』は、千幡（実朝）に征夷大将軍の宣旨が下った九月七日に、頼家の落飾《らくしょく》を設定しているのである。『吾妻鏡』は、頼家の落飾を「第十七巻」に、実朝の征夷大将軍宣下を「第十八巻」にと、別々の巻にまとめているのでわかりにくいが、頼家・実朝兄弟に降りかかった明暗を同日に設定しているのである。

それは、実朝の征夷大将軍宣下と頼家の出家を同日に設定することによって、鎌倉殿の地位が頼家から実朝に、間断なくスムーズに継承されたことを演出した作為と疑ってみることもできる。『愚管抄』による頼家の晦日出家は、きわめて可能性が高いのである。

時政の計画性

石井氏は、次の二点の文書〔A〕北条時政下文と〔B〕関東下知状から、新たな事実を指摘、展開する。

〔A〕北条時政下文（市河文書）

信濃国の住人中野五郎、本所を安堵せしむべきの状くだんのごとし。

建仁三年九月四日　　　遠江守（花押）

〔B〕関東下知状（市河文書）

信濃国春近《はるちか》領志久見郷《しくみごう》の地頭職のこと。

藤原能成

右、くだんの人、本の如くかの職たるべし。抑も能員の非法に依り、安堵し難きの由、聞こし食すにより、得分においては免ぜらるところなり。然らば安堵の思いを成し、官仕の忠を致すべきの状、鎌倉殿の仰せに依り、下知することくだんの如し。

建仁三年九月廿三日

遠江守平（花押）

〔A〕は、時政が中野五郎に本所を安堵したもの、〔B〕は藤原能成に信濃国春近領志久見郷地頭職を安堵したものである。〔B〕の「能員の非法に依り、安堵し難きの由」の文言から、藤原能成は比企能員に加担した人物、すなわち中野能成であり、〔A〕の人物でもあることがわかる。しかも『吾妻鏡』九月四日条を見ると、能員に与《くみ》し、二日の合戦に能員の子息に従った小笠原弥太郎・細野兵衛尉らとともに拘禁されたにもかかわらず、同日づけで〔A〕が中野五郎に下されたのである。

『吾妻鏡』で拘禁された人物が、文書史料では所領を安堵されているのである。これをどのように理解すればよいかは、いうまでもない。〔B〕が関東下知状という幕府発給の公文書であるのに対し、

〔A〕は時政が私的に発給した文書であることは、時政と能成の個人的関係を窺わせる。時政と中野能成は、能員一族の滅亡以前から手を組んでいたのだ。その時期を特定することはできないが、能成は、頼家が鎌倉中での狼藉を不問とした五人の一人、そして頼家が懸想した安達景盛の妾を「北向御所」に拘束し、その出入りを限った五人の一人であり、頼家の側近でもあった。しかも、時政の子時房も頼家が時折行う蹴鞠の相手の一人として加わっていた。石井氏は、時房の行動にも疑惑を投げかけている（石井 一九六五）。

このように考えていくと、幕府創業時、いわゆる「守護と地頭」の設置に関連して京都政界との折衝に明け暮れた後、遠江守就任まで、時政の動向は『吾妻鏡』では目立たない。しかし、比企氏の事件が、頼朝没後、間もないできごとであることからすれば、早くから比企氏への対策を講じていたのであり、水面下で次なる手を打っていたと見るべきだろう。

そして、時政の行動をそば近くで見聞し、時に積極的に行動したのが義時であった。

一幡の最期と義時

九月二十一日、頼家の鎌倉追放が決定、二十九日には先陣の随兵百騎、女騎十五騎に先導され、後陣の随兵二百騎が固めるなか、伊豆国修禅寺《しゅぜんじ》（伊豆の国市）に護送された。『吾妻鏡』の記述である。

ところが、ここでも『愚管抄』の記述はかなり異なる。すなわち、「九月二日カク一萬御前ヲウツ」と聞いた頼家は、「コハイカニ」と言って側にあった刀をとったものの、病み上がりでどうすることもできなかった。こんな頼家を政子はすがりついて捕らえ、そのまま護衛をつけて修禅寺に押し込めた。さらに、その年の十一月三日、「ツイニ一萬若ヲバ義時トリテ《捕り手》ヲキ《置》テ、藤馬ト云（う）郎等ニテサシ《刺》コロ《殺》サセテ、ウゾ《埋》ミテ」しまったというのである。また、『武家年代記裏書』にも、「乳母これ（一幡）を懐抱して逃れ去るか」とあり、さらに「十一月三日、義時の使い藤馬允、一万公を誅しおわんぬ」とあって、『愚管抄』の記述とほぼ一致する。

『吾妻鏡』では、九月三日、焼亡した小御所跡に赴いた大輔房源性が、乳母のことばに基づいて一幡の遺骨を拾い、高野山奥院に納めたという。ここでも、義時が派遣した郎等が一幡を討ったという『愚管抄』の記述とは異なり、義時の関与は描写されない。

永井晋氏は、『吾妻鏡』と『愚管抄』との記述の違いをもとに比企氏の乱を考え、政子・義時が時政を唆嗾《さそう》したと見る（永井 二〇一〇）。『吾妻鏡』という編纂史料に対して、『愚管抄』『武家年代記裏書』もまた同種の史料ではあるものの、時政の対応に加担して、義時が一幡殺害に関わった事実は否定できない。時政の陰に隠れているものの、『吾妻鏡』の記述以上に義時の対応は積極的でさえある。義時が、少しずつ変貌しつつあるといって良いだろう。

頼家の最期

幽閉された頼家にとって、修禅寺の生活は寂しい、つらいものであった。十一月六日、頼家は母と弟実朝に宛てて書状に「深山の幽栖、いまさら徒然を忍び難し」としたため、以前仕えていた近習の人びとの「参入」を求めたのである。しかし、これらの望みはすべて否定され、書状を送ることさえ禁止された。使者として派遣された三浦義村が帰参して頼家の様子を報告すると、政子は「すこぶる御悲歎」したという。

しかし、頼家への追及は収まらず、翌年七月、幽閉先の修禅寺で亡くなった。『愚管抄』は、

元久元年七月十八日ニ、修禅寺ニテ又頼家入道ヲバサシ《（刺）》コロシ《（殺）》テケリ。トミニエトリ《（獲取）》ツメザリケレバ、頸ニヲ《（緒）》ツケ、フグリヲ取ナドシテコロ《（殺）》シテケリト聞ヘキ。

と、凄惨な暗殺であったことを書き残している。もっとも『吾妻鏡』は「酉の刻、伊豆国の飛脚参着す。昨日十八日、左金吾禅閤年二十三、当国修禅寺において薨ぜしめ給うの由、これを申す」とさりげなく伝え、最後まで冷淡でさえある。

第四章　錯綜する桎梏のなかで

1　実朝治世下の北条氏

時政、下知状を発給す

　頼家が落飾し、比企一族が滅亡するという政変に対し、『吾妻鏡』は主導的役割を時政に演じさせ、義時は脇役的な動きしか描写しないが、比企追討の軍勢を率い、さらに頼家の後継者一幡を殺害して実朝の鎌倉殿継承を確実なものにしたのであるから、きわめて重要な立ち回りを演じたことになる。

　その直後の建仁三年（一二〇三）九月十日、実朝（十二歳）は政子の住む大御所から時政の名越邸に移った。ところが、早くも十五日、阿波局は、実朝が時政邸にいることは当然としても、牧方の対応への不安を政子に伝えたのである。政子も同じように考えていたらしく、すぐさま義時・三浦義村・結城朝光を派遣して実朝をふたたび政子邸に迎え入れたのである。

突然のことに時政も慌てたらしいが、女房駿河局を派遣して詫びたものの、政子は成人するまでは母のもとで育てたいと返答した。鎌倉殿という「玉」の奪い合いは、時政と政子・義時という父子相剋のはじまりでもあった。

その一方で、『吾妻鏡』同年九月十日条には、「今日、諸御家人らの所領、元のごとく領掌すべきの由、多く以て遠州（時政）の御書を下さる。これ、世上危うき故なり」とあって、多くの御家人に対し、時政が所領の安堵状を下したことを載せる。この「遠州御書」とは、その直後に下された次のような関東下知状（小代文書）であろう。

越後国青木地頭職のこと。
小代《しょうだい》八郎行平
右人、かの職たるべきの状、鎌倉殿の仰せに依り、下知くだんのごとし。
建仁三年九月十六日　遠江守平在御判

武蔵国の御家人小代行平が越後国青木の地頭職を与えられたもので、「遠江守平」時政が署判を据《す》えて執行したものである。頼家が落飾し、比企氏が滅びるという劇的な変化のなかで、政権交代をアピールするとともに、幕政内での強い立場を示したものであろう。

時政と政所別当

では、時政はどのような立場・権限によって、地頭職の補任という鎌倉殿の権限を行使できたのだろうか。そこで考えられるのは、十月八日に行われた実朝の元服の儀と翌日に行われた政所始めの儀式である。頼家の落飾後、政子邸に入った実朝であったが、元服の儀が行われたのは、なぜか時政邸であった。政子邸から時政邸に移った時期はわからないが、幕府内ではなく、時政の邸宅で行われたこと自体、時政と新鎌倉殿との個人的関係を内外に印象づけたことであろう。

また、『吾妻鏡』同年十月九日条には、次のようにある。

今日、将軍家の政所始めなり。午の尅、別当遠州（時政）、広元朝臣以下の家司各々布衣等、政所に着す。民部丞行光、返抄を成さしめ、遠州、吉書《きっしょ》を御前に持参す。出御の儀なく、簾中《れんちゅう》においてことさらに以てこれを覧る。遠州、本所に帰着の後、垸飯《おうはん》・盃酒《はいしゅ》の儀あり。その後、始めて甲冑《かっちゅう》を着し、また馬に乗り給う。遠州これを扶持したてまつらる。小山左衛門尉朝政・足立左衛門尉遠元ら、甲冑・母衣《ほろ》等を着す。次第の故実《こじつ》、執権ことごとくこれを授け奉ると云々。

すなわち、実朝の「政所始め」の儀に、時政は大江広元とともに別当として着座したのである。時政が吉書を実朝の前に持参したが、幼い実朝は出御することなく「簾中」でこれを見るに止まった。次いで、時政がもとの座に戻ると、垸飯・盃酒の儀が行われ、さらに初めて甲冑を着けた実朝が馬に乗るのを時政が扶助したのである。こうした実朝の着甲と乗馬を含めた儀式の次第を「執権」が授けた＝指示したのである。もっとも、時政の別当就任が十月九日であったわけではない。おそらく、御家人の所領安堵が「遠州の御書」によって行われた九月十日まで遡るのは間違いない。

なお、「次第の故実」を指示した「執権」について、一般にこれを時政と理解し、九月に下された時政単独署判の下知状発給ともあいまって、時政の執権職就任と考えられてきた。しかし、上杉和彦氏は、故実の伝承は行政官僚の役割にふさわしく、政所の別当として着座した広元、あるいは広元・時政両者の立場を「執権」と称した可能性を指摘する（上杉 二〇〇五）。

これまで、幕府の公式文書は、基本的には政所の職員が連署した政所下文の形式をとっており、これを補完するものとして将軍家の「仰せ」を受けるかたちで御教書《みきょうしょ》が発給されていた。しかし、実朝の位階はいまだ従五位下であって、正式な政所を開設できる地位にはなかった。実朝が従三位に進叙するのは承元三年（一二〇九）四月十日であるから、元久二年（一二〇五）閏七月に失脚した時政の別当在任中に正式の政所下文が発給されることはなかった。

だが、三位に叙せられる以前、「将軍家略式政所下文」が発給されていたことは、頼家の時代にもあったことはすでに述べた。実朝の時代の「将軍家略式政所下文」に該当するものとして二点（集古文書・中院家文書）確認されるが、両方とも署判を加えたのは、大江広元・左衛門尉平某・前右京進中原仲業・清原某の四人であった。

『吾妻鏡』元久元年（一二〇四）十月十八日条によれば、諸国の庄園・郷・保の地頭が所務《しょむ》を濫妨《らんぼう》していると国司・領家から訴えられる事件が相次いだ。そこで、前任者の職務に準じて沙汰するよう幕府の裁定が下ったが、奉行したのは、清原清定と中原仲業であった。したがって、「将軍家略式政所下文」の清原某は清定の可能性がある。後に清定は、政所の次官（令）として政所下文に署判するようになる。なお、左衛門尉平についてはわからない。したがって、「将軍家略式政所下文」に署判する四人中少なくとも三人は、まぎれもなく政所の職員であった。

わずか二例でしかないが、そのいずれにも時政は署判を加えていない。では、なぜ別当である時政は、下文に表れてこないのだろうか。

2 「執権」職の成立と執事

朝廷の執権

一般に北条時政の「執権」職就任時期は、建仁三年（一二〇三）九月ないし十月と理解されている。では、「執権」とはどのような役割をもった立場・地位だったのだろうか。この点について『国史大辞典』第6巻（吉川弘文館、一九八五）の「執権」を繙《ひもと》くと、鎌倉幕府では将軍（鎌倉殿）家の政所別当の中の一名を執権とし、建仁三年（一二〇三）北条時政が政所別当、執権となったのが最初である。執権は将軍家の家司で、将軍を補佐して政務を統べる職であるが、将軍は名目だけで、執権が政治の実権を握り、北条氏が世襲した。

とある。

ところで、鎌倉幕府の組織の多くが朝廷のそれに由来することは、幕府創設後の行政事務が京下りの官僚によって遂行されたことからもほぼ間違いない。では、朝廷の組織のなかで、「執権」とはどのような立場であったのだろうか。あるいは、どのような場合に用いられたのであろうか。

もっとも、当時の公卿・貴族の日記にも「執権」を記述するものは少ない。たとえば、摂政九条《くじょう》兼実《かねざね》の日記『玉葉《ぎょくよう》』文治三年（一一八七）二月二十八日条は、後白河法皇が記録所《きろくしょ》を設置したことを記述しているが、

この日、始めて記録所を置かる。閑院亭《かんいんてい》中門南内の侍所南廊を以て、その所と為す。執権は弁《べん》の定《さだ》長《なが》なり。親経《ちかつね》は穢に触れるに依り出仕せず。寄人《よりうど》十二人参入。奉行は職事《しきじ》定経《さだつね》なり。仰する詞二通、先ずこれを内覧す。

一通、諸司・諸国ならびに諸人の訴訟、および庄園の券契《けんけい》、記録所に於いて宜《よろ》しく理非を勘決《かんけつ》せしむべし。

一通、年中の式日、公事の用途、宜しく記録所をして式数《しきすう》を勘申《かんしん》せしむべし。

とある。記録所は、延久元年（一〇六九）、後三条天皇の時に設立されたものが知られ、天永二年（一一一一）および保元元年（一一五六）に再置されたものの、すでに廃絶されていた。しかし、文治元年、

平家を滅ぼした頼朝がいわゆる「守護と地頭」設置の勅許《ちょっきょ》を得ると、西国を中心に守護人・地頭による押領《おうりょう》が頻発するようになった。そこで頼朝は、これを解決する手段として記録所の設置を要請(『玉葉』文治三年二月四日条)、翌年二月、発足したのである。

ところで、前掲『玉葉』の記述によれば、記録所の職員としては、「執権」に就いた「弁の定長」のほか、「穢」のために出仕しなかった親経や寄人十二人が確認できるが、組織設立の業務を担当したのは職事＝蔵人の定経であった。定長は、勧修寺流《かじゅうじりゅう》藤原氏の出身で、頼朝から議奏公卿《ぎそうくぎょう》に推挙された吉田経房《つねふさ》の弟である。当時、定長は権右中弁《ごんのうちゅうべん》の地位にあったので、兼実は「弁の定長」と記述したのである。一方、出仕できなかった親経も、経房とともに弁官に推挙され、右少弁に任ぜられている。なお、職事定経は経房の子である。

『弁官補任《べんかんぶにん》・第一』(続群書類従完成会・一九八二)の文治三年条をみると、

権右中弁　従四位下　藤定長　三十九　二月廿八日　記録所の勾当《こうとう》と為る
右少弁　正五位下　同親経　三十七　月　日　記録所の勾当と為る

とある。すなわち、記録所開設について、定長・親経の二人が記録所の勾当に就いていたのである。しかも兼実は、勾当に就いた二人について、定長を「執権」と記述し、出仕しなかったとはいえ、同じく勾当に就いた親経については何ら記述していない。これはおそらく複数の勾当のなかで、上位階の者をとくに「執権」と記述したためと思われる。

執事から執権が

また、『玉葉』文治二年六月四日条を見てみよう。この日、右少弁親経は後白河法皇の使者として兼実のもとを訪れ、一条能保《よしやす》（頼朝の妹婿で京都守護）の申し入れへの対応策を求めた。申し入れの第一は、鞍馬寺に隠れた義経を追捕するため官兵を送ったが、すでに逃れており、宣旨《せんじ》を諸国に下してほしいというもの、第二は「土左君《とさのきみ》」という僧が義経と知音《ちいん》であるので、鞍馬寺に申し入れて召し出すべきではないかというものであった。これに対して兼実は、「土左君」以前に鞍馬寺の別当を召し出すべきであること、親経が「土左君」を召し出すべきことを入道関白藤原基房《もとふさ》に内々連絡しておくことを返答した。ところが親経は、この対応に自身は不適格であること、こうした大事は「執権職」が行うべきものと後白河法皇に申し入れたところ、法皇は了解し、藤原光長《みつなが》を命じる院宣《いんぜん》を下すことになったのである。当時、光長は従四位上にして右大弁であったから、定長や親経より官・位ともに上位であった。

また、時は下るが、葉室定嗣《はむろさだつぐ》の日記『葉黄記《ようこうき》』寛元四年（一二四六）正月二十九日条は、後嵯峨《ごさが》天皇が譲位し、院政を開始した関連記事を載せるが、

> 寛元四年正月廿九日己未、天晴れ。今日譲国《じょうこく》のこと有り。予（定嗣）院司に補す。万事を奉行すべきの由、兼ねて勅定《ちょくじょう》有り。便《すなわ》ちこれ執事《しつじ》というべきか。然《しか》して先例あるいは他の人、執事たるといえども、器量《きりょう》の者一人また執権を奉《うけたまわ》る。今、この儀なり。

とあり、定嗣が後嵯峨院庁の院司に補任されたこと、しかも「万事を奉行すべ」しとの勅定があったので「執事」かもしれないこと、執事のなかから「器量の者」ひとりが「執権」を承るという先例もあり、その可能性を期待している。

ところで、同日条には院庁の別当の候補として、

> 御厩《みうまや》別当　御厩別当は執事の上﨟《じょうろう》たる例、保安は通季卿《みちすえきょう》が御厩別当と為り、実行《さねゆき》卿は執事たるの例なり。
>
> 権大納言藤原朝臣（公相《きんすけ》）
> 権大納言源朝臣（顕定《あきさだ》）　執事
> 参議藤原朝臣（定嗣）
> 雅家朝臣（右中将源雅家・蔵人頭）
> 顕朝々臣（左中弁藤原顕朝・蔵人頭）
> 房名朝臣（三河守藤原房名）　年預

の六人が記載されているが、同日の夜、この六名が別当に補せられた。さらに公相・顕定が執事に就いており、定嗣の期待するようには進まなかったのである。

ところで、公相は御厩別当にも就いたが、「御厩別当は執事の上﨟」以下の記述からすれば、複数の別当のなかで上﨟＝上席の者が御厩別当に就き、次席の者が執事に就いたことになる。しかも「器

量の者一人また執権を奉る」という文言からすれば、「器量」が具体的に何をいうのか判然としないものの、少なくとも複数の執事のなかから、一名が「執権」を承るという先例が存在したのである。

このような事例から「執権」を考えると、同じ弁官や記録所の勾当であっても、より上位の者を「執権」と呼んだのであり、あるいは執事のなかから「器量の者」一名が「執権」を承ったのである。すなわち、「執権」とは、特定の官職というよりも、本来はそれぞれの官職の上席者・上位者という相対的立場を示したものであった。

しかし、鎌倉時代後期の史料には、幕政上の立場、あるいは役職としての「執権」が明確に表れてくる。では、幕府の「執権」はどのようにして成立していくのだろうか。

鎌倉幕府の執権

幕府の「執権」に関する史料も実はきわめて少なく、当時の史料で北条時政を直接「執権」と呼んだものはない。たとえば、既述の『吾妻鏡』建仁三年十月九日条の「執権」を時政に比定する場合が多いが、上席の者が「執権」という朝廷の事例から考えると、正治二年（一二〇〇）四月、従五位下に叙爵した時政に対し、広元はすでに文治元年（一一八五）四月に正五位下に叙せられており、さらに建保元年（一二一三）正月に従四位上、翌年正月には正四位下に昇叙（『尊卑分脈』）しているから、同じ政所別当でも位階は常に広元が上席であった。したがって、この「執権」は広元と理解すべきなのである。

しかも時政の位階は、その後も変わらなかったから、別当の上席＝執権として政所に関わることはなかったし、できなかった可能性がある。したがって、既述の「将軍家略式政所下文」に署判した四人とは、政所の職員（次官の令や知家事、案主）のほか、別当の上位者（執権）だったのであり、下位の別当たる時政は署判しなかった（できなかった）のではないだろうか。

では、その後の「執権」はどのように変化していったのだろうか。『吾妻鏡』元久二年（一二〇五）閏七月二十日条には「遠州禅室《ぜんしつ》（北条時政）、伊豆北条郡に下向し給。今日、相州（義時）、執権の事を奉《うけたまわ》しめ給うと云々」とあるが、「執権」そのものの実態・内容を知ることはできない。

そこで重要と思われるのは、義時の没後ではあるが、『吾妻鏡』元仁元年（一二二四）六月二十八日条である。執権とその職務を考える時、貴重な史料と思われるので、長文ながら引用しておこう。なお、その条文は内容的に二つに分けられる。

〔A〕廿八日甲午。武州（時房）始めて二位殿（政子）の御方に参らる。触穢《しょくえ》御憚《はばか》り無しと云々。相州（泰時）・武州、軍営《ぐんえい》の御後見として武家のことを執り行うべきの旨、かの仰せ有りと云々。しかるに先々楚忽《そこつ》たるかの由、前大膳大夫入道覚阿《かくあ》（大江広元）に仰せ合さる。覚阿申して云く、延びて今日に及ぶ。なお遅引と謂うべし。世の安危、人の疑うべき時なり。治定《じじょう》すべきことは早くその沙汰あるべしと云々。

〔B〕前奥州禅室（義時）卒去の後、世上の巷説《こうせつ》縦横《じゅうおう》なり。武州（時房）は弟等を討ち亡ぼさんがため、京都を出でて下向せしむるの由、兼日の風聞あるにより、四郎政村の辺り物忩《ぶっそう》。伊賀式部丞光宗兄弟、政村主《ぬし》の外家と謂うをもって、内々執権のことを憤《いきどお》り。奥州の後室伊賀守朝光が女もまた聟《むこ》宰相中将実雅《さねまさ》卿を挙げて関東の将軍に立て、子息政村をもって御後見に用い、武家の成敗を光宗兄弟に任すべきの由、潜かに思い企て、すでに和談をなし、一同するの輩等あり。時に人々の志すところ相分かるると云々。

すなわち、義時の没後、その後継をめぐって泰時・時房と義時の後室伊賀方とその一族のあいだに齟齬が生じるなかで、泰時・時房に対し、政子が「軍営の御後見として武家のことを執り行うべきの旨」を命じるとともに、広元に意見を求めたところ、対応の遅れは人びとの不安を増幅させるから、早く決定してことを進めるべきと答えたのである〔A〕。

これに対して伊賀光宗兄弟は、義時後室伊賀方の子政村がいるにもかかわらず、政子が「軍営の御後見」を泰時・時房に命じたことを憤り、伊賀方の女婿である藤原実雅を将軍に、政村を後見に据えようと考えて「和談」をなしたところ、これに賛同する者も多く、義時の後継については意見が分かれたというのである〔B〕。

したがって、〔B〕の「執権のこと」とは、〔A〕に記載される、政子が「相州・武州、軍営の御後見として、武家のことを執り行うべきの旨」仰せられたことを承《う》けての文言であり、政子が二人に委ねた「軍営の御後見」という立場を意味している。それは、義時の後室伊賀方が、政村を「御後見」に据えようと考えたことと一致する。

このように見てくると、「軍営の御後見」という立場を「執権」と表現しているのであって、「軍営の御後見」を担当する組織的立場（役職）としての「執権」が成立していたわけではない。この段階では、いまだ執権「職」は確立していない。

こうした「軍営の御後見」を内容とする「執権」は、たとえば嘉暦元年（一三二六）三月ころと思われる金沢貞顕《さだあき》の書状（金沢文庫文書）に「愚老《ぐろう》、執権のこと、去る十六日朝、長崎新兵衛尉を以て仰せ下され候の際」とあり、あるいはその子貞将の書状（金沢文庫文書）にも「老父執権のこと、仰せ下され候」などと見えるから、役職としての「執権」が確立していたことは間違いない。しかも、これより古く、応長元年（一三一一）十一月、御家人である橘《たちばなの》盛真《もりまさ》・有真《ありまさ》・沙弥覚阿《しゃみかくあ》が、おそらく但馬国の大岡寺（兵庫県豊岡市）に所領を寄進した際、かれらは子孫の繁昌ばかりか、「国家の執鞆（柄）ならびに将軍家の執権」の「奉為《おおんため》」を祈念したのである（大岡寺文書）。幕政の中核を担う「執権」当人ばかりか、鎌倉から遠く離れた但馬国でも、御家人クラスが「執権」の存在を認知していたのである。

では、こうした役職としての「執権」の成立はいつに求められるのであろうか。たとえば、『吾妻鏡』寛元四年（一二四六）三月二十三日条には、「武州（経時）の御方において深秘の御沙汰等ありと云々。その後、執権を舎弟大夫《だいふ》将監《しょうげん》時頼《ときより》朝臣に譲り奉まつらる」とあって、北条経時が弟時頼に譲与したのは、まさに「執権」であった。その後、二十六日に時頼が初めて評定を行ったのも、かれが「執権」であったからであった。ここでは、「後見」や「武家のこと」の執行という、「執権」の具体的な内容を触れる必要がなくなっており、「執権」という名称、あるいは役職としての「執権」が成立していると考えられるのである。

こうして成立した「執権」は、「沙汰未練書」(『続群書類従』二五輯上)にも、

一 両国とは、武蔵・相模両国の国司の御名なり。将軍家の執権の御事なり。執権とは、政務の御代官なり。また両所とも申す。ただし武蔵守・相模守は、時に依り官爵定まらずなり。

とあり、武蔵・相模両国守を執権といい、職務として「政務の御代官」を挙げている。同書は、十四世紀初頭に編纂されたと考えられている幕府の法律書であるが、その中核的内容の「武家沙汰」に関連する法律用語(『群書解題』第三)として「執権」は定着・確立していくのである。

執事と執権

吉田家本追加法(『中世法制史料集 第一』岩波書店・一九五五)に、年未詳ながら次のような一条がある。

一、執事御方の御下知たるといえども、「仰せ」の詞《ことば》無きに依り、棄て置かる法の事、奉行矢野兵庫允。越後国沼河郷内白山寺供僧、地頭備前(前脱カ)司殿の御代官と相論《そうろん》す。当寺は公方《くぼう》の御祈禱所たるの条、北条殿(時政)ならびに右京大夫殿(義時)の御下知に炳焉《へいいん》の由、供僧等これを申すといえども、「仰せ」の詞無きに依り、公方の御下知に准ぜられず、棄て置かる供僧《ぐそう》訴訟の事。

冒頭の文言（一以下の事書き）が判例の趣旨であり、矢野兵庫允が担当したことを示し、それ以下が相論の内容と判決である。すなわち、越後国沼河郷内の白山寺供僧が地頭である備前前司を訴えた際、供僧は白山寺が公方＝将軍家（鎌倉殿）の御祈禱所であることを北条殿（時政）ならびに右京大夫殿（義時）の下知を根拠に主張したが、「仰せ」の詞が記載されていないので、公方の御下知に准ぜられないと白山寺側の主張を否定したのである。

相論の時期は特定できないが、北条一族と思われる地頭備前々司は、正応元年（一二八八）一一月に補任され、嘉元二年（一三〇四）六月遠江守に転任した北条時範、あるいは正安三年（一三〇一）七月当時、備前々司であり、延慶二年（一三〇九）七月に卒した宗長などが考えられるが、いずれかは断定できない。いずれにしても、鎌倉時代後期、十四世紀初頭のころと推測できる（岡田 二〇〇六）。

その際、「北条殿ならびに右京大夫殿の御下知」が冒頭では「執事御方の御下知」と置き換えられている。鎌倉時代後期には「執権」という立場・地位は定着・確立されているなかで、時政・義時が「執権」と認識されず、「執事」という立場で「下知」を加えていたと理解されているのである。

すでに五味氏は、この資料を用いて、泰時以降が執権と認識され、時政・義時は執事と認識されていたこと、執権が幕府の「成敗」の主体であるのに対し、執事は将軍や二位殿の家の「執事」「後見」であることを指摘している。その際、「成敗」の主体とは「理非決断」、すなわち相論に対する判決・判断を下す存在ということになる。

さらに五味氏は、不易法《ふえきのほう》にも触れている。不易法とは、幕府の判決に対して異議申立を認めないとする規則であるが、源家三代の将軍と政子のほか、泰時、経時・時頼三代の判決が対象となったのに対し、時政・義時は不易法の基準とされていない点から、時政・義時＝執事、泰時以降＝執権という違いを示すものとして着目している。時政・義時と泰時以降を峻別し、「安堵」の権能と「理非」の成敗権を基軸に、その違いを展開した指摘（五味 二〇〇〇）は傾聴に値する。しかし、時政・義時の発給文書については「仰せの詞」を付した文書が多く残されており、沼河郷の事例から時政・義時を執事、泰時以降を執権と区別できないことはたしかである。

五味氏は、「公方の御祈禱所」を証拠づけるものであるから私的な文書ではなかったとし、「執事御方の下知」の例として次のような関東御教書案（益永家文書）をあげ、文末の「陸奥守殿御奉行に依り」を指摘する。

> 宇佐忠輔申す、豊前国向野郷内下糸永・同秋安・弥同丸、宇佐内屋敷弐ケ所、栄重・栄房沽却屋敷・柑子籠畠地、大家郷内本成久・今成久・石同丸、下毛光永、封戸郷内恒貞・有永・弥同丸・辛嶋郷内光永、田染庄是行・清成田畠等のこと。状の如くんば、くだんの名田畠、甲乙人の手より買領せしむるの後、知行相違無しといえども、向後の証験として御下知を給うべしと云々、者《てえれば》、売買の地、証文に依るべきなり。真偽を糺し道理に任せ、安堵せしむべきの状、陸奥（義時）守殿御奉行に依り、執達くだんの如し。
>
> 承久三年十二月十一日　散位藤原在御判

散位中原在御判

謹上　前大宰少弐殿（藤原資頼）

もっとも、五味氏も指摘するように、すべての関東御教書がこの形式に統一されたものではなく、「仰せの詞」のある関東御教書とともに、宛所によって使いわけていた（相田 一九四九・湯山 一九七九）。さらに五味氏は、その背景を「義時の威権が強大であったため」と見るのではなく、幕府が朝廷の院庁の機構を倣った結果と結論づける。

五味氏は、朝廷の先例として引用した「新大納言藤原某御教書」（壬生家文書）の某を、『今鏡』に記載される「鳥羽院の御後見、院の内取沙汰し給ひし」藤原公教《きんのり》に比定し、院の「執事」と称されていたことから、「義時が『執事』とよばれた意味もわかってこよう」と整理している。

鳥羽の執事と称された公教は、たとえば永治元年（一一四一）八月の鳥羽院庁下文（九条家文書）に「権中納言兼左衛門督藤原朝臣」として署判を加えており、明らかに鳥羽院庁の別当であった。しかし、序列的には五人目の別当であったから、必ずしも最上位ではないが、かれは鳥羽の信任を得たが故に「執事」としてその職務を遂行したのであろう。

したがって、義時が執事と称されるのは、その前提として政所別当への就任があったはずである。複数の執事から一名の執権が誕生するという事例から考えれば、まさに「『執事御方』とはひろく執権をも含む表現」であった（五味 二〇〇〇）。しかし、それは公教が「鳥羽院の御後見、院の内取沙汰」するような立場にあったと同じように、まさに義時も強大な「威権」を掌握していたからに他ならないという結論を導くことになる。

既述のように、院庁には複数の別当が存在し、かれら（の一部が）が執事と称され、そのなかから執権が選出されたこと、あるいは記録所では二人の勾当のなかから上位の者が執権と称されたのである。したがって、時政・義時のいずれもが少なくとも執事であったことは間違いない。

たとえば、『尊卑分脈』第四篇に収められる「桓武平氏――北条」を見ると、時政に「関東執事第一」とあることに気づく。義時にも「執事」とあり、さらに「元久二壬七廿執事に補す」とある。それは、『吾妻鏡』によれば時政に替わって義時が「執権の事」を奉じた日でもあった。以下、『尊卑分脈』と『鎌倉年代記』に記載された「執権」ならびに「連署」に就いた人びととその就任時をまとめた表（次頁）をみてみよう。

表から、『鎌倉年代記』では執権と連署が明確に区別されているのに対し、『尊卑分脈』はすべて「執事」と記載する。もちろん、連署も「両執権」ともあるので、実質的に執権である。

執権・連署の別なく、すべて執事と記載した『尊卑分脈』は、編者が洞院公賢《とういんきんかた》であることからすれば、朝廷内の見識・理解を表現したものであった。すなわち、複数の別当から複数の執事が選抜され、さらにそのなかから執権一名が選出されるという院庁のありかたからすれば、鎌倉幕府の執権・連署も複数の政所別当から選出される複数の執事のひとりであったからであろう。ただし、その就任日が微妙に異なっており、編纂時における根拠史料の違いと思われるが、詳細はわからない。

執権と執事

執権・連署名			執権・連署（『鎌倉年代記』）	執事（『尊卑分脈』）
①		時政*		関東執事第一
②		義時*	元久2年(1205)閏7月将軍家事奉行之 承久元年(1219)依二位家仰，重奉行将軍家事　＊＊	執事・元久2年(1205)閏7月20日補執事
③		泰時*	元仁元年(1224)6月　関東為将軍家執権 嘉禄元年(1225)7月11日 二位家薨逝之後，専執行武家事	執事・元仁元年(1224)12月17日補執事
	1	時房	元仁元年(1224)6月　為将軍家連署	執事・貞応3年(1224)6月補執事
④		経時*		執事・仁治3年(1242)6月16日執事
⑤		時頼*	寛元4年(1246)4月　為将軍家執権	執事・寛元4年(1246)閏4月1日補執事
	2	重時	宝治元年(1247)7月　為連署	執事・宝治元年(1247)7月補執事
⑥		長時	康元元年(1256)11月　為将軍家執権	康元元年(1256)10月22日補執事
⑦	3	政村	建長8年(1256)3月30日　為将軍家連署 文永元年(1264)8月5日　為執権	執事・建長8年(1256)3月14日補執事
⑧	4	時宗*	文永元年(1264)8月10日　為連署 文永5年(1268)3月5日　転執権	執事・文永元年(1264)8月22日執事
	6	義政	文永10年(1273)6月8日　為連署	執事・文永10年(1273)6月17日補執事
	7	業時	弘安6年(1283)4月16日　為連署	執事・弘安6年(1283)2月14日補執事
⑨		貞時*	弘安10年(1287)7月7日　為執権 ※弘安7年の誤りか？	執事・弘安7年(1284)10月6日執事
	8	宣時	弘安10年(1287)8月19日　為連署	執事・弘安10年(1287)8月19日補執事
⑩		師時	正安3年(1301)8月22日　為執権	正安3年(1301)8月22日補執事
	9	時村	正安3年(1301)8月23日　為連署	執事・正安3年(1301)8月22日補執事
⑪	10	宗宣	嘉元3年(1305)7月22日　為将軍家連署 応長元年(1311)10月3日　転執権	執事・嘉元3年(1305)7月27日補執事
⑫	11	煕時	応長元年(1311)10月3日　為連署 正和元年(1312)6月2日　為執権	執事・応長元年(1311)10月3日執事
⑬		基時	正和4年(1315)8月12日　為執権	正和4年(1315)7月11日補執事
⑭		高時*	正和5年(1316)7月10日　為執権	執事・正和5年(1316)7月10日執事
⑮	12	貞顕	正和4年(1315)8月12日　為連署 正中3年(1326)3月16日　為執権	正和4年(1315)7月11日補執事
⑯		守時	正中3年(1326)4月24日　為執権	執事・正中3年(1326)3月17日補執事
	13	惟貞	正中3年(1326)4月24日　為連署	執事・正中3年(1326)3月3日補執事
	14	茂時		執事・元徳2年(1330)閏6月補執事

＊得宗家当主
＊＊『武家年代記』建暦元年条には「義時　為政所別当，依被置家司連署無之」とある。

なお、『尊卑分脈』は大江広元を「関東執権」と記載するが、院庁の執権（別当）に対比させての記述であろう。また、『尊卑分脈』は二階堂行政の子孫について「執事」と記載しているが、これは元仁元年閏七月、伊賀光宗が政所執事を罷免され、二階堂行政の孫行盛に交替すると、その後、北条一族が執権職を独占するなかで、その家系が継続的に執事に就いたことを反映したものであろう。

3　時政、覇権への道

時政単独署判の下知状発給

ところで、『鎌倉遺文』に収録された文書史料と、『吾妻鏡』に載る幕府の施政内容を整理すると、文書史料では、時政の単独署判による下知状がほとんどで、所職（地頭職）の補任・安堵や狼藉停止のような個別事例のほか、相論に対する裁許が含まれていた。もちろん、『吾妻鏡』にも所職の安堵に関する事例が見られるものの、諸国の地頭支配地域における狩猟の停止、地頭の濫妨停止といった、広範囲を対象としたものであって、個別事例はきわめて少ない。

かつて佐藤進一氏は、室町幕府を軍事指揮権と恩賞権を掌握した尊氏と、政務と裁判権を掌握した直義による二頭政治と考え、幕府権力が尊氏の主従制的支配権と直義の統治権的支配権から成り立っていること、しかもそれは、鎌倉幕府の将軍が有していた権力の二元性に由来することを指摘した（佐藤　一九六三）。簡単にいえば、幕府の権力はその根幹に主従制（軍事指揮と恩賞）と領域支配（裁判権等）があるという考えであり、中世の権力構造を考える時、触れざるをえない指標でもある。

この指摘に基づきつつ、本郷氏は将軍権力の根幹は主従制的支配権にあると理解し、まず、主従関係で結ばれた将軍と御家人が鎌倉に政治権力を作り上げ、そのうえで朝廷から公的な統治権限（＝統治権的支配権：筆者注）を獲得したと述べている（本郷 二〇〇四）。

この「公的な統治権限」とは、朝廷から分割譲渡された統治権と理解でき、その分割の対象は、時に地域であったり、時に権力そのものの一部であった。たとえば、前者でいえば寿永二年（一一八三）十月宣旨で得た一定の支配（行政）権は「東国」（東海道と東山道）という限定された地域であったし、後者でいえば、文治元年（一一八五）十一月に獲得した「守護・地頭」の設置、兵粮米の賦課徴収権であって、地域に対するすべての支配権ではなかった。

しかも、主従制的支配権が将軍権力の根幹としても、統治権的支配圏が拡大すれば、幕府の姿勢（施政）も当然のことながら変わっていく。東国を基盤とする軍事政権であった段階と、幕府権力が西国にまで拡大した段階とでは、その姿勢・施政も変わるだろうし、変わらざるをえない。為政者として変貌せざるをえなくなってくるといってもよい。

時政が下知状で執行した所職（地頭職）の補任・安堵や狼藉停止のような個別事例には、主従制的支配権の行使が色濃く、『吾妻鏡』に見られる施策には、統治権的支配権が強く感じられる。しかし、広元が地頭職停止を奉行している場合もあり、さらに、地頭職に関する相論に対し時政と広元によって裁可される事例もあって、時政とかれ以外で権限がはっきりと分かれているわけではない。

このように見てくると、『吾妻鏡』の記載内容が、幕府の公的文書として発給される場合、どのような形式で行われるのか判然としないものの、地頭の濫妨停止を命じた中原仲業や清原清定は、「将軍家略式政所下文」に見られる「清原」や「前右京進中原」に比定できるから、かれらの名でもって下達していることを窺わせる。政所は機能していたのであり、実朝の意志に基づく政事も行われていた。

したがって、時政が遠江守に補せられ、従五位下に叙せられて政所別当に就いても、「執権」として幕政を掌握する地位を確保できたわけではなかった。だからこそ、主従制的支配権のより一層の充実を図る必要があったのであり、頼家から実朝へと鎌倉殿が交替する時期を利用し、上席ではなかったとしても政所別当による「遠州御書」を発給し、御家人の所領安堵に積極的に関わったと見るべきだろう。さらに十月、武蔵国の御家人に対し、時政に「弐を存ずべからず」旨を仰せ含めたのも、政所別当として武蔵国を権力の基盤にしようとする意識の現れであった。すなわち、その視線の先には武蔵国留守所惣検校職である畠山重忠の排除があった。

武蔵国留守所惣検校職

鎌倉の後背に位置する武蔵国は、地理的にも枢要な地域であった。頼朝の父義朝・兄義平が、大蔵合戦によって義賢と秩父一族の重隆を倒し、国内の武士を従者化して保元の乱を戦い抜き、さらに平治の乱で敗れたとはいえ、義朝の軍事力の大きな部分を支えたのが武蔵国の武士団であった。その武蔵武士団に対して大きな影響力をもっていたのが、秩父一族の畠山氏であった。

佐藤氏によれば、武蔵国には鎌倉時代を通じて守護は設置されず、その権限は国守によって執行されたという（佐藤 一九四八）。それでは、武蔵国では国守に任命されれば、守護としての権限を行使できたかというと、ことはそのように簡単ではなかった。

平安時代後半以降、知行国制《ちぎょうこくせい》が進展するなかで、不在国司すなわち遙任国司《ようにんこくし》が一般的となり、国守の派遣する目代が、国衙《こくが》・留守所《るすどころ》を支配し政務を執行した。この国衙・留守所に勤務する官人は、在庁《ざいちょう》あるいは在庁官人《ざいちょうかんじん》と称されたが、かれらはその職務内容に応じ留守所内にいくつもの分課的「所《ところ》」を作りあげていった。たとえば、課税・徴税に関わった税所《さいしょ》、公文書の発給・保管を担当した公文所《くもんじょ》、国内の治安維持に当たった検非違所《けびいしょ》、国衙の工房にもあたる細工所《さいくどころ》などである。この「所」に多くの在庁官人が勤務していたが、かれらは「所」を統轄する立場の検校《けんぎょう》によって監督されていた。先ほどの例でいえば、税所の監督官は税所検校であり、同じように公文所検校、細工所検校というとになる。そのうえで、多くの「所」を総括する立場、留守所の総監督的な立場として惣検校がいた。もっともその名称は、大隅・武蔵両国が知られるだけであるから、国によってその名称も異なっていたのかもしれない。

この武蔵国の留守所惣検校職には、代々秩父氏が任命されていた。もともと秩父氏は、その苗字が示すように武蔵国秩父郡（埼玉県秩父市・秩父郡）の馬牧《ばまき》の監督官（別当《べっとう》）であったらしく、武基《たけもと》が秩父別当を僭称したことから、秩父氏を名のるようになったらしい（町田 一九九三）。その後、この秩父《ちち》父牧《ぶのまき》を根拠地に、その子孫は各地に進出していったが、畠山・小山田・稲毛・榛谷《はんがい》・河越のほか、渋谷・江戸氏なども秩父一族を構成していた。

この武蔵国留守所惣検校職については、『吾妻鏡』嘉禄二年(一二二六)四月十日条には、

河越三郎重員《しげかず》、武蔵国留守所惣検校職に補せらる。これ、先祖秩父出羽権守(重綱)以来、代々補し来たると云々。

とあり、また、寛喜三年(一二三一)四月二十日条にも、

河越三郎重員、本職(惣検校職)四ケ条のこと、去る二日、(武蔵国)留守所に尋ね下さる。秩父権守重綱の時より、畠山二郎重忠に至り奉行し来たるの条、重員の申し状に符合するの由、在庁散位日奉実直・同弘持・物部宗光ら、去る十四日の勘状、留守代帰寂の同十五日の副状《そえじょう》等到来す。よって相違無く沙汰致すべきの由と云々。

とあるから、秩父重綱から畠山重忠を経て河越重員まで伝えられ、重綱が「先祖」と認識されていたことがわかる。また、貞永元年(一二三二)十二月二十九日条の、

武蔵国惣検校職ならびに国検の時の事書き等、国中の文書の加判および机催促の加判等のこと、父

重員の譲状、河越三郎重資《しげすけ》先例のごとく、沙汰を致すべきの由仰せらると云々。

という記述も含めると、河越氏は惣検校職にともなう四点の職権のほか、国検（一国単位の検注）の際、関連文書に判（花押）を据えて確認したこと、内容が不明であるが「机催促」に際しても確認のために判を据えたことなどがわかる。

こうした権限を、重綱が当初から掌握していたかどうかはわからないが、この権限を補完するため

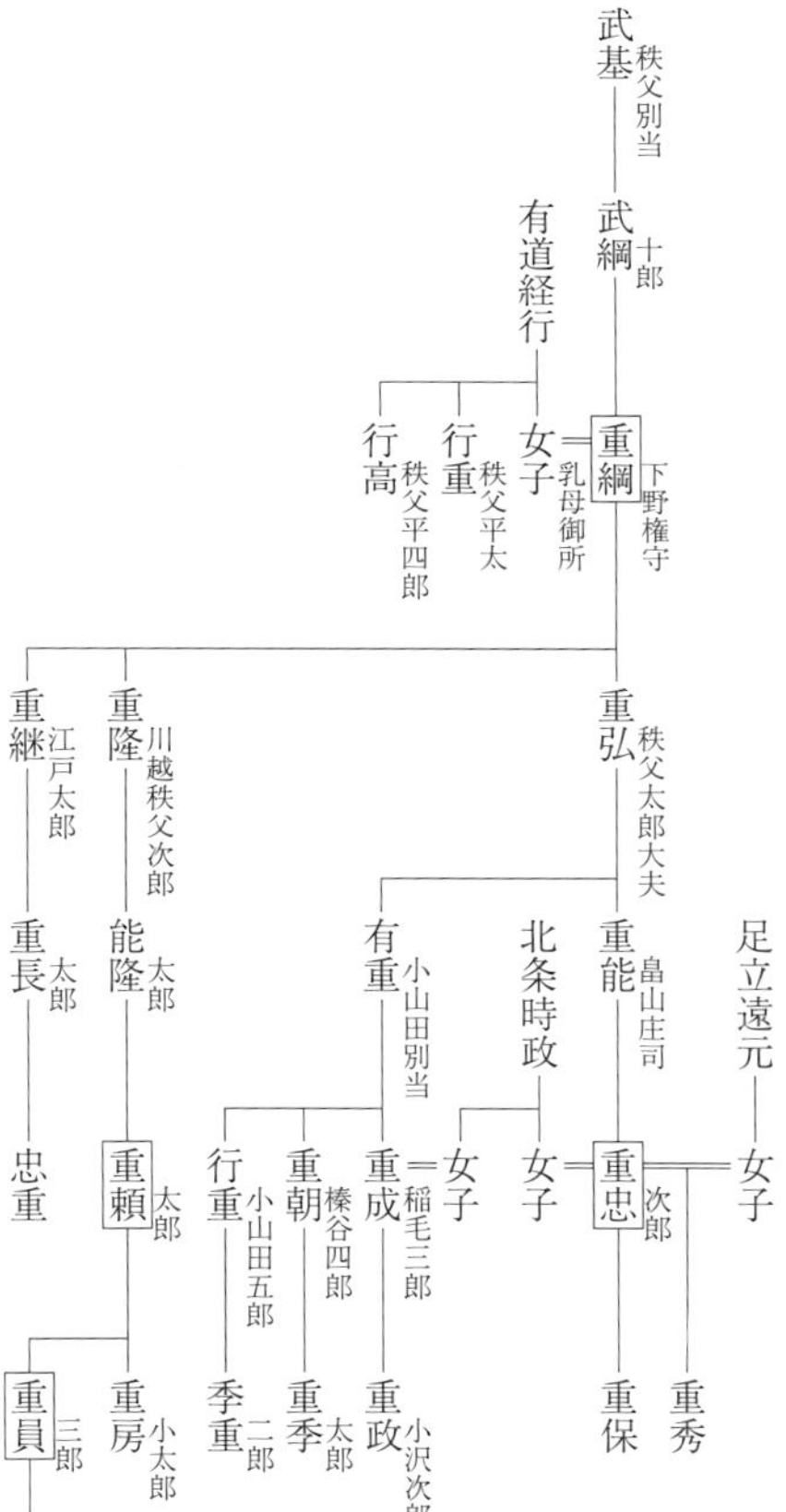

系図７　秩父氏略系

人名　惣検校職就任が確実視される者

にも国内の武士に対する関係を強めていった。たとえば、「党家系図（児玉党）」（『新編埼玉県史別編4』一九九二）によれば、武蔵七党のひとつ児玉《こだま》党の有道《ありみちの》経行《つねゆき》の子行重・行高兄弟は秩父重綱の養子となり、それぞれ秩父平太、秩父平四郎と名のったというし、その妹は重綱の妻となり、源義朝の子義平の乳母として「乳母御所《めのとごしょ》」とも称されたという。なお、畠山重忠の先祖に当たる平武基・武綱父子が丹党の通字「武」を名のっていること、武綱は児玉党と婚姻・養子関係を築いて、武蔵国北西部に勢力を拡大していったという野口実氏らの指摘がある（野口 一九九七・清水 二〇一二）。

重綱の後、惣検校職が秩父氏の家督とともにどのように伝えられたのかはっきりしない。『吾妻鏡』治承四年（一一八〇）八月二十六日条には

武蔵国の畠山次郎重忠、且つは平氏の重恩に報いんがため、且つは由井浦の会稽《かいけい》を雪がんがため、三浦の輩を襲わんと欲す。よって、当国の党々を相具し、来会すべきの由、河越太郎重頼に触れ遣わす。これ、重頼は秩父家において次男の流れたるといえども、家督を相継ぎ、かの党等を従うによりこの儀に及ぶと云々、

とあり、長子の重弘（畠山系）ではなく、弟の重隆（河越系）に継承されたとも推測できる。しかし、長子重弘系がこれに反撥したことは予測され、こうした秩父一族の内紛と、源義朝・義平父子と義賢という清和源氏内の対立が連動し、義朝・畠山重能（重忠の父）と義賢・重隆が対立、大蔵合戦で義

賢を滅ぼし、義朝が武蔵国内の武士団をその傘下に組み入れたことはすでに触れた。

おそらく、重能は家督の継承と惣検校職の補任を望んだものの、その後、重忠が平家に同調し、源頼朝の蜂起に加わらなかったことなどを考えると、その望みは叶えられなかったものと思われる。すなわち、家督と惣検校職は、敗れた重隆系の河越氏に伝えられたことは、既述の『吾妻鏡』治承四年（一一八〇）八月二十六日条から類推できる。そればかりでなく、「当国の党々を相具」すように要請されているが、それは秩父家の家督であるがために「当国の党々」を動員できるのではなく、家督とともに継承した惣検校職の存在があって可能になったものであろう。

しかし、河越重頼は、その娘が源義経に嫁したため、義経排斥とともに誅殺された。その後、家督と惣検校職を継承したのは畠山重忠であった。それらは史料上からは確認できないが、建久四年（一一九三）二月、武蔵国内で丹党と児玉党とのあいだで「確執」が生じて武力衝突したため、幕府は重忠にその解決を命じたところ、重忠は両党の対立を未然に防いだことなども職務遂行の事例であろうか。嘉禄二年（一二二六）、河越重員が惣検校職に補任される以前、重忠は惣検校職として武蔵国内の武士団に対して大きな影響を行使できたのである。

政所による武蔵国務の執行

鎌倉時代初期、留守所に大きな影響をもつ重忠の存在に対し、国守として国務を執行したのが平賀義信《ひらがよしのぶ》である。元暦元年（一一八四）六月、頼朝の申請によって範頼（三河守）・広綱（駿河守）らとともに義信が武蔵守に補せられた。義信は、平治の乱に際して源義朝に供奉《ぐぶ》したことなどから頼朝の信任も厚く、その妻は頼家の乳母にもなっていたが、武蔵国務についても、その施策が民庶の雅意に叶うものであったとして、頼朝が「御感の御書」を下している。しかし、義信が武蔵国務にどのように携《たずさ》わったかについては不明な点が多い。たとえば、文治二年七月、新日吉《いまひえ》社領の河越荘地頭が年貢を対捍《たいかん》しており、対応を求める吉田経房《つねふさ》の奉書《ほうしょ》が鎌倉に到来した。これに対して幕府は、河越荘は地頭請《じとううけ》になっているが、地頭が幼少のために請料が滞っているものと思われるから、「別の奉行人」を派遣して必ず納入するよう、武蔵守義信に命じたのである。すなわち、国守が幕府（この場合は政所であろう）の命令に基づいて、荘園側が滞っている本所（荘園領主）への年貢納入を速やかに行うべきことを下達できる立場にあったことを示しているのであって、義信が執行する前提に幕府（政所）の命令が存在した。

政所（公文所）と武蔵国との関係を示す事例は多い。たとえば、建久五年（一一九四）十一月、「武蔵・相模両国の乃貢」が京都に送られたが、奉行は二階堂行政・中原仲業・豊前介実景という政所の関係者であった。また、承元四年（一二一〇）三月には、建久七年（一一九六）に国衙主導で行われた検注《けんちゅう》をもとに、田文（国内の田積等が記載された台帳）が作成されるとともに、「国務の条々」が定められた。この間、十四年が経過しているが、国内の支配に欠かせない田文が作成されなかったというのも解せないことである。政所と検注を含む武蔵国務との関係は深い。承元元年（一二〇七）三月、大江広元は武蔵国内の荒野開発を地頭に命令するよう「武州」＝足利義氏に命じている。当時、広元は政所別当の地位にあったから、少なくとも「荒野開発」の指示は政所の管掌事項であったことを示す。

こうした事例からは、所領の安堵、検注に基づく田文の作成、年貢の京都送進、荒野の開発という業務の多くが、武蔵国では政所（公文所）の命によって執行されていたことがわかる。これらのことは、「民庶の雅意」に叶ったという国守義信が執行した国務とは、政所の指示に基づいてなされたものであって、国守は現地の執行機関であったと見るべきだろう。

時政と重忠の相克

義信の武蔵守在任時期は、建久六年（一一九五）まで確認できるが、その後の五年間は『吾妻鏡』が欠如しており確認できない。そうしたなかで、正治二年（一二〇〇）二月、新将軍頼家の鶴岡八幡宮参詣に、武蔵守である平賀朝雅《ともまさ》が供奉している。朝雅は義信の子であるが、その就任時期などわからない。朝雅は牧方所生の娘と結婚し、生年は不明ながらも子息朝経が出生しているから、「民庶の雅意」に叶ったという父義信の存在ばかりか、北条氏との姻戚関係が武蔵守就任の背景にあったのであろう。

建仁三年（一二〇三）十月三日、朝雅は京都警固のために上洛、西国に所領をもつ御家人は朝雅の与党として在京すべき命令が下された。そうしたなかで、同月二十七日、武蔵国の「諸家の輩」＝御家人に、「遠州（時政）に対し弐《ふたごころ》を存ずべからずの旨」がとくに命じられた。

朝雅は、元久元年（一二〇四）十一月一日、武蔵守から右衛門佐に転任したが（『明月記』）、この間、朝雅が武蔵国務に直接関わった事例は確認できない。しかも、武蔵国務は政所の管掌下にあったことを確認しているから、武蔵国の御家人に対する指示は、時政が別当でもあった政所から下達されたのであろう。

しかし、武蔵国内の御家人に対して、あえて時政に対し「弐を存ずべからず」という指示を出さざるをえなかったのは、時政に対して「弐」をもつ御家人が存在したことを意味する。しかも、こうした「弐をもつ御家人」に影響を与える一人に、留守所惣検校職でもある畠山重忠が存在したのではなかろうか。

後鳥羽と朝雅

元久元年三月九日、朝雅の飛脚が鎌倉に到着した。前月、伊賀国で平維基《たいらのこれもと》の子孫が、また、伊勢国で平度光《のりみつ》の子息がともに叛乱を企てたため、両国の守護山内経俊《やまうちつねとし》が鎮圧しようとしたが、敗れて逃亡するという失態を報告した。そこで幕府は、朝雅に謀叛人討伐を命じたが、掃討《そうとう》作戦は容易に進まなかった。しかし、在京御家人へ動員命令を下したこともあって、四月二十一日、鎌倉に到着した朝雅の飛脚は、平氏残党の追討が完了したことを報告している。

ところで、『明月記』によれば、「伊勢の謀叛」は「その勢千人に及ぶ」規模にまで拡大したため、後鳥羽上皇は「御教書」をもって朝雅に「伊賀国、吏務すべき由」＝知行国主を命じたという。あるいは、御所に参って釣殿《つりどの》に座した朝雅は上北面《じょうほくめん》の武士のように扱われ、院の殿上人《てんじょうびと》の扱いを受けたことが描写されている。

北面の武士とは、一般に白河法皇が創設した院直属の武士をいうが、諸大夫（四位・五位）を中心とした上北面と、六位の侍身分を中心とした下北面《げほくめん》から構成されていた（『愚管抄』）。上北面と同じように扱われ、殿上人として遇された朝雅を、後鳥羽上皇がいかに重用したかがわかる。五月十日、朝雅は伊賀・伊勢両国の守護に補任されたが、十一月の右衛門佐転任も上皇側による恩賞であろう。

4　畠山重忠の滅亡

重忠への讒訴

頼朝の死後、わずか六カ年のあいだに、梶原景時の追放と粛清《しゅくせい》、比企一族の滅亡、頼家の廃嫡と実朝の将軍就任、そして、伊賀・伊勢両国における平氏の叛乱と、多くの政変・戦乱がうちつづいた。しかも元久元年三月一日、実朝が右近衛少将に補任されるという慶事のなかで、七月十八日、前将軍頼家が伊豆修禅寺で謀殺された。

こうした混乱・不安を打ち消すかのように、八月には実朝の婚儀の準備が行われた。実朝の妻室には、当初足利義兼《よしかね》の娘が決まっていたが、実朝はこれを破棄し、京都の前大納言坊門信清《ぼうもんのぶきよ》の娘を選んだのである。一般に、実朝の京都志向の一例ととらえられている。

しかし、東国の雄族足利氏は、実朝との婚姻によって次期将軍の外祖父になりえた。したがって、頼家の婚家比企氏の例がある以上、両者の結びつきに北条氏が不安を抱いたとしても当然である。おそらく、北条氏の懸念が解消しない限り、足利氏との婚姻はまとまらず、第二の比企氏をつくり出さぬ方策として、京都の公卿の娘が選ばれたと見るべきだろう。

十月十四日、坊門信清の娘を迎えるため、北条政範《まさのり》以下、結城朝光・畠山重保《しげやす》（重忠の子）・千葉常《つね》秀《ひで》ら多くの御家人が上洛した。そして、かれらの上洛を迎えたのが京都守護の平賀朝雅であった。ところが、十一月五日、上洛中の政範が急逝したのである。わずか十六歳であった。かれの死は、鎌倉の父時政のもとにもたらされた。母牧方の悲しみは、いかばかりであったろうか。

　時政にとって、長子宗時はすでに亡く、次子義時は江間姓をもって分立させ、三子時房を嫡子に立てたものの、時政三十八歳にして誕生した政範が、おそらく牧方によって後継者に位置づけられたものと思われる。その政範を失った時、とくに牧方にとって、義時・時房という先妻の子を後継に据えることは認めがたかったのではないだろうか。そこで、政範にかわる後継者はだれかと考えた時、女婿の一人朝雅こそ、清和源氏の血筋を引く立場もあって有力候補であった。

　しかし、思わぬ展開が待ち受けていた。すなわち、政範の死にもかかわらず、信清の娘の鎌倉下向の準備は順調に進み、二十日には六角東洞院《ろっかくひがしのとういん》の朝雅邸において酒宴が催された。ところが、この宴席で朝雅と畠山重保とのあいだに口論が始まったのである。その場は周囲の者がとりなしたので大事にはいたらなかったが、これが後の大事件の伏線ともなった。

　翌元久二年（一二〇五）六月、牧方は朝雅の讒訴を受け、畠山重忠・重保父子の謀殺を計画した。朝雅の讒訴は、昨年の重保との口論が根底にあったらしい。時政の命令によってであろうか、稲毛重《いなげしげ》成《なり》が重保を武蔵国から鎌倉に招きよせたのが同月二十日。翌日には時政が義時・時房に重忠謀殺の計画を打ち明け、その可否を聞いている。しかし、二人は、重忠が頼朝から「後胤《こういん》を護り奉るべき」の「慇懃《いんぎん》の御詞《おことば》」を賜ったばかりか、「御父子の礼」（時政の女婿）を重んじて比企氏との戦いでも味方についたのに、「何の憤りをもって叛逆を企」てることがあろうか、誤って殺害したならば後悔すると擁護し、時政の軽挙を諫《いさ》めている。

だが、時政の計画は変わることがなかった。帰宅した義時のもとに、牧方の使者として大岡時親が派遣され、重忠の謀叛が発覚したこと、重忠の謀叛を未然に解決するためにも重忠を討伐する必要があること、そうしなかったならば、父時政を讒訴者にしてしまうことなどを話して、義時に去就をせまったのである。しかし、義時はこれに対しても、「この上は、賢慮あるべし」とだけ答え、重忠追討に反対する立場をとりながらも、その責任を回避している。

父時政の強引なまでの施策に、明確に反対しない義時、しかもその対象となっているのは朋輩重忠であることを考え、逡巡する義時の姿を『吾妻鏡』は描き出す。しかし、実態は若干異なる。以下、重忠との合戦の過程から確認していこう。

重忠の憤死

二十二日、事態は急変した。重保が由比ヶ浜で三浦義村の配下に誅殺され、さらに重忠が武蔵国から鎌倉に参上するといううわさに対しては、途中で重忠を討伐すべきことが決定した。そのうえで「四百人の壮士」で御所の四面を警備させ、前日、時政の軽挙を諫めていたはずの義時が大手の大将軍として進発したのである。先陣は葛西清重、後陣は千葉常秀・大須賀胤信・相馬義胤ら千葉一族が務め、足利義氏・小山朝政以下の大軍がこれに従った。

午前十二時ごろ、武蔵国二俣川《ふたまたがわ》で追討軍と出会って初めて重保殺害を知った重忠は、次男重秀以下百三十四騎という無勢であった。郎従本田近常らは本拠地・小衾《おぶすま》郡菅谷館（埼玉県嵐山町）にもどり、追討軍を迎撃すべきと主張したが、重忠はこれを拒否、両軍が衝突した。合戦の勝敗は容易に決しかねた。しかし、多勢に無勢、ついに愛甲季隆《あいこうすえたか》の矢に重忠は四十二歳の生涯を閉じたのである。さらに、重秀や多くの郎従も自殺、畠山一族は潰滅した。しかし、事件はこれで落着しなかった。翌日、重忠謀殺の一翼を担ったとして榛谷重朝、稲毛重成の一族が三浦義村のために殺害されたのである。

この事件を、単なる時政による有力御家人の排斥とのみ理解することは正しくない。武蔵国では、国務を執行する政所別当の時政が、その地位を利用して「武蔵国諸家の輩」に「弐を存ずべからず」と命じても、国内の武士に対して大きな影響力をもつ惣検校職畠山重忠の存在は侮りがたかった。あるいは、時政の「武蔵国諸家の輩」に対する積極的な関与は、惣検校職と抵触する部分があったのかもしれない。したがって、重忠を謀殺するとともに、同族の榛谷重朝、稲毛重成を滅ぼして惣検校職を掌握し、「武蔵国諸家の輩」に対する支配を強化しようとしたと考えざるをえない。

重忠謀殺後の武蔵国守

では、重忠の謀殺後、武蔵国内の状況はどのように推移したのであろうか。朝雅の後、武蔵守に任ぜられたのは、足利義氏の可能性が高い（『新編埼玉県史・通史編5』一九八八）。もっとも、義氏が武蔵国務に関与した事例が確認できないまま、承元四年（一二一〇）正月、北条時房が武蔵守に就いた（金沢 一九七四）。

ところが、建暦二年（一二一二）二月、時房が「国務の条々」の一環として郷司職の任命を行った時、北条泰時が「いささか執り申さる」ことがあった。具体的な内容がわからないが、時房の行った国務の条々に対して、苦情を申し入れたようである。これに対して時房は、武蔵守義信時代の「国務の例」に基づいて対応するように下達されており、泰時の申し入れには了解しがたいと応えている。あるいは、郷司職の任命が問題となったのかもしれない。郷司職の任命は所領の安堵にも通じ、大田文作成の前提ともなる行為であり、これまで政所の所管事項であった。そこに時房が、国守として独自に国務の一端を遂行しようとして泰時の介入を招いたのであろう。

もっとも、武蔵国務に関係ない泰時が、国守の行った「国務の条々」に関与できる根拠を確認できないが、その父義時は、政所別当として幕政を主導していた。推測の域を出ないものの、国守として国務に関与しようとする時房に対し、政所別当たる義時が子息泰時を介して干渉しようとした可能性もある。後に、時房は泰時とともに幕政の中核を担うことになるが、義時との関係は必ずしも一枚岩ではなかった。既述したように、「江間」家を創出して自立した義時に対し、いったんは時政の後継者に据えられた時房の意識をかいま見ることができる。その後、時房は建保五年（一二一七）十二月に相模守に遷任し、かわって大江親広《ちかひろ》（広元の子）が武蔵守に就任した。

惣検校職の継承

では、留守所惣検校職はどのように継承されたのであろうか。建暦三年（一二一三）九月、遠江守源（大江）親広は、武蔵国二宮の地主（地頭）職をめぐる日奉直《ひまつり》高と同忠久との訴訟に下知を加え、留守所に伝えた。すなわち、〔A〕遠江守源親広下文案（川上忠塞一流家譜）であり、さらに留守所がその旨を二宮の神官らに伝えた。すなわち、〔B〕武蔵国留守所下文（薩藩旧記）である。

〔A〕下す　武蔵国多西郡《たさいぐん》内の二宮神官・百姓等

早く日奉直高をもって地主職となさしむべきの事。

右、直高と忠久、対決のところ、直高は元暦二年六月九日祖父宗弘、嫡男弘直に譲与する証文を帯びるの上、弘直地頭たるの条、文治三年十二月十二日、武蔵前司入道（義信）成し下すところの国符《こくふ》に顕然なり。忠久は、治承五年十月十日、宗弘、久長に譲り賜うの仮名状《かなのじょう》を帯びる。而《しか》してこの状の判形《はんぎょう》（花押）と直高帯せしむところの証文、判形依違《いい》の間、類判を尋ねらるのところ、直高の伯父小河二郎宗弘の手より、小河郷を分け得るところの譲状の判形と弘直に分け賜う譲状の判形と同事なる。よって文書の道理に任せ、直高をもって地主職に補任するところなり。神官・百姓等宜しく承知し、違失すべからず。故《ことさら》に下す。

建暦三年九月一日

遠江守源朝臣（花押）

〔B〕留守所下す　一宮神官ならびに百姓等

早く御下文状に任せ、日奉直高をもって、当社の地頭職となすべきの事。

右、九月一日の御下文、同じく七日到来す。子細云々具なり、てえれば、御下文の状に任せ、かの直高をもって地頭たるべきの状、仰するところ件のごとし。宜しく承知し、くだんに依り用いよ。もって下す。

建暦三年九月七日

散位日奉宿禰（花押）

散位日奉宿禰（花押）

散位橘朝臣（花押）

目代藤原（花押）

国守でもない親広が、留守所に下文を発給したことについては、親広が政所関係者として発給したとの考え（折田 一九八三）や「武蔵国の国務管掌権保持者」が発給したもの（七海 二〇〇三）などの指摘がある。たしかに親広は、当時、政所の別当として政所下文にも署判しているから、可能性はある。しかし、政所下文や御教書は、将軍家・鎌倉殿の「仰せ」を奉じて発給するものであって、史料〔A〕のように、文書の「奥上」に署判する例は、署判者の裁可・判断に基づいて下されるものであり、「宜しく承知し、違失すべからず。故に下す」に強い意志が込められている。

これまでの事例から、武蔵国（留守所）に対して命令・指示できるのは、国守あるいは政所であって、そのほか、留守所惣検校職が考えられる。建暦三年当時の国守は北条時房であったが、前年二月、武蔵守として「国務の条々」を行おうとして泰時から干渉を受けていた。したがって、国守と政所別当との摩擦から生じた国務執行の遅滞ないし停滞という空白時に、親広が国務に関与したものと思われ、その立場として惣検校職の可能性が大きい。すなわち、時房は武蔵守に就任すると同時に国務を執行していたが、政所別当＝義時（の子泰時）との軋轢のなかで、惣検校職である親広が国務の一端を管掌するという事態を招いたと考えたい。

武蔵国物検校職の謎

近年、菊地紳一氏は、『吾妻鏡』に記載される惣検校職に関連する記述を否定し、

①嘉禄二年（一二二六）以前の『吾妻鏡』に「惣検校職」が確認されず、秩父重綱から河越氏を経て重忠に継承された「惣検校職」は存在しない。
②北条氏が武蔵国支配を進める過程で、泰時の時期に創出された政所の下部組織。
③北条氏が守護を継承した大隅国の留守所惣検校職を利用した。

の三点を指摘した（菊地 二〇一〇・二〇一一・二〇一二）。

これに対して峰岸純夫氏は、平安時代末期から鎌倉時代初期にかけての政治状況を整理して留守所惣検校職が存在する余地があることを詳述し、「承服しがたい」と結論づける（峰岸 二〇一二）。また、木村茂光氏も

①留守所惣検校職が嘉禄年間に設置されたとするならば、その初代を秩父重綱とする根拠は何か。
②嘉禄年間以降、河越氏が伝領しているにもかかわらず、畠山重忠の補任を記載するのはなぜか。
③国衙在庁の組織名はいろいろあるにもかかわらず、大隅国でしか確認できない「留守所惣検校職」を選定したのはなぜか。

などの疑問を投げかけ、惣検校職の存在を肯定した（木村 二〇一三）。また、菊地氏は「時政にとって、娘婿とはいえ、源頼朝以来の功臣で人望も厚かった畠山重忠は目の上のたんこぶであった」と述

べているが、功臣・人望という抽象的観念での重忠に対する評価は、元久二年の政変（重忠の敗死）を正確に把握したとはいえまい（岡田 二〇一二）。梶原景時や比企能員の滅亡もまた、北条氏にとって排除するだけの理由、たとえば源頼家との関係があったのであり、そうした政変の一つひとつを意義づけることが必要なのである。

少なくとも、『吾妻鏡』に記載された記述を否定する場合、同時代史料でもって否定するのであれば説得力もあろうが、同種の編纂史料から否定するのはきわめて同意しがたいことはいうまでもない。かつて石井進氏が、『吾妻鏡』養和元年（一一八一）閏二月に描かれた信太義広の蜂起を、文書史料等をも利用して寿永二年（一一八三）のことと解明したできごとは、『吾妻鏡』研究に大きな足跡を残したが、こうした実証的な作業が必要であろう（石井 一九六二b）。本書が、惣検校職の存在を前提に記述したことはいうまでもない。

本書脱稿後、山野龍太郎氏「秩父重綱と『武蔵国留守所惣検校職』」（日本史史料研究会『日本史のまめまめしい知識』第2巻、岩田書院、二〇一七）が刊行された。すなわち、『法然上人伝記』巻第三上「津戸消息事」によれば、武蔵国の惣追捕使であった秩父重綱は娘の生んだ津戸《つのと》為広を養育していたが、その三男為守が頼朝の挙兵に従って御家人として認められたこと、津戸為広は重綱の長男重弘と弘＝弘が共通しており、重弘を烏帽子親とする関係があったこと、さらに津戸氏は重弘から畠山重忠に連なる譜代の家人であったと考えられるから、津戸氏に伝来した資料を活用した『法然上人伝記』の記述は一定の信憑性があることなどを指摘し、「武蔵国留守所惣検校職」とは実態として惣追捕使を指していたと主張されたのである。さらに、平安期には諸国国衙に設置されていた惣追捕使は、鎌倉期には守護に置き換えられたが、武蔵国では重忠敗死などを経て平姓秩父氏の勢力が国衙から除かれると惣追捕使も廃絶していった。嘉禄三年、河越氏の三郎流が国衙に復したが、国衙は北条氏が掌握しており、惣追捕使の復活は現実的でなかったから、新たに惣検校職が創出されたと結論づけたのである。これらの指摘は、その後、清水亮氏『中世武士　畠山重忠――秩父平氏の嫡流』（吉川弘文館、二〇一八）にほぼ踏襲された。新たな資料が確認されたことは、武蔵国の秩父氏を巡る動向に新たな視点を与える点で、大いに評価されよう。

ただし、疑問も無いわけではない。すなわち、国衙に設置されたという十二世紀中葉における惣追捕使の実例を確認できず、さらに国衙機構における惣追捕使の位置づけを考えた時、留守所に対する影響力の程度も不明である。惣検校職は、留守所の分課的な「～所」のそれぞれの検校職を総轄するものとして理解できるが（それ故、秩父氏は国衙・留守所に大きな影響力を有した）、惣追捕使という名称からは容易に想像しがたいように思われる。『法然上人伝記』成立時に活用された津戸氏伝来の資料が、十二世紀中葉の事実をどの程度正確に伝承したきたか、書誌学的な考察とともに、追求すべき点があるように思われる。

牧方事件の顚末

重忠の謀殺という時政の行動に対し、義時・時房が反対したことを『吾妻鏡』は記している。しかし、結果的に義時は多勢をもって重忠を攻め滅ぼしたにもかかわらず、翌二十三日には、重忠の手勢はわずか百騎ばかりであって「謀叛」の考えはなかったと主張、時政はこれに返答することもできなかったという。一方、午後六時ごろには、三浦義村が榛谷重朝とその子重季・秀重を誅殺、さらに稲毛重成も大河戸三郎のために討たれ、その子小沢重政も宇佐美与一によって討たれた。

その直後の二十六日、関東諸国の守護が行う検断、地頭の所務など、「先規に任せて、厳密の沙汰」を致すように仰せ出されたが、『吾妻鏡』はその主体を記述していない。武蔵国で大きな影響力をもっていた重忠が誅殺された後、不安を禁じえない東国の守護や地頭に対して、その職務の遂行を命じて不安材料を払拭しようとしたのであろうが、それを命じたのは誰であったろうか。

北条時政の墓
（伊豆の国市・願成就院）

七月八日、政子は重忠与党の所領を没収して勲功の輩に給与し、二十日にも自らに従う女房五、六人に御家人の遺領を分け与えるなど、積極的に論功行賞を進めている。一方、時政も二十五日、肥後の相良永頼を人吉《ひとよし》荘地頭に補任する下知状（相良家文書）を発給しており、所領の給与という重要な案件を時政・政子がそれぞれ執行している。その後も、両者の懸け引きが進められたことであろう。

おそらく一進一退するなかで、閏七月十九日、牧方が平賀朝雅を将軍に立て、時政が実朝抹殺を考えているとのうわさが流れた。政子は、長沼宗政・結城朝光、三浦義村・胤義らを派遣して実朝を奪い取り、義時邸に迎え入れた。ふたたび「玉」の奪い合いが行われたが、時政邸に詰めた御家人も義時有利と判断、義時邸に入って、実朝警固の任に就いたのである。

時政が落飾したのは、同日午前二時ごろのこと。多くの御家人が離反するなかで、権力基盤の喪失を座視するよりほかに手立てはなかったのである。

もっとも『鎌倉年代記裏書』は、「時政の結構露顕の間、実朝、義時の館に逃げ籠もる。よって義時ならびに二位家（政子）の計らいとして、時政を伊豆国修禅寺に押し籠む」とあり、頼家同様の処置がとられたことを記している。『吾妻鏡』が「同時に出家するの輩、勝《あげ》て計《かぞ》うべからず」と記載するのも白々しいが、いずれにしても権力者の末路は痛ましい。

江馬義時から北条義時へ

翌二十日、時政は伊豆国北条に下向、『吾妻鏡』は、義時が「執権のことを奉《うけたまわ》」ったと記載するが、後に詳述するように、実際は承元三年（一二〇九）十二月ころであった。『吾妻鏡』は、時政から義時への「執権」職移行が間断なく進められたこと、しかもそれは時政の重忠誅戮という失政にあったことを詳述し、義時の正当性・正統性を強調しているのである。そればかりか、重忠がいかに武略に通じていたか、いかに「性禀清潔」であったかを描き出し、そうした重忠を誅戮《ちゅうりく》した時政を否定しているのである（岡田 二〇一二）。

では、『吾妻鏡』はなぜこのような回りくどい状況を設定したのであろうか。この点については、

第二章で詳述したように、義時は北条氏から分かれた江馬氏の初代であったことが重要である。嫡子宗時が戦死した後、時政は時房を後継者に考えていた。しかし、文治五年に政範が誕生すると、かれを後継者に据えたであろうことは、十六歳にして従五位下、左馬権助に叙爵していることからも想像できる。頼朝の死後、頼家が跡を継ぐと、時房は頼家に近侍するようになる。おそらく、そのころから、時房と政範の立場は逆転したのである。いずれにしても、義時は時政の嫡子でもなく、北条氏の正統な後継者でもなかった。

このように考えれば、多少、辻褄があう。傍系となった義時が北条氏を継承するには、その正統性を示す必要があり、同時にそれは時政の否定を強調する必要があった。そして、時政を否定する要件の一つが重忠の謀殺であり、その重忠の人間性、武略の優越性を強調することによって、そうした重忠を殺戮した時政をより否定し、その時政にかわって重忠の無実を主張した義時こそ、北条家の継承者にふさわしいという、『吾妻鏡』の筆法があったのである。

『吾妻鏡』は、義時の死後、しばらくたってから編纂された。したがって、義時の意図が『吾妻鏡』にストレートに反映されたわけではない。しかし、比企一族追討を体験し、さらに重忠謀殺という元久二年を境に、義時が大きく変わったことはたしかである。歴史の表舞台に、大きく現れ始めようとしていた。

第五章　覇権への途

1　義時の立場

時政後の義時

父時政を伊豆国北条に追放した元久二年（一二〇五）閏七月二十日、義時は「執権のこと」を奉《うけたまわ》った。これをもって、時政の後継者として「執権」職を継承したと考えられている。しかし、第四章で詳述したように、役職としての執権「職」はいまだ確立しておらず、『鎌倉年代記』が記す「将軍家のこと、これを奉行す」る権限か、あるいは『尊卑分脈』が記す「執事」に補せられたことなのか、判断に苦しむ。だが、時政の立場を継承したのであれば、時政と同様に政所の別当が含まれていたと考えるべきであろう。

しかし、『吾妻鏡』や同時代の史料からは政所別当としての義時の動向を確認することはできない。もちろん、実朝が政所を開設できるのは、従三位に叙せられた承元三年（一二〇九）四月十日以後の

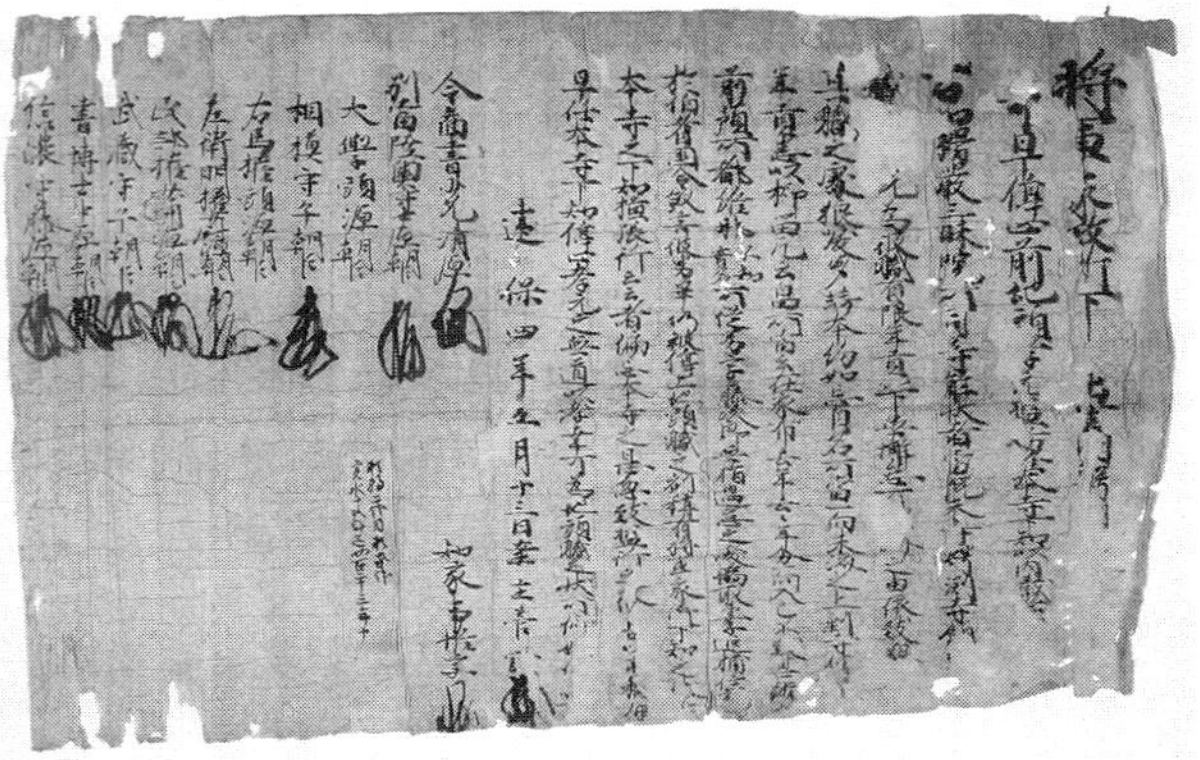

義時関連文書　将軍家政所下文
（建保四年五月十三日　出雲鰐淵寺文書　鎌倉遺文二二三一）
（東京大学史料編纂所・鰐淵寺蔵）

ことであり、それ以前に政所から下文が発給されることはありえない。ただし、いわゆる「略式政所下文」が発給されたことは第三章で詳述した。だが、いずれの場合でも、別当義時の名は確認できず、承元三年十二月十一日に発給された政所下文（詫摩文書）に初めて現れる。ただし、時政もまた「略式政所下文」に署判《しょはん》することはなかったから、義時も同様に考えることも可能である。

しかし、かつて父時政が発給した単独署判の形式による下達《かたつ》文書を、義時が最初に発給したのは建暦《けんりゃく》元年（一二一一）八月の下文（志岐文書）であったから、「執権のこと」を奉ってから約六年が経っている。下知状の発給にいたっては、実に承久元年（一二一九）九月のことであった（高野山文書）。もちろん、史料の残存性の問題もある。たまたま残らなかったと見ることも可能である。しかし、たとえば泰時《やすとき》の場合、「軍営の御後見として武家のことを執行すべき旨」を政子から仰せられたのは元仁《げんにん》元年（一二二四）六月二十八日であるが、単独署判の下知状は三カ月後の九月七日には発給されている（島津家文書）。

時頼以降の事例を含めても、「執権」職か「軍営の御後見」かはともかく、権力の移譲を承けてから下達文書を発給するまでの時間は長くはない。義時の少なくとも四年間、たまたま公文書が残らなかったとみるのは、逆に不自然ではないだろうか。やはり、義時は、元久二年閏七月に「軍営の御後見」を命じられたわけでもなく、政所別当の就任もなかったと見るべきだろう（岡田 一九八三）。

影薄い義時

元久二年閏七月以降の幕政を見ても、義時の影は薄い。時政追放の同日、たしかに義時は、大江広元・安達盛長を自宅に招き、平賀朝雅の討伐を在京御家人に命じている。その結果、幕府から指示された在京御家人らは、上皇の居所（仙洞）から退出した朝雅を急襲、逃れた朝雅は山内持寿丸によって討ちとられた。したがって、政変後の対応が、義時主導のもとに進められたと理解することは可能である。

そうしたなかで、伊勢平氏が追討された後、新たに補任された地頭の権利内容が不鮮明であったらしく、十二月になって、その率法（所得の割合）が定められ施行されたが、奉行は清原清定であった。同じころ、伯耆国宇多河荘の地頭職が大原来迎院に寄進されたが、奉行は大江広元であった（『吾妻鏡』）。広元・清定のいずれも、後に発給される政所下文では別当および令として署判する政所関係者であったから、こうした事案は「政所」で処理されたものであろう。しかし、こうした事案に義時が関与した形跡は確認できない。

この間、ある変化が生じた。建永元年に発給された二通の「略式政所下文」（参軍要略抄下裏文書・宗像神社文書）に署判した広元が、翌年六月の「略式政所下文」にその名が見られなくなるのである。別当を退いたとみられる。それに代わって政所別当の筆頭として「略式政所下文」や「政所下文」の最上位に署判を加えたのが、書博士《しょはかせ》中原朝臣師俊《もろとし》であった。ところが、この師俊は『吾妻鏡』にはまったく現れず、十四世紀前半、幕府の評定衆として『吾妻鏡』等に頻出する中原師員《もろかず》の甥として、「中原氏系図」（『続群書類従』七輯下）に「関東政所家司《けいし》」と記述されるのみである。その姓から法曹《ほうそう》官僚であろうが、二階堂行政も別当のひとりとして署判しているものの、政所の組織的弱体化は否めない。

もっとも、公的立場を退いたはずの広元であるが、承元元年三月には、武蔵国の荒野開発を地頭に触れるべしと「武州」＝足利義氏に下達している。政所の支配下にあった武蔵国に対し、広元が担当しているのである。また、翌年閏四月、西国守護の職務について、京都守護の中原季時《すえとき》から使者が鎌倉に派遣された。その内容はわからないが、広元・三善善信・二階堂行光・平盛時が奉行している（『吾妻鏡』）。発給文書等に表れないところで、広元は行動しているのであるが、それでも義時の姿はいまだ明確な姿を現していない。

承元三年四月十日、十八歳になった実朝は従三位に叙せられ、政所を正式に設置すると、同年七月には、筑前国宗像《むなかた》社領内殿村の支配をめぐる紛争に対し、正式な政所下文が発給されている（宗像神社文書）。この時、署判を加えたのは、別当として中原師俊・源親広（広元の子）・北条時房・中原仲業のほか、令の清原清定、知家事惟の宗孝実、案主の清原実成らであった。

時房の立場

この段階で、別当に就いていない義時に対し、時政以来の別当として弟の時房が署判しているのである。時房の立場も微妙である。すでに述べたように、時政の嫡子宗時が戦死すると、時房がその後継候補になったらしい。その後、後継者と目された政範が元久元年に急死しても、時房が復帰した形跡はない。ただし、時政の出家後、時政が就いた遠江守に任じられており、その可能性はある。さらに、駿河守を経て武蔵守に補せられると、建暦二年（一二一二）二月、国務の一環を遂行しようとして、甥の泰時からクレームが付けられた。これに対して、時房は拒否している。『吾妻鏡』は詳細を語っていないが、泰時のクレームの背後に義時の影が見え隠れはする。

さらに建保二年（一二一四）四月、時房は三位昇叙を希望する旨、内々に申し入れたところ、実朝から「今すぐはできないものの、決して疎かにはしない」との約束を得ることがあった（『吾妻鏡』）。当時の幕府内で、三位の位階を有するものは実朝をおいてほかにいない。まして、北条氏一族としては、義時の五位をはるかに凌ぐ未曾有の要請である。最終的に叶わなかったものの、時政の後継者としての意識を、その後ももちえたのであろう。

義時の立場

幕政の表舞台、発給される公文書等に現れない義時であるが、その動向がまったく確認されないわけではない。重忠事件後の八月、異母妹（母は牧方）と結婚している下野国の有力御家人である宇都宮頼綱が一族・郎従をひきいて鎌倉を攻撃するとのうわさが流れた。義時・広元・安達景盛は、ただちに政子邸に集まって対応を協議し、下野国の守護小山朝政に追討を命

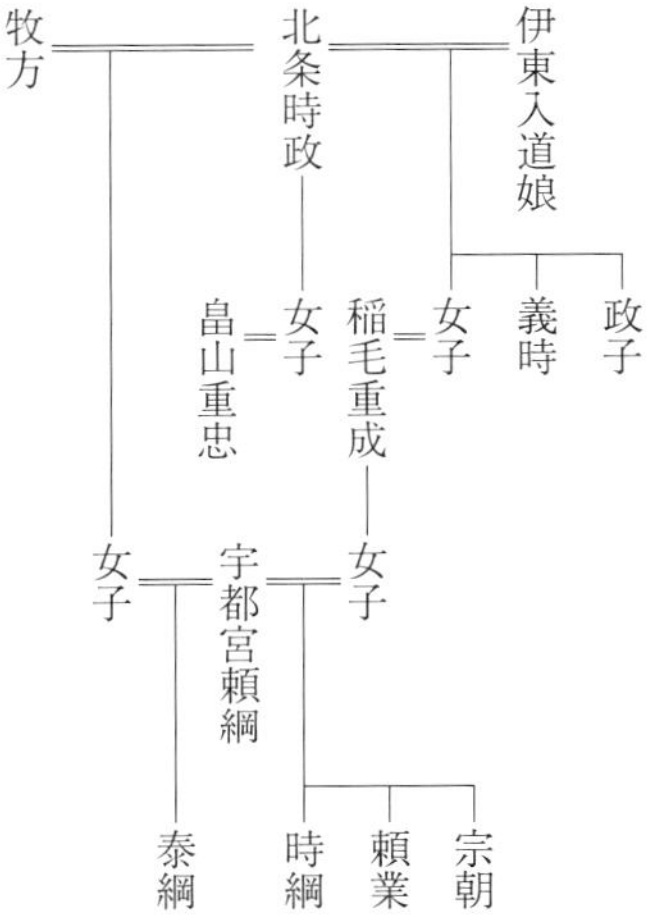

系図8　宇都宮氏の姻族

じた。

しかし、朝政は頼綱との「外（叔）家の好み」（何らかの姻戚関係）を理由に固辞している。朝政への命令が滞っているなかで、頼綱は、叛逆の意志のない旨を記した書状を朝政を介して義時に届けようとしたが、広元はこれを疑って義時に知らせることはなかった。頼綱は、さらに郎従六十余人とともに出家、翌日には宇都宮を出発して鎌倉の義時邸におもむき、陳謝の意を表そうとした。しかし、義時は頼綱（出家して蓮生《れんしょう》）と対面せず、そのため蓮生は結城朝光を通じて髻《もとどり》を献上し、その意を示そうとしたのである。蓮生が、鎌倉殿実朝に対してでなく、義時に陳謝の意を表したこの事件は、蓮生が義時を幕府の最高権力者と認めていたことを意味する。

では、蓮生に謀叛の意図はまったく無かったのであろうか。既述のように蓮生は、時政と牧方のあいだに生まれた娘と結婚し、嫡子泰綱が誕生していたから、時政・牧方との関係が疑われることはやむをえない。しかも、稲毛重成の娘とも婚姻関係にあり、時綱・頼業・宗朝が生まれていた。重忠謀殺に関連して殺害された重成との婚姻関係も、義時の疑惑をもたらしたのかもしれない。

また、承元元年（一二〇七）六月、天野蓮景《れんけい》（遠景《とおかげ》）は治承四年八月の「山木合戦」以来の勲功など十一カ条を並べ立て、恩賞を求める嘆願書を「先ず」義時に提出し、その後、広元が実朝に披露した（『吾妻鏡』）。恩賞の給付という御家人にとって重要な案件の対応に、まず義時・広元が関わっている。将軍の「聴断」を廃して十三人の有力御家人が仲介するという将軍家への「上申」制に変更されたのは正治元年のこと、十三人のメンバーも少なくなったが、そうしたなかで、「先ず」義時のもとにもたらされたことは、宇都宮蓮生が義時に最初に陳謝の意を表したことと通ずるものがあり、義時の存在が幕政のなかで揺るがせないものであったことを示している。

さらに、承元四年（一二一〇）正月一日、義時は実朝の使者として鶴岡八幡宮に奉幣した。頼朝の時代から元日に奉幣することになっていたが、廃れていたため、この年、復活したのである。その後、八月の鶴岡放生会、九月の鶴岡祭も、実朝の参宮がないなかで、義時が奉幣使として参詣している。あるいは、建暦元年（一二一一）および翌年、正月一日に垸飯役《おうはんやく》を勤仕《ごんじ》している。御家人が将軍に饗《きょう》膳《ぜん》を献ずる年頭儀礼の垸飯役も、幕府内の序列を知る手がかりとなる（八幡 一九七三・永井 一九九一）。こうした幕府祭祀への関わりや垸飯役の勤仕などから、幕政上の義時の立場が際立《きわだ》ち始めたことをうかがうことができる。

成長する実朝

その一方で、十八歳に達した実朝が、幕政に直接関わる事例が増えてくる。承元三年（一二〇九）三月、高野山はその所領である備後国太田荘《おおたのしょう》（広島県世羅町）の年貢が未納であると訴えてきた。太田荘の地頭は三善善信であったが、高野山の使者と善信の代官は実朝の面前で口論となり、実朝によってその場から追い立てられるというありさまであった。善信が一方の当事者でもあったためか、裁決はしばらく差し置かれることになったが、『吾妻鏡』は「直に仰せ下さる」と記述している。しかも、当事者が三善善信という幕府の最有力官僚であったにもかかわらず、『吾妻鏡』には義時・広元の名がまったく現れてこない。坂井孝一氏が指摘するように、実朝が明確な意志を持ち始めたといえるのかもしれない（坂井 二〇一四）。

五月になって、鎌倉の西浜周辺で騒動があった。小坪《こつぼ》浦を逍遙《しょうよう》していた梶原家茂《いえもち》が土屋宗遠《むねとお》に殺害されたのである。ただちに御所に馳せ参じた宗遠は、和田常盛《つねもり》に太刀を預けると、その身は義盛に預けられた。半月ほどして、宗遠は嘆願書を提出、頼朝以来の忠勤を述べ、謀叛人梶原景時の孫子である家茂と比較されること、まして拘禁されること自体、眉目《びもく》を失うと強弁したのである。義盛から提出された嘆願書を見た実朝は、宗遠の主張は受け入れられないものの、六月十三日が頼朝の月違いの命日であることを理由に、これを赦免した。

もっとも、これは宗遠の計画的犯行とも考えられる。家茂の殺害後、自首するとともに、その身柄は義盛に預けられた。宗遠は、義盛とともに頼朝の挙兵に参画し、多くの戦いをともにした間柄であった。侍所の別当職をだまし取った梶原景時の孫にあたる家茂に対しては、義盛も良い感情をもっていたとは思えない。しかも、頼朝の月違いの命日に嘆願書を提出するなど、実朝の若さを見抜いた、老練な、計画性をもった対応が気にかかる。

翌年になると、理非の決断のみならず、長期的、政策的対応も見られるようになる。すなわち、承元四年三月には、武蔵国の大田文《おおたぶみ》作成を指示し、同国の国務に関する規程を制定している。大田文は、国内の課税対象となる公領・荘園の田積と支配者をまとめたもので、御家人に課役を求める際に利用された。独自の軍事組織をもたなかった幕府にとって、所領の安堵・給付に対応する御家人役の賦課・奉公こそは、体制の根幹でもあった。翌建暦元年十二月、実朝は駿河・越後・武蔵三カ国の大田文作成を二階堂行光、清原清定に命じている。実朝の施策の拡大ともいえるが、一年十カ月を経てもなお武蔵国の大田文は作成されていなかったことになる。

また、承元四年六月には駿河国以西の「海道・駅家」に夜行番衆を交替で詰めさせ、旅人の警固に当たるべき旨をそれぞれの守護に、十月には諸国の牧を発展させるよう、守護と地頭にそれぞれ命じている。翌建暦元年六月、海道に新しい宿駅を建設するよう命じたものの、執行されず、重ねて守護・地頭に命じている。

この間、承元三年四月には従三位に昇叙した。後の実朝と比べて、当時、どの程度高位・高官を望んだか明らかではないが、三位への上階が鎌倉殿としての意識形成に大きな影響を与えたことはいうまでもない。この時期の実朝の動向をまとめた坂井氏は、実朝の施政・施策から「怯《ひる》むことなく公平に」御家人に接しているとの評価を下している（坂井 二〇一四）。しかし、若い実朝に対する行政官僚・御家人の反応は老獪であり、かれの施政方針を遵行しない場合が少なくなかったのではあるまいか。

実朝と御台所の周辺

頼家の後を継いだ建仁三年（一二〇三）九月、実朝は十二歳、突然の鎌倉殿継承に驚いたことであろう。すでに頼家には一幡・善哉（後の公暁）を始めとする男児が誕生していたから、鎌倉殿を嗣ぐことなど、考えることもなかったであろう。それは、突然のことであった。

しかし、新鎌倉殿となってからの実朝は、将軍としての帝王学を学び取るためにそれなりの努力をした。十一月には、「関東御分の国ならびに相模・伊豆」の国々に対し、年貢の減納を命じて「将軍代始め」の善政を行い、翌年正月には「読書始め」が行われ、源仲章が侍読《じとう》を務めた。この時、仲章が用いた教科書は『孝経』。『孝経』は儒教の教典の一つで、親を愛する孝は徳の根本であり、天子の政治だけでなく、諸侯、卿大夫、士、庶人までの行動原理であると論じた書物である。為政者の基本として、「孝」が選ばれたのである。

侍読を務めた仲章は、「才名の誉れ」があるわけではないが、多くの書籍を集め、「百家九流」に精通した学識豊かな学者であったという。これがきっかけとなり、後年には政所別当に就くなど、実朝の側近として幕府・実朝と後鳥羽上皇の朝廷を結び付ける役割を果たすことになる。

もちろん、幕府の首長として、翌年七月には、地頭職をめぐる御家人間の相論について「一決」を遂げている。『吾妻鏡』は「将軍家、直に政道を聴断せしめ給うの始めなり」と書き留めている。武芸にも関わり、「将軍代始め」の善政の数日後には、小山朝政・和田義盛が扶助したとはいえ、馬場殿にて小笠懸《こかさがけ》を射ている。翌年二月、御家人を引きつれて由比ヶ浜に赴き、小笠懸・遠笠懸を射させている。

しかし、実朝の妻となるべき坊門信清の娘が鎌倉に着いた元久元年十二月十日以降、実朝の周辺は少しずつ変わっていく。二十二日には、御台所（実朝の妻）に仕える男女数人が地頭職を拝領した。おそらく、京都から付き従ってきた人びとであろう。この人びとの影響かどうかはっきりしないが、翌年四月十二日には「将軍家（実朝）、十二首の和歌を詠ましめ給う」と『吾妻鏡』にはある。さらに九月二日には、京都から内藤朝親が下着、後鳥羽上皇の命に基づいて撰集されたばかりの『新古今和歌集』がもたらされた。三月に撰進され、四月に上皇に奏覧されたばかりのものであったが、父頼朝の歌が選ばれたことを知った実朝が、朝親に命じて筆写させたものであった。

また、承元二年（一二〇八）五月には御台所に仕える藤原清綱が、十一世紀前半の歌人藤原基俊が書写し、清綱の家に代々伝えられてきた『古今和歌集』一部を献上した。実朝は、「先達の筆跡」を見て「末代の重宝」と感じ入ったというし、建暦元年（一二一一）十月には、『方丈記《ほうじょうき》』で知られる鴨長明《かものちょうめい》が、飛鳥井雅経《あすかいまさつね》の推挙をうけて鎌倉に下向、実朝に拝謁している。

こうした環境のなかで、承元三年七月、実朝は二十首の詠歌を住吉社に奉納することを思い立ち、『新古今和歌集』の撰者でもある藤原定家の門弟でもある内藤朝親を派遣、さらに詠歌三十首を、定家に送って合点《がてん》を求めたのである。ところが定家は、三十首に合点を加えるとともに、『詠歌口伝《えいかくでん》』一巻を著して実朝に献上した。後に、『金槐《きんかい》和歌集』に結実する詠歌活動の本格的な始まりでもあった。

実朝が和歌だけでなく、頼家ほどではないにしても、蹴鞠《けまり》にも興じたことは、飛鳥井雅経の影響であろうか。雅経は、蹴鞠の名足（鞠足《まりあし》＝プレイヤーの上手）で、頼家の師範を務めていた。実朝自身が蹴鞠に興じた痕跡は少ないものの、建暦二年三月、実朝が「旬の御鞠」を提案、「幕府御鞠始め」が行われると、実朝自身も鞠足として参加している。

実朝については、こうした和歌・蹴鞠の事例が誇張されるが、その根拠として、『吾妻鏡』建保元年（一二一三）九月二十六日条があげられる。すなわち、実朝の機嫌をそこねた長沼宗政が、

当代は、歌・鞠を以て業《わざ》と為し、武芸は廃《すた》れるに似たり。女性を以て宗《むね》と為し、勇士無きが如し。また、没収の地は勲功の族に充てられず、多く以て青女等に賜う

と実朝に対する苦言を呈したというものである。しかし、これは宗政の失態が原因であった。『吾妻鏡』によれば、実朝は、畠山重忠が過ち無くして誅戮《ちゅうりく》されたことに鑑み、重忠の末子重慶《じゅうけい》を捕らえて「犯否の左右」を確認しようと考えていたところ、即座に殺害した宗政の粗忽《そこつ》さに嘆息し、不快感を露わにしたのである。鎌倉殿の命に服せず、勝手な思いで行動した宗政の行為は、短慮として、実朝は許せなかったのである。

もっとも宗政は、俘虜にして連れ帰ったならば、実朝の周囲に侍る女性の申し状によって赦されるだろうと以前から思っていたので、即座に誅殺したと答弁している。少なくとも、実朝の周辺に対する不満があったのである。

2　見誤る義時

実朝自身は、鎌倉殿としての役割を果たそうと努めたのである。その際、実朝が和歌・蹴鞠に関心を持ち始める時期を考えていくと、後鳥羽上皇の関心の後を追うように、しかも上皇を範として王朝文化を吸収していったが、それは朝廷とわたりあうためにも必要であったとの指摘もある（坂井 二〇一四）。

義時の驕り

しかし、実朝の朝廷への接近に不安を感じたのは、宗政ばかりではなかった。たとえば、承元三年十一月四日、小御所東面の小庭で、和田常盛以下の壮士が的を射ることがあった。義時が、実朝に対して弓馬のこと＝武芸を忘れないようにと諫言したため、実朝は「壮士」を集めて的を射て、勝負させたのである。しかし、後が良くなかった。七日になって、敗者の輩が酒肴を献じたため幕府内で酒宴・乱舞に及んだのである。要するに、羽目《はめ》を外しすぎたのである。

それを見た義時は、広元とともに、武芸第一と考えて朝廷を守護すれば、関東＝幕府は永遠に繁栄するだろうと皮肉ったのである。それが通じたかどうかはともかく、実朝が義時の忠告に反撥して、若い御家人を使って、敢えて羽目を外したのであろう。実朝は、すでに幼少の将軍ではなかった。

また、承元三年十二月一日には、御台所に仕える「諸大夫・侍等」に対して、将軍が外出する時、供奉するだけでなく、幕府から与えられた「新恩」に対する公事（幕府への奉公）を果たすべきことが定められた。これなど、幕府の行事に、朝廷行事に慣れ親しんだ人びとを従属させる方便であったが、実朝周辺に対する牽制でもあったろうか。

郎従から「侍」へ

こうしたなかで、承元三年（一二〇九）十一月、義時は「年来の郎従《ろうじゅう》」のなかで、とくに「功」ある者を「侍《さむらい》」に准ずる旨、仰せを蒙りたいと実朝に要請した。

「侍」とは、たとえば御成敗式目第十五条によると、何らかの訴訟が幕府の法廷で争われた際、提出された証拠資料が偽造文書であった場合、「侍」であれば所領が没収され、所領が無ければ遠流に処せられたのに対し、「凡下《ぼんげ》の輩《ともがら》」は火印を顔面に捺すという身体刑が科せられた。

幕府が制定した法文であるから、御家人社会における身分は、侍と凡下に分かれていたことがわかる。凡下とは、幕府の追加法三八三条に「雑色《ぞうしき》、舎人《とねり》、牛飼、力者、問注所・政所の下部《しもべ》、侍所の小舎人以下、道々の工商人ら」とあって、当時の史料では、甲乙人《こうおつにん》とか雑人《ぞうにん》とも記述される一般人の総称であった。御成敗式目の基本的な適用範囲が、御家人とその所領であることを考えれば、幕府の法廷で争われる当事者は御家人とその関係者であったろうから、この場合、「侍」とは御家人である。

したがって、義時の「年来の郎従」とは、御家人である義時に仕える被官《ひかん》であって、鎌倉殿にとってはあくまで陪臣《ばいしん》に過ぎなかった。義時は、自分の郎従を「侍」＝御家人に准じて欲しいと願ったのである。すなわち、郎従を御家人身分に上昇させることによって、その主人たる義時の立場を、他の御家人より高く位置づけようと考えたのである。

これに対して実朝は、義時の要請を認めてしまうと、そうした輩の子孫が、本来の来歴を忘れ、誤解して幕府への奉公を行おうとしてしまう。そうした後々の災いを招くことになるので、将来にわたって認めることはできないと、厳しく仰せられたのである。

守護制度への介入

この直後、諸国の守護人でその職責を緩怠する者が多く、群盗の蜂起によって荘園や国衙領が困っているとの訴えが国衙から出された。そこで評議がなされたが、守護は「一身の定役」＝終身制であるため、以前の慣習に固執して職務怠慢が起こるのであろうから、守護に「結番」＝グループを作り、任期をきめて交替制を採用すれば、幕府の監督もしやすくなるとの意見が出された。また、諸国の事情をよく調査したうえで、「不忠の輩」を改任すべきとの案もだされた。

しかし、両案とも反対が多かった。幕府草創以来の有力御家人が、交替制によって既得権を奪われかねない事態を危惧したのである。そこで、守護にも幕府創設以前の権限が「自然」に認められた場合と、幕府草創後、「恩沢」によって守護職に任命された場合とがあって区別すべきであろうから、まず近国の守護職について、その由来が調査されることになった。和田義盛・中原仲業・清原清定がこれを奉行した。

翌月、下総国の千葉成胤、相模国の三浦義村、下野国の小山朝政をはじめとする近国の守護が「由来の書」などを提出した。いずれも先祖以来の由緒に基づき、頼朝から補任されたと主張した。さらに、その他の国々も頼朝の下文によって守護に就任していたことがわかった。そのため、「たとえ小さな過ちを犯した場合でも、容易に改補できない」との結論に達し、今後、その職務を懈緩しないよう、面々に広元が指示したのである。

この案件は、遂行されなかったものの、「番」＝グループに編成した守護を定期的に交替させ、守護を幕府の意のままに動く地方官僚化しようとしたものであった。こうした政策は、千葉成胤や三浦義村、小山朝政らが証拠書類を提出して暗に反対したように、幕府草創以来の有力御家人の既得権をおびやかすものであった。しかし、それは前将軍頼家が、五百町をこえる新恩地を没収し、無足・近仕に与えようとした政策に通底するものといえる。

この守護結番・定期交替制に関連する調査は、和田義盛（侍所別当）・中原仲業・清原清定（以上は政所職員）が担当し、最終的な結果を広元が伝えている。調査の具体的な事務は政所が関わり、広元がこれを伝達している。実朝がどの程度関与したかはわからないが、直属の軍事的基盤をもたない鎌倉殿にとって、御家人勢力の平準化は必要な政策であった。

義時の所領

時政の失脚直後、義時はどの程度の所領を支配していたのであろうか。全容を把握するのは容易でないが、父の遺領を相続したものが多い。たとえば、承元三年（一二〇九）十一月、実朝が鶴岡宮に常灯を寄進した際、その灯油料として駿河国益頭荘《ましずのしょう》（静岡県藤枝市）の年貢を充てるよう義時に命令が下った。この益頭荘は、時政が支配していた所領であった（『吾妻鏡』）。また、建保四年（一二一六）三月当時、義時は越前国小山・泉両荘（福井県大野市）の地頭職を支配していたが（三浦周行旧蔵文書）、文治二年ころ、時政は越前国大蔵荘（福井県鯖江市）の地頭職を支配しており、越前国を含む北陸道の守護として比企朝宗が確認・推測されるから、その滅亡後、比企氏の遺領を時政が支配した可能性が高い。

建保七年（一二一九）四月、義時は平広忠を陸奥国平賀郡岩楯村の地頭代職に補任している（新渡戸文書）。同郡内の中町井郷を支配する片穂氏は北条氏の被官であったから、平賀郡全体を義時が支配していたのであろう（奥富 一九七〇・豊田 一九七〇）。後に、平賀郡を含む津軽地域（平賀郡・青森県平川市）は、北条氏の重要な所領として支配されることになる。おそらく、鎌倉の本拠となった相模国山内荘とともに和田合戦の勲功賞として与えられた可能性が高い。なお、播磨国在田上・下両荘などは、承久の合戦後に獲得したものと思われ、時政の失脚直後に支配していたわけではない。

しかし、時政の遺領は、弟の時房や孫の朝時（義時の子）も相続しており、必ずしもそのすべてを義時が相続したわけではない。その後の北条氏（とくに得宗家）を支えた核となる所領の多くは、和田合戦や承久の合戦後に獲得したことになる。したがって、義時の経済的基盤はいまだ必ずしも潤沢とはいえない。

義時と政所別当

鎌倉殿実朝によって提起された可能性のある守護の交替制度は、挫折した。この守護制度の変更に、義時がどの程度関わっていたのかわからないが、その方向性は経済基盤の弱い義時にも必要とされた政策であった。

一方で、郎従の「侍」化などの要請は、やはり度を超えていたことに間違いない。たしかにかれは、鎌倉殿実朝の叔父として、元久元年（一二〇四）三月には、従五位下・相模守に叙任されていた。源家以外では、父時政についで二人目という破格な立場にあったことは事実である。こうした立場は、鎌倉殿との縁戚関係が拠りどころであったものの、他の御家人とは異なる幕府内での立場を維持できたのである。宇都宮頼綱が髻を義時に献上したのも、天野蓮景が恩賞を求める欵状《かんじょう》をまず義時に提出したのも、幕府内のかれの立ち位置を示している。ところが、実朝が成長するなかで、そうした義時の立ち位置が微妙に変化してきた。

明らかに、義時は自身の立ち位置を過大に評価しすぎた、あるいは実朝の成長を見誤った結果、ある面で「失政」を行ってしまったのである。それまで時政の陰に隠れ、逡巡、自重していたはずの義時は、比企一族や重忠の謀殺を経て、時政の失脚後に大きな権力を得た途端、自分の立ち位置を見誤ったように思えてならない。いつの時代でも、突然大きな権力を手にすると、それが自身の能力・実力に基づくものと錯覚する場合はよくあることである。

しかし、義時の場合はそうではなかった。それにいち早く気づき、その対応策を考えたのである。かれにとって早急の、そして最善の途は、幕府の政治機構上にかれ自身の立場を明確に位置づけることであり、次に有力御家人の勢力を削減すること、勢力の平準化であった。

したがって、義時が元久二年（一二〇五）閏七月二十日、「執権」に就いたという通説に対しても、ある種の疑問がわいてくる。この場合の「執権」とは、一般に政所別当と理解されているが、義時が執権に就いたという『吾妻鏡』の記述は、執権＝政所別当は北条氏が相続するという同書編纂時の認識ではなかったろうか。時政追放と義時の執権就任が同日であることも、その相続が不変であること、したがって、その相続に時間的空白があってはならないという『吾妻鏡』編纂時の認識が根底にあったように思われる。

一方で、『沙汰未練書』に付されている「関東代々将軍家幷執権次第事」には、「執権右京権大夫義時朝臣、建永三より嘉禄元に至る、執務廿年」と記載されている。建永三年＝承元二年（一二〇八）の根拠は不明であり、「嘉禄元」年（一二二五）にはすでに病死しているが、執権職を北条氏が間断なく継承したという『吾妻鏡』的認識とは異なる認識が存在した。

承元三年四月十日、実朝は従三位に叙せられた。それまでの略式政所下文は、正式な政所下文に変わったが、直後の七月二十八日に発給された下文（宗像神社文書）に別当義時の名はいまだ見えない。しかし、同年十二月、豊前国の宇佐宮に下された関東御教書（到津文書）は義時単独の名で発給され、さらに十二月十一日に発給された政所下文（詫摩文書）には、別当の最上位に義時の名が記載されているのである。したがって、承元三年七月から十二月のあいだに、義時は政所別当に就任したことになる。以後、建保三年まで、この状態が継続する。

次に、義時に残された課題は、かれの施策に即座に反撥するような有力御家人の勢力をいかに削減するかであった。

3 義盛の焦り

義盛の上総介挙任

承元三年（一二〇九）五月十二日、和田義盛は将軍実朝に、上総介任官の推挙を希望した。ところが、実朝は独自に決裁せず、母である尼御台所《あまみだいどころ》政子に相談したところ、政子は、頼朝時代の先例を理由に拒否し、初めての例をつくるという考えなのであれば、女性である私が口挿むことではないと、突き放したのである。

二十三日になって、義盛は大江広元に嘆願書を提出、治承以来の勲功とともに、生涯で残された願いはただこの事のみと書き連ね、思いを伝えたのである。この嘆願書は、実朝のもとに届けられたものと思われるが、母の一言は厳しく、容易に進まなかった。十一月下旬になって、実朝は内々に進めて対応したいので、しばらく待つようにと返答、義盛も悦んだという。

当時、多くの御家人のなかで、国司に任命されていた者は、義時（相模守）、時房（駿河守）、大江親広（遠江守）の他、足利義氏（武蔵守）に限られていた。これ以前、元暦元年（一一八四）六月には源範頼、平賀義信らが、同年九月には大江広元が、さらに翌文治元年八月には源義経、新田義範、足利義兼らが国司に任命され、そして、正治二年（一二〇〇）四月には北条時政が遠江守に任命されているが、時政・広元を除いて他はすべて源家一門であった。その後、頼朝の死後ではあるが、北条氏のみが国守に任命され、源家一門に準ずる待遇を受けていた。北条氏の場合、頼朝の妻の実家であり、頼朝の死後は将軍の外戚という一面があったことも関係していよう。

侍所別当と左衛門尉

しかし、義盛にとって北条時政・義時は、頼朝の挙兵以来、ともに戦ってきた同志という意識が強かったのではないだろうか。義盛は、すでに治承四年（一一八〇）十一月、侍所別当に就任していた。侍所の職務には、罪人の追捕や科刑執行などの警察機能や鎌倉市中の治安維持のほか、御家人の統制があった。

当時、幕府草創時の功臣の多くが死没したこともあったが、職務上からも、義盛は御家人のあいだに隠然たる力をもっていた。三浦一族の長たる義澄といえども、侍所別当義盛の命令には従わなければならなかったし、義盛が三浦一族から自立できるきっかけともなった。ところが、義盛の帯していた官職は「左衛門尉」であった。『吾妻鏡』には、左衛門尉あるいは右衛門尉を名乗る御家人が数多く記されており、そうした多くの御家人と官職上は同格でしかなかった。

ところが、元久元年（一二〇四）三月、北条義時が相模守に、翌年四月には、義時の弟時房が遠江守にそれぞれ就任した。幕府の所在する相模国と、時政が補任された遠江守にその子時房が就任したわけである。

当時、国衙《こくが》には土地台帳ともいうべき大田文《おおたぶみ》が保管され、国衙自体が交通上の要地でもあったから、国衙の占める重要性、役割は、鎌倉時代に入ってもなお健在であった。したがって、義盛にとって国司に補任されることは、国衙を通じて一国支配を遂行できるだけでなく、任官自体が御家人社会におけるステータスシンボルとして必要だったのである。

義盛と上総国

義盛は、上総国内で伊北荘《いほうのしょう》（千葉県いすみ市）や畔蒜南荘《あびる》（千葉県君津市）を支配し、同族の三浦胤義も夷隅荘《いすみ》（千葉県いすみ市）の地頭であったことが確認できる。それればかりでなく、義盛は日ごろから伊北荘に居住していた。

ところが、承元四年（一二一〇）六月、後鳥羽上皇に仕える北面の武士藤原秀康が上総介に任命された。その直後、秀康の使者が国衙に入って国務を執行したのであるが、先例を無視して新しい政策を執行しようとしたために在庁官人と衝突、さらに地域住民とのあいだに喧嘩を引き起こしていた。おそらく、秀康の支配方針が在庁官人や在地の武士の既得権をおびやかすようなものであったのだろうが、そのこと自体、国司に任命されることによって、国衙の支配、国内の所領支配の強化をもたらすものであることを示している。

しかし、院の近臣《きんしん》秀康が国司に就任したこともあってか、ことは容易に進まなかった。建暦元年（一二一一）十二月、痺《しび》れを切らした義盛は、上総介挙任の嘆願書返却を広元に申し入れた。実朝から、しばらく待つように命じられていたにもかかわらず、嘆願書返却の申し入れは、実朝への不信を表すものであったから、「上の計らいを軽んじ奉る」所業と理解されたのである。ただし、これがきっかけとなって、実朝との関係が悪化した事例は確認できない。

4　和田合戦

泉親衡の謀叛

建暦三年（一二一三）二月十五日、鎌倉甘縄《あまなわ》にある千葉介成胤邸に阿静房安念《あんねん》と名のるひとりの法師が尋ねてきた。かの僧は、信濃国の泉親衡《ちかひら》が計画した将軍実朝の廃位と頼家の遺児千寿《せんじゅ》（栄実《えいじつ》）の将軍擁立、さらに義時殺害への助勢を成胤に求めたのであった。

成胤は、すぐさま安念を捕らえ、義時のもとに差し出した。義時は広元と評議すると、二階堂行村に預けるとともに実否確認の尋問を命じ、さらに行村のもとに金窪行親《かなくぼゆきちか》を派遣したのである。行親は、義時の被官である。翌日、安念の白状によって多くの御家人が捕縛された。

親衡は、信濃源氏の一族で、祖父扶衡《すけひら》は諏訪部《すわべ》太郎を名のっているから（『尊卑分脈』）、現在の長野県上田市内の旧諏訪部村を苗字の地としたものらしく、旧村内に鎮座する諏訪泉神社周辺が親衡の苗字の地であろうか。ただ、親衡については関連史料もなく、有勢の者であったとは考えられない。しかし、その関係者は、首謀者百三十人余り、伴類《ばんるい》は二百人にも及ぶ大規模なものであって、かれらの本国も広範囲にわたっていた。しかもこの時、捕縛された者のなかに、和田義盛の子義直《よしなお》と義重《よししげ》、さらに甥の胤長《たねなが》の三人が含まれていた。この計画に、和田一族が関与していたのである。

実朝の対応

泉親衡の謀叛発覚を聞いた義盛が、上総国伊北荘から鎌倉に馳せ参じたのは三月八日のこと。すぐに将軍実朝に対面して義直・義重の赦免を願い出たところ、義盛の「数度の勲功」によって即座に赦された。義盛の上総介挙任《きょにん》を果たせなかったことも、実朝の脳裏にあったのかもしれない。さらに翌日、義盛は一族九十八人を引きつれて御所の南庭に列座し、胤長の赦免を願い出たのである。

ところが、胤長は事件の張本人のひとりであり、許容できないとの実朝の判断が義時から伝えられた。そのうえで、一族の面前において、捕縛された胤長の身柄が金窪行親・安東忠家《あんどうただいえ》の手から二階堂行村に渡された。義盛と和田一族にとっては、大きな恥辱でもあった。十七日、胤長は陸奥国岩瀬郡（福島県岩瀬郡）に配流された。義盛の面目はまるつぶれであった。

ところが一方で、親衡に与《くみ》した園田成朝《そのだしげとも》は、捕縛された後に逐電《ちくでん》したにもかかわらず、実朝によって赦免されており、渋河兼守《しぶかわかねもり》も実朝に詠歌を献じて助命されている。さらに、張本人の親衡でさえ行方不明のまま、直接処罰されることはなかった。すなわち、この事件では、胤長以外で明らかに処罰された者はいないことになる。義時の、和田一族に対する挑発であることは明らかであった。

義時の挑発

義時の挑発行為は、さらに続いた。胤長が所有していた荏柄前《えがらまえ》の屋敷地は御所の東隣りでもあったから、多くの御家人がその給付を願い出た。そうしたなかで、義盛は御所の女房五条局《ごじょうのつぼね》を介して、頼朝の時代から、所領が没収された場合、一族に与えられるという慣例があるばかりか、御所の宿直《とのい》に祗候する際にも便宜なので、自分が拝領されたいと訴えたのである。この願いは、即座に聞き届けられた。この判断も、おそらくは実朝自らのものであったろう。義直と義重の赦免といい、没収地の給付といい、義盛に対する実朝の対応は、胤長の件を除いて、機敏であり、優しい。とすれば、胤長の断罪が実朝の意思であったのか、疑問も残る。

この間、三月六日には、京都から源仲章《なかあきら》の使者が鎌倉に到着、実朝の正二位昇叙の除書《じしょ》をもたらした。四月十七日、実朝は行勇《ぎょうゆう》を導師として八万四千基の塔婆の供養を行い、二十日には南都の十五大寺で非人施行《ひにんせぎょう》を行うよう命じるなど、その日常は平穏であった。親衛の謀叛計画はすでに解決し、義盛についてもその要請はほぼ受け入れており、自身に危険が迫っているとは考えていない。

もっとも、三月十七日夜半、御所で「庚申会《こうしんえ》」が行われた際、横山時兼が義盛邸に入り、甲冑をまとった五十余人がその周辺を徘徊しているという情報がもたらされた。伊賀朝光《ともみつ》の進言によって、急遽「庚申会」は中止となったが、朝光は義時の岳父《がくふ》であったから、義盛周辺の情報には敏感であった。当然のことながら、義時の意向を受けてのことであろう。

四月二日、義盛が拝領した荏柄前の屋敷地は、なぜか取り上げられ、義時に与えられた。義時は、この屋敷地を被官の金窪行親と安東忠家に分け与え、すでに屋敷に入っていた義盛の代官を追い出した。『吾妻鏡』でさえ、義時の一連の挑発行為が、義盛に謀叛を決意させたと書き残している。

十五日、突然、和田朝盛《とももり》が出家して逐電した。義盛の孫にあたる朝盛は、合戦になれば一陣の大将として働ける、優れた武士であった。しかし、朝盛は実朝のそば近くに仕えていたため、実朝に弓を引くのをためらったのである。さらに二十四日、義盛は年来帰依《きえ》していた伊勢国の僧遵道房《じゅんどうぼう》を追放した。だが、追放とは表向きのことで、実際は戦勝祈願のため、伊勢神宮に派遣したのであろうというわさも流れた。

緊迫した状態が続くなかで、二十七日、実朝は宮内公氏《みやうちきみうじ》を派遣して、義盛に謀叛の実否を問いただした。義盛は、当然ながら謀叛の計画を否定したが、かれの邸内には朝夷名義秀《あさいなよしひで》や古郡保忠《ふるごおりやすただ》らが集まり、兵具を調えていた。公氏はこの状況をつぶさに実朝に報告したが、義時は鎌倉中の御家人を御所に集め、義盛の謀叛が直前にせまったことを告げ、その対応を命じている。夕方、実朝はふたたび使者を送って、義盛に蹶起を制止しようとした。しかし、義盛はもはや若輩の行動を阻止できる状態でないと応えている。

二十九日、義時は駿河国に籠居していた次男朝時《ともとき》を、合戦に備えて鎌倉に呼び戻した。両者の衝突は、すでに時間の問題であった。

義盛の蜂起

五月二日、八田知重《はったともしげ》は義盛の館に軍兵が集合していることを大江広元に連絡した。義盛の蜂起が発覚したのである。知重の急報を得るや、広元は急ぎ御所に参上したが、同時に三浦義村も義時に義盛の蜂起を報告した。当初、義村は義盛の計画に同意し、御所の北門を警固して共に戦うとの起請文《きしょうもん》を差し出していたが、その約束を反故《ほご》にして、義時に味方したのである。

義盛蜂起の報を得ると、義時は御所に急いだ。義盛の蜂起はまだ先のことと御所の警備も不十分であったため、北門から政子・実朝夫人を鶴岡八幡宮の別当坊に避難させた。

同日午後四時ころ、義盛は嫡男常盛《つねもり》以下百五十騎を率いて御所を襲った。義盛方の軍勢は三手に分かれ、御所の南門とその近くにある義時邸の西・北両門を攻撃した。しかし、義時邸を守備する武士が防戦したため、進入できなかった。さらに義盛勢は、横大路《よこおおじ》にいたり、御所の南西に位置する政所の前で、波多野忠綱《ただつな》や三浦義村と戦いが始まった。午後六時ごろには和田勢が御所を包囲した。北条泰時や朝時、足利義氏らが防戦したが、朝夷名義秀は惣門を破って南庭に乱入し、御所に火を放った。実朝は、頼朝の墓所でもある法華堂に逃れ、義時・広元もこれに同道した。

義時邸に比定される宝戒寺

　しかし、戦いが長引くにつれて和田勢も疲れを見せはじめた。義盛は、いったん由比ヶ浜（前浜《まえはま》）に退くことにした。義盛勢は食料も乏しく、兵馬も疲弊の極に達した。翌三日午前四時ごろ、横山時兼《ときかね》が波多野忠常《ただつね》や横山五郎らを引き連れて義盛勢に合流した。三千余騎ほどにもなった義盛勢は、ふたたび攻撃を開始した。

　午前八時ごろ、相模国西部を支配する曾我《そが》・中村・二宮・河村の軍勢が武蔵大路や稲村崎周辺に到着した。実朝が逃れた法華堂から合流の命令を出したところ、かれらは疑念を覚えて参戦せず形勢をうかがっていた。突然の戦さに、どちらにつくべきか、判断できなかったのである。勲功賞を考えれば、いずれが優勢かも判断の材料となったはずである。それは、義時も考えたのであろう。実朝の花押《かおう》が据《す》えられた御教書《みきょうしょ》を届けると、かれらは続々と幕府方に加わりはじめたのである。その後、千葉介成胤も一族を率いて加わった。「玉」としての鎌倉殿の存在は、きわめて大きい。

同じころ、由比ヶ浜に退いた義盛は、ふたたび御所を攻撃しようとした。しかし、若宮大路は泰時・時房が、町大路は足利義氏が、名越《なごえ》方面は源頼茂《みなもとのよりもち》が、大倉方面は佐々木義清・結城朝光がすでに防衛戦を張っていた。そのため、由比ヶ浜と若宮大路で合戦が再開された。

この合戦で、義盛方の土屋義清・古郡保忠・朝夷名義秀は轡《くつわ》をならべて周囲の軍勢を攻撃したので、幕府勢も退散することたびたびであったという。ところが、この勇猛なる義清が甘縄から亀谷《かめがやつ》・窟堂《いわやどう》前を通って旅御所《たびのごしょ》に進もうとしたところ、赤橋の近くで流れ矢に当たり戦死したのである。この義清の戦死をきっかけに、これ以降、義盛勢の討ち死が続くようになった。

義盛の死

午後六時ごろには、和田義直が伊具馬盛重のために討ち取られた。父義盛の嘆きは大きく、落胆した義盛も江戸能範《よしのり》の所従《しょじゅう》に討ち取られ、続いて義重・義信・秀盛らも討ち取られた。兄弟が敗死するなかで、常盛・朝盛入道・山内政宣《まさのぶ》・岡崎実忠・横山時兼・古郡保忠らは戦場を逃れて行方をくらました。義盛方は敗れ去ったのである。その直後、実朝が花押を据えた義時・広元連署の御教書がふたたび作成され、逃亡した残党の捜索が開始された。

翌四日、甲斐国で自殺した古郡保忠・和田常盛の首は鎌倉に運ばれ、片瀬川岸にさらされたが、その首は二百三十四を数えたという。九日には、和田胤長が配流先の陸奥国岩瀬郡で誅殺された。

『吾妻鏡』には、五月二〜三日の合戦で討死、あるいは捕らえられた人びとの名が記載されているが、その特徴の一つは、中心勢力であった和田一族が意外に少ないことである。『吾妻鏡』には、義盛が蜂起した時の兵数を百五十騎と記し、さらに、義盛に同調した人びとを「親戚として、あるいは朋友として、去る春以来、党を結び群をなすの輩」と記している。合戦の中核となった和田一族に、親戚や朋友が加わったというのである。

義盛方の人びと

たとえば、義盛の妻は横山時兼の伯母であり、常盛の妻は時兼の妹であった。この二代にわたる姻戚関係はきわめて強いものであり、横山氏が和田方に加わった一因をこの姻戚関係に求めることもできる。また、時兼の他の伯母は渋谷高重と結婚しており、時兼の娘は波多野盛通に嫁いでいた。したがって、渋谷一族や波多野一族の一部は、義盛に荷担したとみるより、姻戚関係によって横山氏に与同したと考えたほうが理解しやすい（羽下　一九六六）。

また、『吾妻鏡』には横山時兼が加わることによって三千騎にもなったとあり、数字に誇張があるにしても、かなりの軍勢であったろう。横山氏は、武蔵国横山荘（八王子市）を本拠とする有力御家人である。畠山重忠の謀殺後、横山氏が同国内で最大規模の御家人として存在することになった。横山氏が大軍を動員して義盛に加わった背景には、姻戚関係のほか、武蔵国内に力を伸ばす北条氏に対する危機感があったことは間違いない。

すなわち、『鎌倉年代記裏書』五月二日条には、「義盛ならびに土屋兵衛尉（義清）、中山四郎、横山党、相模・武蔵・安房・上総等の軍兵二百人与力」とあり、「横山党」のみならず、「武蔵」の武士が加わったことは、多くの家譜から類推できる。さらに、「上総」の軍兵が加わっており、義盛が伊北荘に居住していたことと併せて、上総国と義盛との強い関係を示している。

一方、相模国内の土屋・山内・渋谷・毛利の人びとが含まれるが、その本拠は相模国東部域に偏在している。争乱を聞きつけて鎌倉に到着した「曾我・中村・二宮・河村」の人びとは、実朝の御教書が発給されると、ことごとく幕府方についたという。相模国内の御家人でも、すべてが義盛方についたわけではなかったが、土屋・山内・渋谷・毛利の諸氏は幕府草創以来の中心メンバーであり、幕政にも関わっていたから、義時を始めとする北条氏に対する反撥も義盛方についた理由の一つであろう。当然のことながら、義盛が「横山の人々」を統率・支配できたわけではなく、両者の関係はあくまで対等であって、幕府の御教書にも「和田左衛門尉義盛・土屋大学助義清・横山右馬允時兼」の三人が併記され、同等にみられていたことがわかる。

したがって、従来「和田合戦」あるいは「建保合戦」と記述された建暦三年＝建保元年の事件は、義時に対する義盛の武力蜂起という一面だけではなく、和田氏・横山氏・土屋氏を中心に山内・渋谷・毛利という相模国東部の御家人が連携し、北条氏（義時）と「関東の爪牙耳目」と評価された大江広元に対立・衝突した事件であったといえよう。

義時、侍所別当に就く

逃亡者の捜索と並行して、五日には義盛・時兼以下謀叛人の所領である美作・淡路国の守護職や横山荘が没収され、軍功のあった御家人に新恩として給与された。同日、義時が侍所別当に任命されたが、それ以前から就いていた政所別当とあわせて幕府の二大要職に就任したことになる。しかも、翌六日には、義時の被官金窪行親が侍所の次官である所司に就任した。行親の所司就任の意味は、きわめて大きい。

父時政を追放した後、一時的「失政」の後、義時は幕府機構上に確固たる位置を占めること、さらに有力御家人の勢力削減が必要であることを痛感したことは前章で詳述した。かれは、その方針に基づいて政所別当に就任したのであるが、幕府草創以来の有力御家人和田一族を全滅に追いやったのである。しかも、その結果、義盛が就任していた侍所の別当職を手中にした。まさに義時にとって、一石二鳥の合戦だったことになる。

しかし、和田合戦のもつ意味はそれだけではない。まず第一に、侍所の所司に義時の被官が就いた点である。これ以前、梶原景時や一時的に義盛が所司であったように、御家人が所司に就いていたから、被官の所司就任は異常といわなくてはならない。そこに、義時の方針完遂のための読みがあったと思われる。

侍所の職務の一つに、御家人の統制があることはいうまでもない。この御家人統制が義時の被官によって担当されることになったのである。以前、義時は「年来の郎従」のなかから「功ある者」を「侍」＝御家人に準じて欲しい旨を実朝に要請することがあった。もしこれが叶えられたならば、義時の郎従が一般御家人と同格になり、その主人である義時は、身分制の上からも御家人とは異なる上位の立場に就くことになる。しかし、その要請が却下されたことは第四章で詳述した。

和田合戦を経て、義時の被官が侍所の所司として、御家人統制を担当することになった。義時の立場が一般御家人とは異なるものになるのである。却下された身分制の問題を、義時は被官を侍所所司に就任させることによって、叶えたといえよう。

論功行賞

七日、合戦の論功行賞が行われた。それらは、相模・武蔵両国は当然としても、上総・常陸・上野・甲斐という東国に限らず、北は陸奥や出羽両国、西は美作・淡路に及んだ。なかでも、張本人のひとり横山氏に関連する武蔵国横山荘が広元に、長井荘（熊谷市）が安達時長に与えられた。相模国内では鎌倉の背後に位置する山内荘（鎌倉市）や菖蒲（秦野市）が義時に与えられたが、以後、山内荘は北条氏の重要な所領として相伝されていく。また、泰時が陸奥国遠田郡（宮城県）を、時房が上総国飯富荘（袖ヶ浦市）をそれぞれ与えられた。また、義時に同調してこれを助けた三浦一族も、義盛の旧領上総国伊北荘や陸奥国名取郡を得ている。

必ずしも北条氏が、多くの所領を得ているわけではないが、義時の姻族伊賀氏が常陸国佐都（常陸太田市）や甲斐国岩間（市川三郷市）を拝領し、また、上総国畔蒜南荘も北条氏に与えられた可能性が高い。

なお、『吾妻鏡』はそれら所領名の最後に「金窪左衛門尉行親」と記載するが、金窪行親は義時の被官で侍所の所司であった。『吾妻鏡』五月六日条に「行村・行親・忠家らに仰せて、今度亡率・生虜等の交名を注せらる」とあるから、行賞を行った際の記録の記載者であって、「金窪」が行親に与えられたことを記すものではない。さらに、同日には大倉邸から若宮大路邸に入った義時が、祗候人に対する行賞も行っている。この祗候人に行親や忠家も含まれていたのであろうか。

和田合戦は、和田氏や土屋氏、さらには横山氏という相模・武蔵両国の有力御家人を排除しただけでなく、義時に思わぬ結果をもたらした。広元との連携が強化されたのである。

義時と広元

ところで、建永元年（一二〇六）七月十四日の略式政所下文（宗像神社文書）を最後に、広元の名は確認できなくなり、かわって子息親広が別当の一員として署判を加えるようになる。広元がふたたび署判を加えるのは建保四年（一二一六）四月二十二日の政所下文（詫摩文書）であり、和田合戦の前後約十年ほど、広元は政所別当を離れていたことになる。

しかし、和田合戦の時、逡巡する御家人に対して参陣を促すため、次のような御教書が発給されたが、署判を加えたのは義時と広元であった（『吾妻鏡』）。

近辺の者に、この由を触れて召し具すべきなり。和田左衛門、土屋兵衛、横山の者ども、謀叛を起こして、君（実朝）を射奉るといえども、別のこと無きなり。敵《かたき》の散り散りになりたるを、急ぎ討ち取りて参らすべし。

（花押）（源実朝）

五月三日　巳の刻　大膳大夫（大江広元）

相　模　守（北条義時）

某殿

戦局がめまぐるしく変わるなかで、機敏に対応したのが義時と広元であったことはいうまでもない。もちろん、その御教書には実朝の花押が袖に据えられ、鎌倉殿＝将軍の存在が権威として大きかったことがわかる。しかし、合戦が終わった五日、義盛・時兼らの所領「美作・淡路等国の守護職、横山庄以下宗たるの所々」が没収され、勲功の賞が行われた時、「相州（義時）、大官令（広元）これを申し沙汰せらる」とあるように、義時・広元が行ったのである。

ところで、この御教書が発給されたのは三日の午前十時ころであったが、前日の午後六時過ぎ、義盛方に御所を攻撃された実朝は、義時・広元とともに「右大将家法華堂」に逃れていた。その後、広元は「御文籍」を護るために政所に戻っていたが、ふたたび実朝のもとに向かったのは、各所で戦いが展開し、泰時が劣勢を実朝に報告した後のことであった。したがって、この間、広元は「右大将家法華堂」を不在にしていたことになるから、少なくともこの御教書は、義時が中心となって発給された可能性が高い。

いずれにしても、別当職を離れたとはいえ、義盛勢の攻勢が強まるなかで、「警固の武士」を派遣してでも参上を促すという実朝の対応に、広元に対する信頼の深さを見ることができる。こうした実朝の広元に対する信頼を、義時は利用したとも考えられるが、義盛らの武力蜂起に対し、戦後処理も含めて、この二人が中心となって対応したことは間違いない。

こうした実績を背景にしたのであろうか、建保四年二月には、次のような連名の下知状（醍醐寺文書）が発給されている。

権律師《ごんのりっし》継尊《けいそん》申す、伊勢国大橋御園《みその》一名棚橋地頭職のこと。故大将殿（源頼朝）の御時、神宮の訴訟に依り、道時法師の沙汰を停止せられおわんぬ。その後、去る元久二年、重ねて裁断の上、今更相違有るべからず。早く本のごとく継尊をして領知せしむべきの状、鎌倉殿の仰せにより下知くだんのごとし。

建保四年二月十五日

相　模　守平御判（北条義時）
陸奥守中原御判（大江広元）

この下知状は、次のような関東下知状（香取大宮司家文書）とまったく同じである。

下総国香取社神主職のこと。去る承久三年八月十五日当家御下知状ならびに今年五月日本家政所下文に任せ、中原助道、社務を執行せしむべきの状、鎌倉殿の仰せにより下知くだんのごとし。

嘉禄二年八月廿六日

武蔵守平花押（北条泰時）
相模守平花押（北条時房）

後者は、義時亡き後、いわゆる執権北条泰時・連署時房連名の関東下知状であるが、その文言からして両者はまったく同じ形式をとっている。上杉氏は、建保四年の下知状から広元の立場を後の連署に匹敵すると指摘する（上杉 二〇〇五）。同時に、政所別当職を退いた広元が下知状を発給できるところに、組織的未熟さも看取できるのである。

政所別当増員の実態

一方で、建保四年（一二一六）四月の政所下文から、別当がそれまでの五人から九人に増員された。この変化の背景に、実朝の親裁体制が強化されたとの指摘がある。それは、『吾妻鏡』建保四年四月九日条の「常御所《つねのごしょ》の南面において、終日諸人の愁訴《しゅうそ》を聴断せしめ給う。おのおの藤の御壺に候じて、子細を言上す。義村・善信・行光・仲業ら、これを奉行す」や、十月五日条の「将軍家、諸人庭中に言上することを聞かしめ給う。海野左衛門尉幸氏、上野国三原堺以下のことを申すと云々」に対応するものであるという（五味 二〇〇〇）。しかも、同年六月に権中納言に昇進した実朝は、二カ月後には左近衛中将を兼任したが、その背景に、後鳥羽上皇による官位の上昇というかたちでの政治的支援があったとの指摘もある（坂井 二〇一四）。

しかし、政所の別当が増員されたからといって、実朝の親裁権が強化されたと判断できるのだろうか。いったい、政所別当の増員が、実朝の親裁権強化に直結するのか疑問が残る。しかも増員された別当のひとりに広元が加えられていた。十年ぶりの復帰であるが、和田合戦をともに戦い抜いた義時の意向が反映されていたことはいうまでもない。しかも、義時・広元という重鎮の存在は、ほかの別当の自由を制御することは可能であろう。同じ別当ゆえに対等という考えは、現代の思考であって、あるいは現代社会においてさえ、実権を有する別当？　の存在が他の別当を制約することも少なくない。

増員された別当は、源氏一門の大内惟信《おおうちこれのぶ》（武蔵守義信の孫）、源頼茂、源仲章、それに広元の四人であった。惟信は、検非違使に任ぜられ、頼茂も大内（院の御所）守護であった頼兼《よりかね》の子で、ともに鎌倉・京都間を往来し、幕政との関わりは強くない。仲章は、元久元年（一二〇四）正月、実朝の侍読を務めたが、多くの書籍を読み「百家九流」に通じるだけでなく、建保六年には「侍読」として昇殿を許されるほどの学者であったが、後に実朝が殺害された時、義時に替わって御剱役を務めたために殺害された人物である。

それ以前の別当は、北条時房・大江親広・中原師俊《もろとし》・二階堂行光に義時を加えた五人であったが、時房は義時の弟、親広は広元の子で、後に京都守護として在京することが多く、行光は行政官僚としての行動が確認できるものの、師俊にいたっては『吾妻鏡』にも現れず、幕政との関わりは確認できない。なお、『鎌倉年代記』や『武家年代記』には、建暦元年（一二一一）条に「政所執事連署と為る」「執事連判」とそれぞれあるが、すでに建永元年（一二〇六）七月の略式政所下文（参軍要略抄下裏文書）に「書博士中原」とある。その後、広元が政所別当を離任した承元元年（一二〇七）以降は、最奥に据えられ、承元三年、正式な政所下文が発給されると、別当の最上位に位置づけられる。建暦元年を境にした変化は認められない。

もちろん、実朝が幕政に関わったことは、既述の『吾妻鏡』建保四年四月九日条だけでなく、同書に散見する。一方で、たとえば建暦二年（一二一二）十月、実朝は奉行人を関東御分の国々に派遣、現地で民庶の愁訴を成敗し、参訴の煩いを無くそうと沙汰したのであるが、翌月、「人数不定」により見送られた。わずか一カ月で中止されたのは、実朝の見通しが甘かったのか、反対が多かったのかわからないが、結果的に中止されている。また、建保二年四月、大倉新御堂（大慈寺）の供養について評議が行われた時、供養の導師として「京都の高僧」を招請すべきとの実朝の意向に対して、義時、広元、行村・行光父子、三善善信は、往還の万民の煩いを理由に関東在住の僧侶を用いるべきと進言して反対、実朝の方針が実施されることはなかった。

広元の出家と実朝不在の政所

建保五年十一月、義時とともに政所別当として重きをなした広元が陸奥守を辞して出家すると、翌月、すでに相模守から右京権大夫に遷っていた義時が、陸奥守を兼任することになる。

さらに翌健保六年七月、義時は侍所司として五人を選出した。子息泰時を別当とし、二階堂行村・三浦義村に「御家人のこと」を、大江能範には将軍の御出を含む御所内の雑事を、伊賀光宗には御家人に対して諸役の催促を、それぞれ担当させることにした。役割分担を明確化するだけでなく、泰時に別当を移譲するとともに、妻の兄にあたる光宗のほか、義村・行村という有力御家人・官僚の代表格から構成される新たな侍所をスタートさせたのである。なお、能範は『吾妻鏡』には将軍に供奉する事例が多く見られるが、その影響力は不明。ただし、承久の合戦に際しては、京方に与して梟首された。

ところで同年十二月二十日、実朝が右大臣に任ぜられて行われた政所始は異常であった。『吾妻鏡』同日条には、政所始め有り。右京兆（義時）ならびに当所執事信濃守行光および家司文章博士仲章朝臣、右馬権頭頼茂朝臣、武蔵守親広、相州（時房）、伊豆左衛門尉頼定、図書允清定ら、布衣を着して列座す。清定、執筆として吉書を書く。右京兆、座を起ち吉書を覧んがため、御所に参り給う。路次は行光これを捧持し、京兆の御後に従う。将軍家（実朝）、故《ことさら》にもって南面の階《はし》の間に出御し、これを覧る京兆、かの吉書を御前に持参し給う。京兆、また政所に帰らしめ給い、垸飯《おうはん》を行わる。その後、行光、御馬・御剱等を京兆に進ず。

とある。すなわち、実朝は御所にあって政所に出御しておらず、しかも政所で行われた垸飯の儀を含めてすべて義時が取り仕切っているのである。行光が差し出した馬・剱も、本来は鎌倉殿・将軍家に献上するものであったが、これも義時に進上され、あたかも義時が将軍代行の感さえある。

また、「右京兆ならびに当所執事信濃守行光および家司」とあるが、「家司」とされた仲章・頼茂・親広・時房はこれまで義時とともに政所別当として署判していた。ところが、明らかに義時とは区別される記述ばかりか、行光が政所執事として現れ、義時はその上位に位置づけられている。

執権・執事の成り立ちについては、複数別当のなかから執事が選出され、この執事が時に「執権」と称されたことは第四章で詳述した。ところが、この条文からは複数別当（家司）のなかから執事が選出されるだけでなく、明らかに執事と異なる地位に義時が位置づけられているのである。その兆候はこれ以前からあった。建保六年十月、義時は島津忠久に次のような書状（島津家文書）を送った。

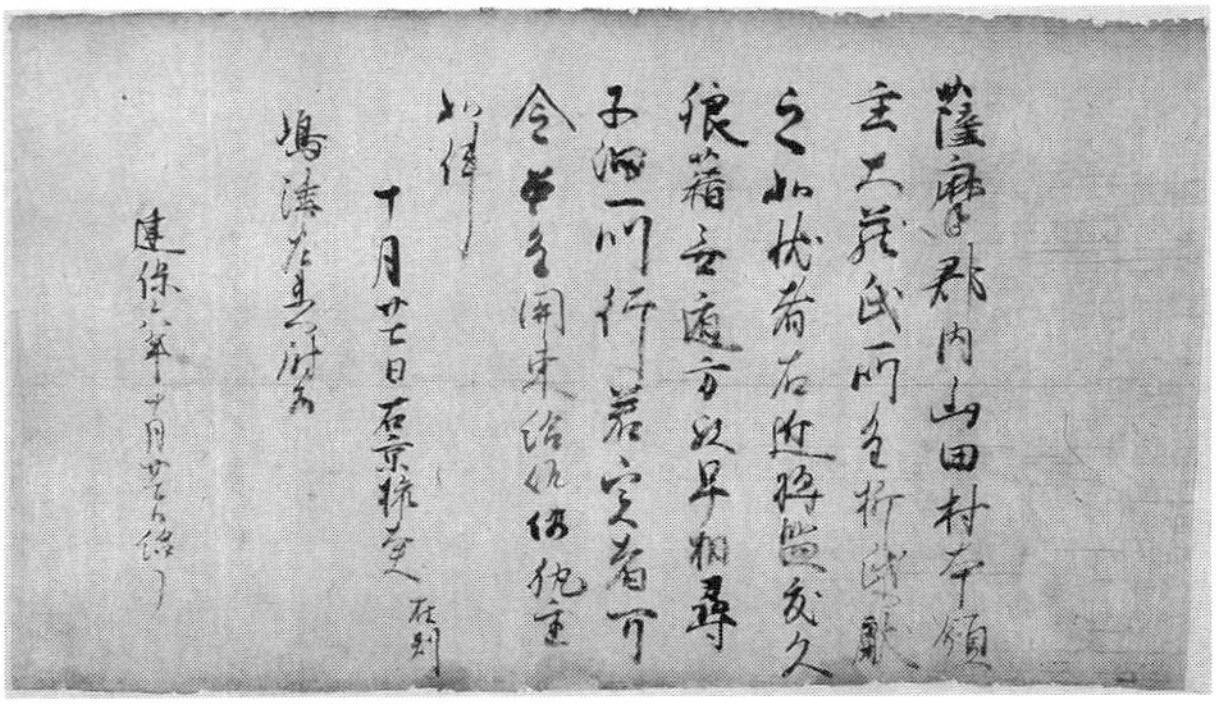

北条義時書状案（建保六年十月二十七日　島津家文書　鎌倉遺文二四〇七）
（歴代亀鑑 五三通）（東京大学史料編纂所蔵）

薩摩郡内山田村本領主大蔵氏進むるところの折帋《おりがみ》これを献ず。状の如くんば、右近将監友久の狼藉遁る方無きか。早く子細を相尋ね、所行もし実たれば、関東に召し進ましめ給うべく候。よって執達くだんのごとし。

十月廿七日　右京権大夫在判（北条義時）

嶋津左衛門尉殿（島津忠久）

建保六年十月廿七日給いおわんぬ。

発給日と島津忠久が受給した日が同日なので、忠久は鎌倉に在住していたものであろうが、薩摩国の守護である忠久に対し、狼藉人の捜査と鎌倉召還を命じている。大蔵氏が「折帋」をどこに提出したか明らかではないが、義時がこれに関わって、その後の対応を指示したのである。御教書や下知状といった公文書ではないものの、明らかに義時は相論に関する対応を、守護に下達しているのであり、実朝が介在しているとは思われない。

こうした状況を反映するかのように、『吾妻鏡』にも実朝の積極的な幕政への関与が見られなくなり、かえって次のような実朝の昇進記述が増えてくる。

建保六年　正月十三日　権大納言
　　　　　三月　六日　左近衛大将、左馬寮御監《さまりょうごかん》兼任
　　　　　十月　九日　内大臣
　　　　　十二月　二日　右大臣

幕政への意欲を失った実朝に対して、後鳥羽上皇は異例の昇進人事を断行して支援を継続した。しかし、結果的に結実しなかったのに対し、義時は、朝廷の組織から発生した「執権・執事」とは異なる、幕府制度としての「執権・執事」制を現出させたのである。前年十一月には広元が出家しており、制度上、義時ひとりが「執権」に就いて組織の頂点を極めたのである。

このように考えると、別当が新たに増員されても、幕政に大きな影響を与えるほどではないことがわかる。しかも、幕政における義時の強固な立場に反比例するかのように、建保五年八月二十二日（禰寝文書）を最後に、実朝時代の政所下文は確認できなくなる。もちろん、全ての史料が残されているわけではないから断言しにくいが、一年四カ月にわたって公文書が発給されないことは異常である。その間、幕府の政事《まつりごと》が行われていたことはいうまでもない。

第六章　怯える義時

1　源家将軍の断絶と後鳥羽上皇

実朝の暗殺と義時

承久元年（一二一九）正月二十七日、実朝の右大臣拝賀の儀式が鶴岡八幡宮で行われた。その日、昼は晴れていたものの、夜になって降った雪は約六十センチメートルにもなった。午後六時ごろ、実朝の行列は、勅使《ちょくし》として下向した新大納言坊門忠信《ぼうもんただのぶ》のほか左衛門督西園寺《さいおんじ》実氏《さねうじ》、宰相中将藤原国通《くにみち》、さらに多くの御家人、随兵一千騎が参列するという盛大なものであった。

その後、実朝が八幡宮の楼門を入った時、不思議なことがおこった。実朝の剱をもって供奉《ぐぶ》していた義時が、にわかに心神違例となり、剱を源仲章《なかあき》に渡して八幡宮を退出、その後、快癒したものの、そのまま小町の自邸に帰ったのである。しかし、当然のことながら、儀式はつつがなく執り行われていった。

夜になって神拝も終わり、退出しようとした実朝は、突如、公暁《くぎょう》によって殺害された。その後、公暁は後見である備中阿闍梨《あじゃり》の「雪下北谷《ゆきのしたきたたに》の宅」に向かい、使者を三浦義村のもとに派遣して、将軍不在の今、「東関の長」たる自分と計議を廻らすべしと命じた。しかし、義村は使者を義時のもとに送って詳細を報告、評議の結果、討ち手が遣わされ公暁を討ち果たしたのである。

ところで、簡潔な『吾妻鏡』の記述に対して、『愚管抄』は次のように詳しい。

> 夜ニ入テ奉幣終テ、宝前ノ石橋ヲ下リテ、扈従《こしょう》ノ公卿列立シタル前ヲ揖《い》シテ、下襲尻《したかさねのしり》引テ笏モチテ行《ユ》キケルヲ、法師ノ行装《ケウサウ》・兜巾《トキン》ト云物シタル、馳カ、リテ下襲ノ尻ノ上ニ上《ノボ》リテ、頭《カシラ》ヲ一《いち》ノ刀《カタナ》ニハ切テ、倒《タフ》レケレバ、頸ヲ討《ウ》チ落《オト》シテ取テケリ。追《ヲ》イザマニ三四人同《ヲナ》ジヤウナル者ノ出《いで》キテ、供ノ者追《ヲ》イ散《チ》ラシテ、コノ仲章ガ前駈《ぜんく》シテ火フリテアリケルヲ義時ゾト思テ、同ジク切伏《フ》セテ殺《コロ》シテ失《ウ》セヌ。義時ハ太刀ヲ持テ傍《カタハ》ラニ有ケルヲサヘ、中門ニ止《トド》マレトテ留メテケリ。大方用心セズ、サ云バカリナシ、皆蜘ノ子ヲ散スガゴトクニ、公卿モ何モ逃ゲニケリ。カシコク光盛ハコレヘハコデ、鳥居ニモウケテアリケレバ、ワガ毛車ニ乗《ノ》リテ帰《カヘ》リニケリ。ミナ散々ニ散《チ》リテ、鳥居ノ外ナル数万武士コレヲ知《シ》ラズ。（以下略）

すなわち、奉幣が終わって社前の石橋を降り、下襲のすそを引きながら、笏を手にした実朝が、居ならぶ公卿の前を通り過ぎようとした時、頭巾を被った法師が走り寄り、下襲の縁《へり》を踏みつけて、転倒した実朝の首を打ち落としたという。しかも、同じような姿をした三、四人が現れ、供奉する者を追い散らし、実朝の前で松明を振っていた仲章を義時と思って斬り殺し、消えてしまった。義時は、太刀をもって実朝の傍らにいたが、中門にとどまっておれと制止したのである。そのため多くの者が用心していなかったことは、いうべきことばもない。皆が逃げていくなかで、光盛だけは境内に入らず、鳥居のあたりで待っていたので、自分の牛車に乗って帰った。皆々が散り散りになり、鳥居の外に控えていた数万の武士も事件を知らなかった、というのである。

実朝殺害の張本人が、鶴岡八幡宮の別当、故将軍頼家の遺子公暁であることは明らかだった。しかも、実朝に続いて公暁も殺害されたため、源氏の正統（頼朝の直系）は途絶えたのである。

黒幕はだれか

実朝暗殺の直後から、公暁一味に対する探索が行われた。政子は、公暁に与した一類を今夜中に糺弾すべしと命令を下した。これを受けて、信濃国の中野助能は少輔阿闍梨勝円を捕らえ、義時のもとに差し出した。尋問した義時に対し、勝円は公暁の師僧貞暁《ていぎょう》の没後、政子の指示によって真言の教えを授けたものの、その陰謀に与したわけではないと陳述したため、本職が安堵された。また、鶴岡八幡宮の供僧《ぐそう》和泉阿闍梨重賀《じゅうが》は公暁の被官とのうわさがあったものの、公暁の悪行には与《くみ》していないとして本坊を安堵されている。しかし、公暁が逃れた備中阿闍梨については、雪下の屋地および武蔵国内の所領が没収された。

こうしてみると、明確に断罪された者は備中阿闍梨ひとりであって、勝円・重賀などはすべて許されており、実朝暗殺後の探索がどの程度のものであったのか疑問も残る。しかも、勝円を捕縛した中野助能は、頼家に近侍しながらも、その失脚直後に時政から所領を安堵されている信濃国の中野能成の一族であろう。勝円の捕縛自体が、公暁の背後関係を探るのではなく、公暁に与した犯人を追捕するという、世人の目を、本筋から離そうとしているようにも思われる。

この実朝の暗殺が公暁ひとりによって計画・実行されたとは思われないし、源仲業は義時の代わりに殺されたとしか思えない。

そこで考えられるのは、三浦義村である。実朝の暗殺後、公暁は三浦義村を恃《たの》み、使者を送っており、その行動には義村との連携を前提とした計画性があったようにも考えられる。北条氏に対抗する義村こそ、その黒幕であり、義時の暗殺失敗を知ると、変わり身の早さを見せて公暁を殺害し、北条氏に忠誠を誓ったと推定する永井路子氏（永井 一九六四）や石井進氏（石井 一九六五）の考えもある。

一方で、義時が実朝暗殺を計画し、事件の直前、気分が悪くなったと称して、現場から離れたと考えることもできる。実朝が暗殺された時、義時は小町邸に帰っていた。完全なアリバイがある。完全だからこそ、実朝の暗殺後、大きな権益を得た点も含めてあやしいのである。その後の義時の動向を見る時、幕政に対する主導権はかれが掌握したように見える。ただし、実朝暗殺の首謀者については、さまざまな推測が可能だが、その真相は今もってわからないとしかいいようがない。

事件の余波

事件は、これで終わらなかった。翌月二十日、京都からある公卿の書状が届いた。実朝のために祈禱していた陰陽師《おんみょうじ》たちが、その職務を停められたが、それらは後鳥羽上皇の指示によるものと伝えてきたのである。祈禱の内容については触れられていないが、関東調伏《ちょうぶく》ととられかねないと判断した上皇の対応ではなかったか。かれの過敏すぎる反応と考えざるをえない。

事件の余波は、さらに続いた。翌二月十五日、駿河国から飛脚が政子のもとに参着した。去る十一日、阿野全成《ぜんじょう》の子時元《ときもと》が、軍勢をもって山奥に城郭を構え、朝廷から東国を管領すべき宣旨を得ようとしていると伝えてきたのである。政子の指示により、義時は金窪行親（侍所司）に御家人を引率させて派遣、時元の誅戮を命じた。時元の計画性などわからないが、事件は時元の自害によって、四日ほどで落着した。

時元の父は全成、頼朝の異母弟であるばかりか、北条時政の娘を妻に迎えていたが、頼朝没後の建仁三年（一二〇三）、謀叛の疑いで殺害されていた。しかも、時元の兄頼全《らいぜん》も父全成に続いて、京都で殺害されていた。このように考えると、時元の抹殺は、実朝亡き後の後継問題とも絡んでくる。時元が「東国を管領」すべき宣旨を得ようとした背景には、父と兄を殺害された恨みという個人的感情ばかりか、実朝の殺害後、源氏の血筋を引く自分に危害が及ぶ不安を払拭するための窮余《きゅうよ》の一策ではなかったろうか。その真相を、『吾妻鏡』の短い記述からは窺い知れないが、時元の心中に増殖する不安の大きさは想像できる。

二階堂行村の上洛と後鳥羽の要求

実朝暗殺の翌二月十三日、政子は二階堂行村を上洛させた。後鳥羽上皇に対し、皇子の鎌倉下向を要請するためである。実朝亡き後、上皇の子を後継に迎えようとしたのである。

これ以前、実朝に子が誕生しないため、幕府は皇族将軍の東下を考えていた。建保六年（一二一八）二月、政子は北条時房・二階堂行光を随え、熊野詣と称して入洛、後鳥羽院政の実力者でもある卿二位《にい》藤原兼子《けんし》としばしば会談している。おそらく、実朝の後継が話題の中心であったろう。

行村に続いて、翌日には伊賀光季《みつすえ》が、さらに二十九日には大江親広《ちかひろ》入道がそれぞれ京都守護として派遣された。光季は義時の妻の兄弟、親広は幕府の重鎮広元の子である。後鳥羽上皇に皇子の東下を求める行村への支援も考えられたことはいうまでもない。

しかし、交渉は簡単には進まなかった。行光が上皇側に皇子の東下を申し入れたのは閏二月一日である。行村が鎌倉を出発したのは前月十四日のことであるから、上洛後、十日以上も事態は進まなかったことになる。

実朝暗殺という思わぬ展開に、後鳥羽上皇も戸惑ったのではないだろうか。幕府の要請に対して、六条宮《ろくじょうのみや》雅成親王・冷泉宮《れいぜいのみや》頼仁親王のいずれかを東下させることに同意したものの、その時期を明確にできないところに上皇の戸惑いが感じられる。行光は一応の結果を得たので、鎌倉への帰参を願ったが、幕府もまた皇子の東下時期が不明瞭では納得できず、時期の明確化を奏聞するよう指示した。ただし、『愚管抄』によれば、後鳥羽上皇は「如何ニ将来ニ、コノ日本国、二ニ分ル事ヲバ、シヲカンゾ、コハ如何ニ」と皇子の東下を拒否したという。皇子の東下＝鎌倉殿の後継問題という幕府にとって最大の懸案は、上皇の判断に委ねられていた。『愚管抄』の記述を真意としつつも、時期を決めない皇子の東下という、当てにならない結論を伝えたと考えると、結論を出し切れない後鳥羽上皇の対応として、二つの史料を矛盾なく読み解ける。

そうしたなかで、後鳥羽上皇は鎌倉に滞在していた一条信能《のぶよし》（頼朝の義弟能保《よしやす》の子）に対し、即座に帰洛すること、受け入れなければ解官《げかん》すると伝えた。困惑した信能は、政子邸に伺い、参洛の意志を伝えたところ、政子は勝手な帰洛を拒否している。嫌がらせとも取られかねない上皇の命令であった。

さらに後鳥羽上皇は、幕府の申し入れを拒否した直後、藤原忠綱《ただつな》を派遣、実朝の死を悼むとともに、摂津国長江《ながえ》荘と倉橋《くらはし》荘（大阪府豊中市）の地頭職解任の院宣を伝えた。この荘園は、上皇の寵愛していた伊賀局亀菊《いがのつぼねかめぎく》の所領であったが、地頭は義時であった。当然のことながら、地頭職の改廃は御家人の死活問題であり、幕府にとって最重要課題であった。将軍を失った今、安易に朝廷の要求を受け入れるわけにはいかなかった。

忠綱の帰洛後、政子邸に参会した義時、時房、泰時、広元が評議した結果、拒否の態度を明らかにし、三月十五日、時房を千騎の御家人とともに上洛させた。時房が地頭職解任を拒否するとともに、千騎の軍勢を背景に、皇族将軍の東下を要請したことはいうまでもない。

この間の事情について、慈光寺本『承久記』には

> 義時、院宣ヲ開テ申サレケルハ、「如何ニ十善ノ君ハ、加様ノ宣旨ヲバ被レ下候ヤラン。於二余所一者、百所モ千所モ被二召上一候共、長江庄ハ、故右大将ヨリモ、義時ガ御恩ヲ蒙始ニ給テ候所ナレバ、

居乍頸《サナガラ》ヲ被レ召トモ努力叶候マジ」トテ、院宣ヲ三度マデコソ背ケレ。

とあり、頼朝から初めて給わった所領であることを理由に、しかも三回にわたって下された院宣を拒否したとある。この院宣拒否の姿勢が、義時に新たな不安をもたらすことになる。

こうして地頭解任を拒否された後鳥羽上皇は、皇族将軍の東下を認めず、この二つの問題はまったく解決の目途を失ってしまった。

危機の回避 ——三寅の東下

この危機を乗り切るため、義時は九条道家《みちいえ》の子三寅《みとら》の東下を申し入れた。三寅は、西園寺公経《きんつね》の外孫であるが、公経の妻は頼朝の妹と一条能保とのあいだに生まれた全子である。その全子の子綸子と道家のあいだに誕生したのが三寅であった。頼朝の血縁とはいうもののきわめて遠縁であったが、緊迫した情勢のなかで、鎌倉殿の不在をこれ以上延ばすことはできなかったのである。後鳥羽上皇も、これは受け入れざるをえなかった（『愚管抄』）。

三寅が鎌倉に下ったのは、七月十九日午前十二時ごろ。大倉の義時邸に入り、午後六時ごろには政所始めの儀式が執り行われた。三寅、元服して頼経に征夷大将軍の宣旨が下るのは、嘉禄二年（一二二六）正月二十七日のことである。三寅が幼少のあいだは、政子が代わって「理非《りひ》を簾中《れんちゅう》に聴断」することになった。いわゆる尼将軍であるが、次の将軍を掌中におさめたのは義時であり（秋山 二〇一〇）、幕政を担当したのが義時であったことはいうまでもない。

三寅が鎌倉に下向するのと前後して、いくつかのできごとが発生した。その一つが、七月十三日未明に起こった源頼茂《よりもち》の誅殺である。頼茂は、平家打倒をめざして以仁王とともに挙兵した源頼政の孫であるが、大内守護として上洛、内裏の昭陽《しょうよう》舎に詰めていたところ、後鳥羽の意に背いたとして「官軍」が派遣された。頼茂は、近くの仁寿殿《にんじゅでん》に籠もって合戦に及んだが自害した事件である。

しかし、その真相ははっきりしない。『吾妻鏡』は「叡慮に背く」としかなく、『愚管抄』には頼茂が「謀反ノ心起コシテ、我《われ》将軍ニナラント思」ったとある。これが事実ならば、頼茂もまた阿野時元と同じような状況のなかで、「伊予ノ武士河野ト云ヲ語ラ」うなど、準備をすすめたものであろうか。

しかし、この事件でより重要なことは、後鳥羽上皇の集めた「住京ノ武士ドモ」が頼茂の討手として派遣されたことである。将軍位を頼茂が望むこと自体が、叡慮に背いたことなのか明らかにできないが、在京御家人と思われる「住京ノ武士ドモ」を後鳥羽上皇が動員し、事件を解決しているのである。上皇は「治天ノ君」という立場で、幕府の支配下にある御家人さえ動員できることを試《ため》したので

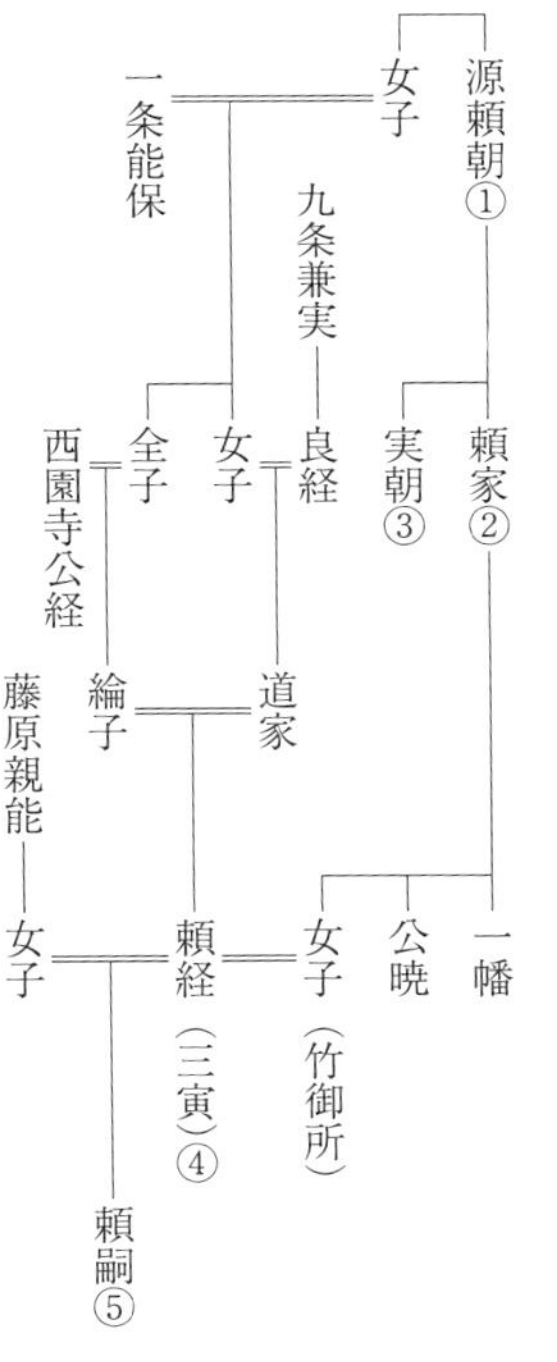

系図9　鎌倉殿をめぐる閨閥

ある。同時にそれは、千騎の御家人を引きつれて上洛した時房の威嚇に対する、上皇の応答でもあった。

後鳥羽上皇の挑発が進むなか、幕府内では引き締めも計られた。頼茂誅殺の報がもたらされた三日後、御家人が御所内に宿直する場合、西侍が使用されていたが、手狭になっていた。そこで、新たに「小侍」を設けて祗候させ、「昵近を守護」させることにした。それについて義時は、次子重時を小侍《こざむらい》別当に就けて御所内の警衛を強化するとともに、九月六日には義兄の伊賀光宗を政所執事に任命した。

義時、幕政を掌握す

同月十六日、幕政内の立場を反映して、義時の単独署判が据えられた下知状（高野山文書）が発給された。すでに三月には、単独署判の関東御教書（醍醐寺文書）が発給されていたが、これ以降、その没年にいたるまで、幕府の発給する下知状には義時単独の署判が据えられた。たしかに「尼将軍」政子の存在は小さくないものの、和田合戦の後、政所において執事・家司という別当とは異なる地位＝執権に就いた義時は、政所のトップに義兄光宗を置き、次子重時＝小侍別当を介して三寅の近辺状況を把握するなど、名実ともに幕政の中枢を掌握したのである。

しかも、それまでの下知状・御教書の多くは一部の例外を除いて「鎌倉殿の仰せに依り」等の文言があったのであるが、義時発給のものはすべて「仰せに依り」と、「仰せ」の主体が記述されていないことにも留意しておきたい。実質的に、所職の補任、安堵、裁許が義時の判断によって行われていたものと思われるが、さらに重視すべきは、承久二年十二月以降、貞応二年（一二二三）八月にかけて発給された次のような関東御教書（大物忌神社文書）である。

出羽国両所の宮修造のこと。その功終わらざるの由、神主久永《ひさなが》訴え申すの間、去る建保六年十二月、催促のため、雑色正家《ぞうしきまさいえ》を差し遣わさるといえども、故右大臣殿（源実朝）御大事出来《しゅったい》の間、正家その節を遂げず帰参す。然して有限の修造黙止すべからざるに依り、催促のため、雑色真光《さねみつ》を差し遣わさるところなり。懈怠《けたい》なくその功を終わるべきの状、陸奥守殿の御奉行により、執達くだんのごとし。

承久二年十二月三日　散位藤原（花押）奉

散位三善（花押）

北目地頭新留守殿

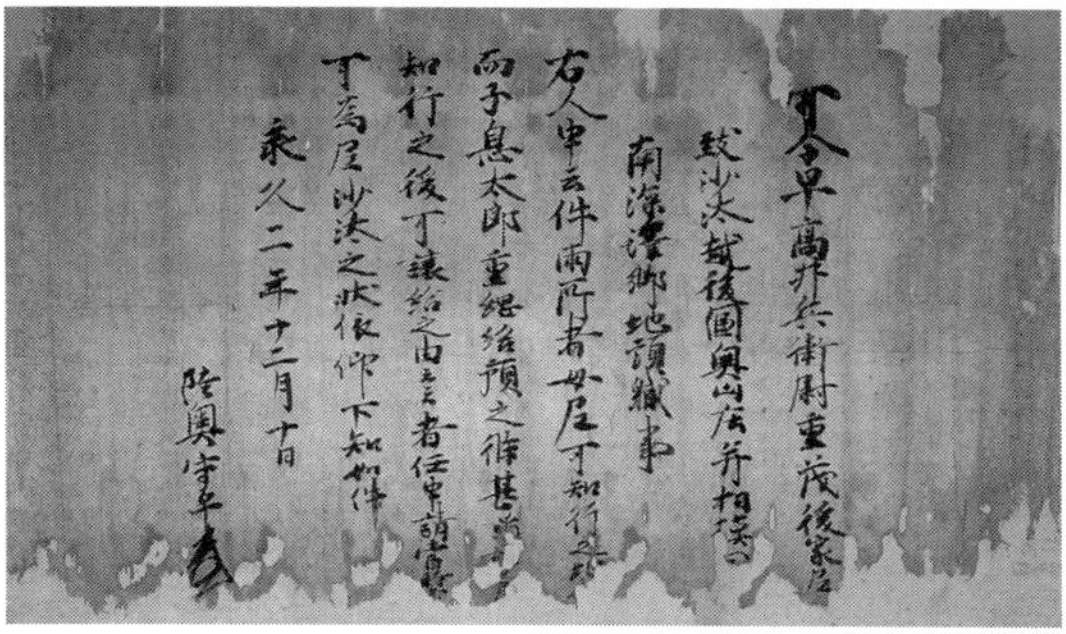

関東下知状（承久二年十二月十日　中条家文書）
（山形大学小白川図書館蔵）

すなわち、出羽一宮である両所の宮（大物忌《おおものいみ》社／鳥海山と月山を祀る）の修造が容易に終わらないと神主久永《ひさなが》が訴えた。そこで、雑色を派遣して催促したが、実朝の暗殺という「御大事」が発生したために帰参していた。しかし、修造を黙止できないので、別に雑色を派遣して懈怠なく終えるよう、陸奥守＝義時が奉行＝対応したので知らせる、という内容であった。

御教書《みぎょうしょ》は、身分の高い差出人の意思を従者が奉《うけたまわ》って発給する奉書の一種で、差出人が三位以上の場合、それをとくに御教書といった。そのため、書止文言も「鎌倉殿仰せに依り、執達くだんのごとし」のように、基本的には差出人が明示されることになる。したがって、「安堵せしむべきの状、陸奥守殿御奉行により」という文言からは、陸奥守義時によって修造催促が決定され、二人の奉者によって「北目の地頭である新留守殿」に発給されたと理解できるのである。

このような書止文言をもつ御教書は、承久二年（一二二〇）十二月から貞応二年（一二二三）八月にかけて五点が確認され、義時の威権が強大であったことが指摘されている（相田 一九四九・湯山 一九七九）。それに対して、五味氏は義時と執権職を否定する視点から、京から三寅を迎え入れたことをきっかけに、朝廷の文書発給のシステムが導入されたためと反論する（五味 一九九〇）。

しかし、五味氏がこの文書形式の範としたものは、鳥羽院政下で発給された文書（壬生家文書）であるが、三寅が幕政に関与していない段階で、あえて朝廷のシステムを倣う必要があるだろうか。義時がこうした文書形式を知っていたかわからないが、「鎌倉殿の仰せにより」を「陸奥守殿御奉行により」と書き改めた点に、義時の確立された「威権」を見るべきだろう。執権職に就き、単独署判の下知状・御教書だけでなく、あらたな文言をともなった文書を成立させたと考えたい。

義時の娘、一条実雅に嫁す

一方、義時の視線は幕府の外にも向けられた。承久元年十月、幕府内の改変を終えた義時は、一条実雅《さねまさ》を大倉の邸宅に迎え、伊賀方とのあいだに生まれた嫡女を嫁《とつ》がせた。当時、実雅は正五位下・伊予守にして左少将を兼ねていた。また、『尊卑分脈』に「太政大臣公経公の子と為る。伊予宰相中将と号す」とあり、西園寺《さいおんじ》公経《きんつね》の猶子《ゆうし》に迎えられている（『公卿補任』）。なお、『吾妻鏡』は「伊予中将」とするが、『公卿補任』によれば、実雅が右中将を兼ねるのは承久二年四月のことであるから、『吾妻鏡』の誤りである。

実雅の実父能保は、頼朝の妹を妻に迎えた関係もあってか、幕府草創期には北条時政の後任として京都守護に就き、朝廷との交渉を担当するなど、頼朝の信頼を得ていた。しかも、後白河法皇に重用されるばかりか、その妻や娘の保子（花山院忠経《ただつね》の妻）は後鳥羽上皇の乳母《めのと》にもなっていた。また、九《く》条《じょう》良経《よしつね》や西園寺公経とも婚姻関係を結び、朝廷と幕府の双方に広い人脈をつくっていた。すでに能保は建久八年（一一九七）に没しているが、実朝亡き後の新鎌倉殿に三寅を迎え入れることができたのも、その人脈・閨閥《けいばつ》関係が大きく影響していた。

なお、義時の娘、竹殿と通称される女性は、大江広元の子親広に嫁した後、土御門通親の子である定通《さだみち》に再嫁している。再嫁の時期は、二人の子顕親《あきちか》の生年が承久二年（一二二〇）であるから（『公卿補任』）、前夫親広が承久の合戦（一二二一年）で行方不明になる以前のことである。そのころ、定通は正二位、権大納言の立場にいた。嘉禎二年（一二三六）六月には内大臣に昇ったが、翌年十二月、五十歳にして上表（辞表の提出）している。いずれにしても、政界の中枢を構成していた。

そうした京都政界の有力者との婚姻関係は、義時の視線が幕府内に止まらず、遠く京都政界を意識するようになっていたことを示す。しかも、将来の鎌倉殿＝将軍ともなる三寅の大叔父《おおおじ》実雅との婚姻を義時は行ったのである。もっとも、実雅がその後も鎌倉に留まっていたことは『公卿補任《くぎょうぶにん》』から確認できるが、それが幕府内の政変に巻き込まれ、かれを不幸に陥れることになる。

後鳥羽院政と鎌倉御家人

寿永二年（一一八三）八月、平家が都落ちするなかで践祚、翌年、即位したのが後鳥羽天皇である。しかし、安徳天皇とともに持ち去られた神器のない異例の即位でもあった。そして、この神器無き皇位継承は、後鳥羽天皇にその立場を過剰なまでに意識させ、正統な「治天《ちてん》の君《きみ》」たろうとする強い気概をもたせた。その結果、学問や和歌ばかりか、蹴鞠《けまり》・競馬《くらべうま》・流鏑馬《やぶさめ》など、驚くほどの多芸・多才を開花させていった（関 二〇一二・坂井 二〇一四）。

建久九年（一一九八）正月、為仁《ためひと》親王（土御門）に譲位すると、ただちに院政を開始した。当初は、土御門通親《みちちか》が院の別当として実権を掌握していたが、建仁二年（一二〇二）十月に急死すると、通親に代わる近臣《きんしん》も現れなかったこともあり、後鳥羽上皇は専制君主として君臨。承元四年（一二一〇）十一月には、通親に擁立された土御門天皇を弟守成《もりなり》親王（順徳）に譲位させて朝廷内の統合をはかるとともに、その絶対的権力の確立につとめたのである。

その権力基盤の一つが、皇族に分割伝領されていた皇室領の集積である。百カ所以上の荘園からなる長講堂《ちょうこうどう》領は、後白河法皇が建立した持仏堂《じぶつどう》（長講堂）に寄進された荘園群である。この長講堂領は、後白河の皇女宣陽門院《せんようもんいん》に譲られたが、後鳥羽上皇は皇子六条宮雅成《ろくじょうのみやまさなり》親王を宣陽門院の養子としてこれを相続させた。また、鳥羽天皇の皇女八条院《はちじょういん》が相続した二百カ所をこえる荘園群は、後鳥羽上皇の皇女春華門院《しゅんかもんいん》が八条院の養女として相続し、彼女の死後はさらに順徳天皇に相続させた。これら多くの荘園群が、後鳥羽の経済的基盤として支配されたのである。

また、後鳥羽上皇はこれまでの天皇・皇族に見られないほど自ら武芸の習練に率先するとともに、武力基盤の強化をめざした。後鳥羽上皇の御所には、鳥羽上皇の時代に「北面《ほくめん》の武士」が配置されていたが、さらに大番役《おおばんやく》や「瀧口祇候役」などを勤める東国の御家人が在京していた。これら御家人の多くは「在京御家人」と称されたが、警備のために京都に常駐した畿内周辺の守護も含まれていた。

在京御家人のなかには、御家人身分をもったまま、朝廷・院に祇候する者も現れた。頼朝の時代、御家人が自由に朝廷から官職を与えられることは厳禁された。もちろん、当時の武家社会のなかで、複数の主人に仕える「兼参《げんさん》」は日常的な選択肢であったが、これを許せば、頼朝を頂点とする武家社会の秩序は維持できない。弟義経の悲劇は、頼朝の真意を解せないところにあった。

しかし、頼朝が没すると朝廷との関係を求める御家人が増えていった。幕府の成立以前、東国の武士は大番役や瀧口祇候役《たきぐちしこうやく》を勤仕するために在京し、朝廷や有力貴族とのあいだに被官関係を結び、官職を得ることに馴れていた。頼朝の真意を解せなかったのは、義経だけではなかった。頼朝の没後、潜在的な任官志向が顕在化してきたのである。

御恩と奉公を基礎とする「封建的主従制」とは、双務契約の典型であった。それは、御恩がなければ奉公しないシビアな関係であって、御恩を得るためであれば、虚偽・謀計を用いて敵を討つことも許される社会であった（佐伯 二〇〇四）。あるいはまた、すべての武士が御家人として幕府に組み込まれたわけでもなく、なかには幕府との関係を捨て去り、自らの意志で朝廷から任官される者も少なくなかった。

しかし、御家人である以上、幕府の指揮下にもあることは当然であったから、後鳥羽上皇がすべての在京御家人を自由に動員できるとは限らなかった。そのため、在京御家人以外の武力をも新たに育成しようとした。その一つが「西面《さいめん》の武士」である。西面には、在京御家人だけでなく、御家人とは確認できない武士も組み込まれていた（秋山喜 二〇〇三）。少なくとも、後鳥羽上皇は幕府に頓着せず、自由に動員できる御家人が多かったのであり、それが判断を誤らせた要因の一つともなった。

2　華夷闘乱

治天の君の思惑

将軍実朝の暗殺は、後鳥羽上皇の計画に大きな狂いを生じさせた。正統な「治天の君」たろうとする上皇は、幕府の軍事力さえ、その意のままに動かすべきと考えていた。それは、黒田俊雄氏が指摘した権門体制論《けんもんたいせいろん》的な考えに近似する（黒田 一九六三）。「治天の君」のもとに、公家権門（執政）、寺社権門（宗教）、武家権門（軍事）＝幕府が補完して国政を担当するという考えは、幕府を排除の対象と見るのではなく、その体制内に位置づけるという考えでもある。

実朝に接近し、頼家の跡を継ぐや否や「実朝」の名を与え、継承者としての正統性を与えたのも後鳥羽上皇であった。実朝を介して軍事権門（幕府）を支配する構図は、公家に宗教と軍事を加えて基盤とする新しい「王権」でもあった。実朝に後継者が誕生しないなかで、政子が皇子の東下を求めた時、これを受け入れたのも、皇子を介して軍事権門を支配するだけでなく、実朝がそれを後見するという体制が、正統な「治天の君」としては必須であった。

しかし、その構想は実朝の死によって潰えたのである。軍事権門を操ることができなければ、皇子の東下は将来における王権の分裂を招きかねず、それは、後鳥羽上皇にとってあってはならない将来像でもあった。しかも、寵姫亀菊の所領に対する地頭職停廃を求める三度の院宣を拒否した義時の存在は、幕府という軍事権門を体制内に位置づけることの難しさを示した。実朝の没後、幕府内で大きな権力を掌握しつつある義時の姿は、後鳥羽上皇の描く未来図にあってはならないものであって、その排除なくして自ら考える体制も構築できなかったのである。

義時追討の院宣と官宣旨

後鳥羽上皇は、皇子雅成と頼仁、外戚である坊門忠信・信成、順徳の姻戚高倉範茂・範有父子、さらに近臣藤原秀康・葉室光親・二位法印尊長を中心に、秘密裡に計画を進めた。

また、秀康に義時追討を計画させた。秀康は、京都政界にあって、早くから「瀧口の切れ者」と認識されるほどの立場を確立していた（長村 二〇一四）。秀康は、検非違使として在京中の三浦胤義（義村の弟）を語らうなど、在京御家人以外の武力の動員も考えた。承久三年四月十六日には、上皇の皇

城南宮

子尊快法親王が天台座主《ざす》となり（「僧官補任」『群書類従』四輯）、比叡山の僧兵を統制するようになっていた。その直後の二十日、順徳天皇はわずか四歳の懐成《かねなり》親王（仲恭）に譲位して上皇となり、自由な立場から父の後鳥羽上皇を補佐できるようになった。

こうして、義時追討の準備がほぼ進んだ承久三年四月、城南宮《じょうなんぐう》（京都市伏見区）の流鏑馬《やぶさめ》汰《ぞろえ》と称し、在京御家人を始めとして畿内近国の武士を招集、二十八日には約一千騎が高陽院《かやいん》に集結した（慈光寺本『承久記』）。

五月十四日、後鳥羽上皇は幕府の出先機関である京都守護の伊賀光季・大江親広を呼び出し、味方につくように迫ったのである。これに対して親広は従ったものの、光季は拒否。そこで後鳥羽上皇は、尊長に命じて西園寺公経・実氏ら親幕派の公卿を軟禁するとともに、翌十五日朝、光季を攻撃して敗死させた。

そのうえで、後鳥羽上皇は葉室光親に命じて義時追討の院宣を武田信光・小笠原長清・小山朝政・宇都宮頼綱・長沼宗政・足利義氏・北条時房・三浦義村らのもとに発給するとともに、官宣旨を五畿七道に下したのである。院宣発給の対象に、武田や小笠原、足利義氏のみならず弟の時房の名があがっているところに、強力な権力基盤を構築しつつある義時への反撥を、上皇側が期待したことが窺える。

しかし、後鳥羽上皇とその周辺の動向は、京都守護や親幕派の公卿らによって鎌倉に伝えられていた。このたびの事態の急変も、西園寺公経の家司によってもたらされ、同十九日には秀康が派遣した所従《しょじゅう》押松丸《おしまつまる》も捕らえられ、所持した義時追討の官宣旨も押収された。

政子のことば

しかし、幕府にとって事態は重大であった。「治天の君」の権威は大きく、かれら東国の御家人に大きな威圧となってのしかかった。それは、鎌倉殿に与えられる征夷大将軍にしても、御家人の官職にしても、すべて「治天の君」が任命権者であったし、多くの御家人が在京するなかで、鎌倉殿とは異なる異質の権威を敏感に感じ取っている者も多かった。

それにもまして、院宣や官宣旨の目的が「義時の追討」にあったことに、義時は怖れたのである。院宣や官宣旨による追討の対象が、自分であることに怯えたのである。その怯えは、多くの御家人の去就に対する不安でもあった。

だが、三浦義村を始めとする有力御家人は幕府への忠誠を誓い、陸続と御所に馳せ集まった。かれらを前に、六十五歳の「尼将軍」政子は、頼朝以来の重恩を「その恩すでに山岳よりも高く、溟渤《めいぼつ》よりも深し。報謝の志浅からんや」と説き、「逆臣の讒によって、非義の綸旨《りんじ》を下さる。名を惜しむの族《やから》は、早く秀康・胤義等を討ち取り、三代将軍の遺跡《ゆいせき》を全うすべし」と語ったという。

政子のことばが、事実であったかどうかはわからない。しかし、事実ならば、何よりも御家人の動揺を静め、義時の不安をやわらげたことであろう。しかし、この政子のことばは、義時に対して発給された追討命令を、幕府に対する、まさに倒幕命令にすり替えているのである。政子のことばとして『吾妻鏡』に載せた頼朝以来の恩顧の強調は、またもや義時の立場を守るものとして、『吾妻鏡』の編者は利用しているのである。

いずれにしても、後鳥羽上皇の期待に反して、関東の多くの御家人は幕府に離反することなく、同十九日の夕方から、義時邸に泰時・時房・広元・義村・城介入道景盛ら首脳が集まり対策が協議された。はじめは箱根・足柄の関を守って抗戦すべきとの意見が多かったが、広元は「運を天道に任せて」軍勢を発遣すべきと主張した。これに対して義時は、二つの意見を政子に示し、その判断を仰いだところ、政子は武蔵国の軍勢が到着しだい参洛すべしと、速やかな対応を求めたのである。

即座に、遠江・信濃以東の国々に義時の「奉書」が下された。そこには、「京都より坂東を襲うべきの由、その聞こえ有」りの文言があった。政子のことばと同じように、義時に対する追討という本旨は捨て去られ、「坂東」＝幕府に対する「京都」の襲来に転嫁されているのである。

「東士」上洛

幕府の動員は、手間どった。そのなかで、再度の評議がなされた。上洛への不安も蒸し返された。ふたたび広元は、時間がたてば、たとえ武蔵国衆でも変心するだろうから、今夜中に泰時ひとりでも出陣すれば、御家人は雲のごとくに従うだろうと強弁。病身の三善善信もまた「日数を経るの条、頗る懈緩と謂うべし。大将軍一人はまず進発せらるべきか」と同意したのである。これに安堵したのであろうか、義時は「両議一揆、なんぞ冥助に非ざるか。早く進発すべし」と泰時に下知した。

二十二日から二十五日にかけて、遠江・信濃以東十五カ国の御家人は東海・東山・北陸の三道から京都に向かって進発した。『吾妻鏡』は、この三手に分かれた幕府勢を十九万騎と記している。誇張した数とも思われるが、京都の朝廷を震撼させるには充分な大軍であったことはまちがいない。

二十六日の晩、上洛を始めた幕府勢は雲霞の如きであり、「仏神の冥助」がなければ「天災」を攘《うちはら》うことなどできぬとの情報も伝えられた。あまりの大軍に驚き、立願のため五社に御幸すべきことが決められたが、具体的な対応は不十分であった。しかも、その知らせが後鳥羽上皇のもとにもたらされたのは、二十九日になってからであった。

幕府勢の上洛は、後鳥羽上皇も考えていたに相違ない。しかし、鎌倉側の反応に対し、京方は無策すぎた。あまりにも朝廷のもつ権威におぼれすぎ、院宣・官宣旨を過大に評価していたといえる。京方も予想外に早い事態の進展に驚き、六月三日、主力を美濃・尾張の国境木曾川の沿岸に派遣して、幕府勢を迎撃しようとした。五日、尾張国一宮辺りに集結した幕府勢は、ここから京方の軍勢に対応するかたちで攻勢をかけると、大内惟信・藤原秀康・佐々木広綱・三浦胤義を始めとする中心メンバーはことごとく敗れ、逃亡するかのように帰洛したのである。

八日、帰洛した秀康が敗戦を奏聞すると御所内は騒然となり、後鳥羽上皇以下は比叡山に遁れることになった。しかし、比叡山の対応は冷たく、「衆徒の微力をもって東士の強威を防ぎ難し」の旨が奏聞された。比叡山の僧兵はまったく動かず、後鳥羽上皇の目論見は大きく外れたのである。やむな

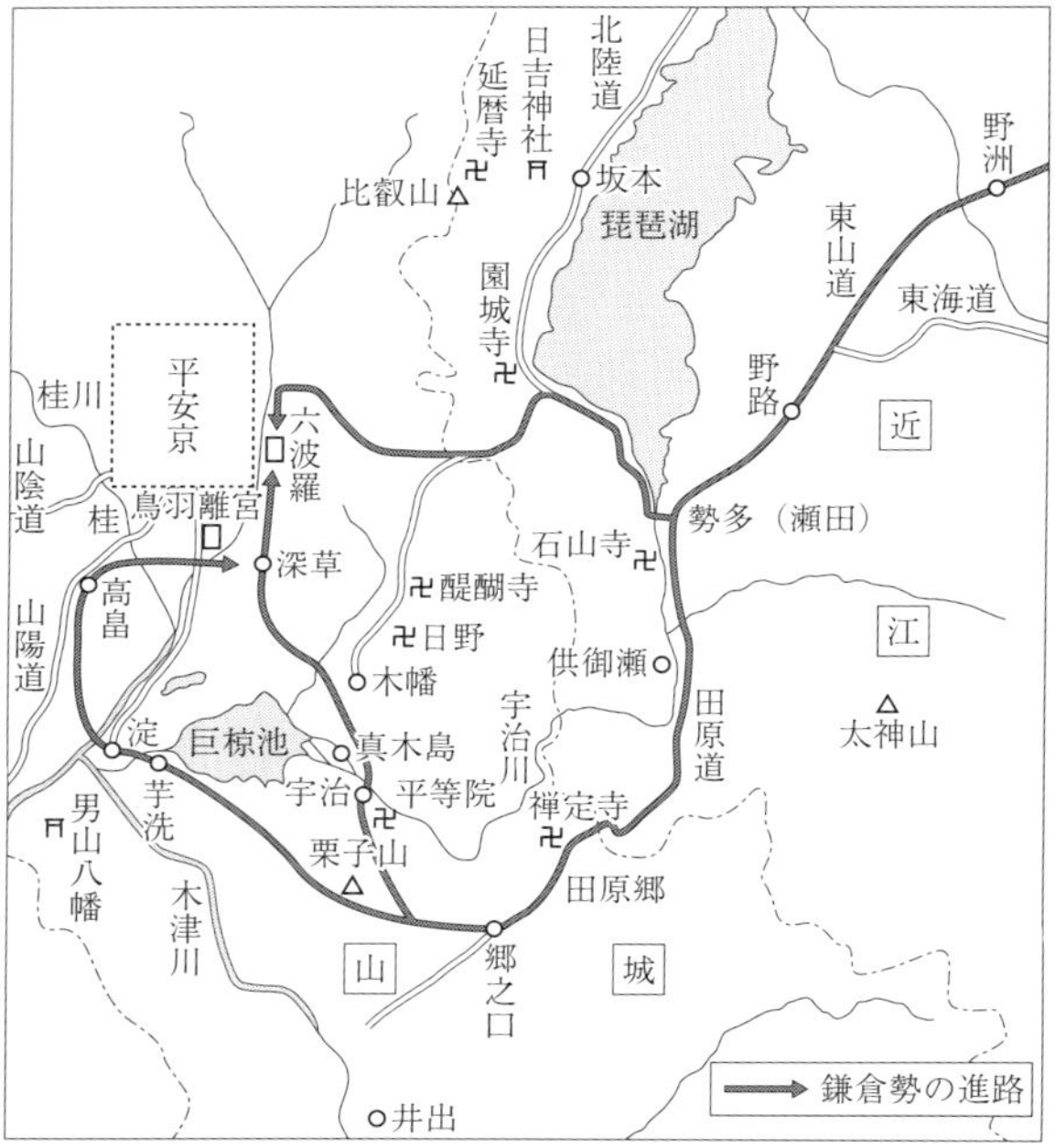

宇治近辺の地図

く、残る全兵力を宇治・勢多・田原に派遣することになった。

宇治の攻防と後鳥羽の変節

後鳥羽上皇は、宇治・勢多方面の防衛を重視していた。在京ならびに近国の武士を最初に集めたのも、鳥羽城南宮の流鏑馬汰が理由であったが、ここは京都防衛の最前線ともなる宇治の背後に位置していた。

宇治は、古くから交通上の要衝の地であったが、院政期に多発した比叡山・南都の強訴を阻止するため、それぞれ鴨川・宇治川に検非違使が発遣されたことは、強訴に対する防衛ラインがかの地であったことを示している。しかも、近年の研究では、宇治が大路・小路によって区画され、都市として整備されていたことも指摘されている（野口 二〇〇九）。

美濃・尾張の敗戦に驚いた後鳥羽上皇は、京を守備するために残された軍勢、帰洛した軍勢を再編して、幕府勢にそなえなければならなかった。早速、宇治橋に高倉範茂や佐々木広綱、八田知尚を、供御瀬《くごせ》に藤原秀康、三浦胤義、佐々木高重を、さらに真木島や芋洗《いもあらい》方面には一条信能や二位法印尊長、坊門忠信、河野通信を、そして勢多へは山田重忠を派遣した。その勢、併せて二万五千余騎と伝える（古活字本『承久記』）。誇張はあっても、最後の合戦と考えた発遣であったろう。

これに対して幕府勢は、時房が勢多へ、さらに泰時が宇治橋へ、武田信光、安達景盛が供御瀬へそれぞれ進撃した。なかでも、宇治橋の戦いは熾烈《しれつ》を極めた。六月の長雨で宇治川は氾濫し、しかも京方の軍勢はすべての橋板を引き落としていた。「承久三年四年日次記」によれば、十三日に両軍が激突、十四日には「関東の武士、流れ死ぬこと幾千を知らず」という激戦であったというし、『百錬抄《ひゃくれんしょう》』には、京方が「橋を引くといえども、勇敢の輩（幕府勢）、身命を棄て真木島に渡り、兵粮を奪い取り勝ちに乗ず」とあり、宇治橋を迂回して真木島の兵粮を奪い取ったことが勝敗の決め手となったという。さらに、泰時率いる軍勢は宇治川の防衛ラインを突破し、承久の合戦最大の軍事衝突は、幕府勢の勝利に終わった（野口・長村 二〇一〇）。

その夜、宇治・勢多の敗戦を奏聞した秀康・胤義は、さらに御所に籠もって敵と戦い、その戦ぶりを「御見参ニ入テ、討死ヲ仕ラン」と奏上するも、後鳥羽上皇の返事は、「只今ハトクトク何クヘモ引退ケ」という薄情なものであった（慈光寺本『承久記』）。上皇の変節を歎いてもすでに遅く、その後、東寺に立て籠もった胤義は、一族の三浦・佐原の軍勢と戦ったのちに逃れて自殺、その首は、兄義村から時房のもとに届けられた。

宇治の敗戦を知った後鳥羽上皇は、すぐさま特使を泰時に派遣、義時追討の計画は謀臣が行ったことであり、自分の意志ではないこと、あらゆることについて幕府の要求に応じること、洛中の狼藉停止と院中への武士の参入停止などを申し入れた。まず、身の安全を計ったのである。午前十時ごろには、泰時・時房が京に入った。京方に味方した武士の家屋は焼き払われ、各地に捜索の手がのびた。十六日には泰時・時房が六波羅邸に入り、戦後の占領行政が開始された。幕府勢が出陣して二十日ほどで、公武の闘諍は終わったのである。

天道の決断

後鳥羽上皇の義時追討令に対して、果敢に対応した義時に思えるが、躊躇《ちゅうちょ》なく「治天の君」に対する軍勢の派遣を決定したかといえば、そうではない。その対応でさえ、広元以下を召し集めて対策を協議し、二つの対応策を政子に提示して判断を求めるなど、積極的に軍勢を上洛させようとする姿勢は感じられない。しかも、政子のことばに応じて、自身への追討を幕府への討滅にすりかえて「奉書」を下すなど、自身にふりかかる火の粉を払おうと苦心しているように思えてならない。

『吾妻鏡』は、次のような逸話を載せている。それは、幕府勢の進撃に京方の軍勢が対応しきれていない六月八日のこと、鎌倉の邸宅に雷が落ち、疋夫一人が疵を負った。非常に驚いた邸主は、広元を招いて、泰時の上洛は朝廷の勢力を弱めるためであるが、このような怪しいことが起こるのは、「運命の縮まるべき端《はじめ》か」と問いかけたのである。

これに対して広元は、君臣の運命は、すべて天地が支配するところのものである。今回の上洛を考えるに、その是非は「天道の決断を仰ぐべ」きもので、まったく怖畏《ふい》すべきものではない。しかも、今回のことは、頼朝が平泉の泰衡を攻撃した時、頼朝勢に雷が落ちたという「佳き例《よ》」がある。不安があれば卜筮によってみてはどうか、と応えたのである。早速、陰陽師に占わせると、いずれも「最吉」であった。

広元が「天道の決断」と応え、奥羽合戦時の「佳き例」を聞いても、挙げ句、陰陽師の卜筮に頼る、この邸主は義時であった。幕府の機構を改変するなかで執権に就任し、その実権を掌握した義時でも、朝廷の権威、「治天の君」の権威を怖れたのである。軍勢の上洛について評議した時、容易に結論を出せず、決定後も「天下の重事」として異議を唱えたのも、あるいは義時自身ではなかったか。

鎌倉勢が入洛して、義時追討の院宣が取り消されると、泰時は戦後処理への指示を仰ぐため、義時に書状を送った。そこには、一万三六二〇人が戦死したが、勲功賞を蒙るべき者が一千八百人とあり、さらに

院ニハ誰ヲカ成マイラスベキ。御位ニハ誰ヲカ附マイラスベキ。十善ノ君ヲハ何クヘカ入奉ルベキ。宮々ヲバイカナル所ヘカ移マイラスベキ。公卿・殿上人ヲバイカガハカラヒ申ベキ

とあった。これを見た義時は、

是見給へ和殿原、今ハ義時思フ事ナシ。義時ガ果報ハ、王ノ果報ニハ猶勝リマイラセタリケレ。義時ガ昔報行今一足ラズシテ、下﨟ノ報ト生レタリケル。

と応えたという（慈光寺本『承久記』）。上皇・天皇を始めとして、親王家・公卿・殿上人のこれからを左右できる内容に、「治天の君」の呪縛から解き放たれ、怯える義時が変容した一瞬であったに違いない。

戦後の処置

義時は、即座に「卿相雲客の罪名以下、洛中の事」を決め、戦後の処置を指示した。最小限にとどめられたというが、主謀者に対する処分は厳しかった。

まず、後鳥羽院政が廃止され、仲恭《ちゅうきょう》天皇は廃位、後鳥羽上皇の兄行助法親王《ぎょうじょほっしんのう》の子を天皇とした。後堀河《ごほりかわ》天皇である。そして、行助法親王を還俗《げんぞく》させ、後高倉院《ごたかくらいん》として異例の院政が開始された。そのうえで、後鳥羽上皇は隠岐に、順徳上皇は佐渡に流され、土御門上皇も自ら進んで土佐に赴いた。未曾有《みぞう》の三上皇の配流が行われた。また、後鳥羽上皇の皇子六条宮は但馬国に、冷泉宮は備前国にそれぞれ流された。

二十四、二十五両日には、合戦の張本が六波羅に引き渡された。七月一日になって、かれらの断罪が宣下され、鎌倉に送り届けられることになった。しかし、一条信能、葉室光親、中御門宗行、源有雅・高倉範茂らは鎌倉に向かう途中でそれぞれ斬罪された。また、坊門忠信は故将軍実朝の妻の兄ということで助命され、越前国への配流にとどまった。

この間、京方についた御家人には、厳しい処分がなされた。西面の武士として後鳥羽上皇に仕えた後藤基清・五条有範・佐々木広綱・大江能範らは、すぐさま梟首された。また、七月下旬には鎌倉で勲功賞が行われ、「畿内・西国守護職」について沙汰があった。すなわち、三十八カ国のうち、不明十二カ国と不設置一カ国、幕府方四カ国を除いて二十一カ国の守護が交替した。これらの国々のうち、美濃と播磨両国は後鳥羽上皇の知行国であり、但馬や尾張は上皇の近臣の知行国であった。おそらく、この知行国主との関係、京都警備のための在京などが、彼ら守護を京方に味方させた要因の一つであった。また、北条一族が、八カ国の守護職を新たに得ていることも注目しておこう。

統治者への一歩

幕府・義時は、畿内・西国の守護の交替とともに、後鳥羽上皇の経済的基盤となった四百カ所にものぼる皇室領荘園のすべてを没収した。その後、後高倉院に寄進されたものの、『武家年代記裏書』に、

> 先院（後鳥羽）の御領の所々を以て、悉く（後）高倉院に進む。ただし、武家要用の時は、返し給うべきの由、（三浦）義村朝臣を以て申し入れられおわんぬ。則ち許さると云々。

とあるように、所領の最終的支配権は幕府が掌握していた。「治天の君」の経済基盤が幕府の統制下

に置かれることになったのである。

幕府はこれ以外にも、京方についた武士の所領を没収、その総数三千余カ所は畿内・西国に多かった。この三千余カ所は、勲功のあった御家人に恩賞として分け与えられ、幕府の支配圏が西国に拡大し、そして、東国の御家人が西国に飛躍する大きなきっかけとなった。同時にそれは、幕府・義時が全国を視野に入れた統治者に変貌せざるをえないことを意味した。

第七章　彷徨う義時

1　統治者として

追討の対象となった義時、怯《おび》え続けるなかで勝利した義時は、ようやく安堵の日々を迎えた。しかし、朝廷はおろか西国にまで強い影響力を与えるようになった幕府の舵取りを任されるようになったのであり、それは新たな苦難の日々の始まりを予感させた。なにより、承久の合戦の張本が逃げ続けていた。

刑法の次第

一方、合戦の張本として捕縛された公卿が斬罪されるなかで、八月九日、幕府草創期に頼朝を支えた有力官僚のひとり三善善信が病没した。その直前、子息康俊が問注所の執事に任命された。徐々に、幕政中枢が交替の時期を迎えていた。

そうしたなかで、泰時が「叛逆の卿相、雲客ならびに勇士の所領」を調べ上げ、約三千余カ所を報告してきた。これに基づいて政子が「勲功の深浅」に従い御家人に給与することを決定、義時がこれを執行した。

九月十五日の鶴岡放生会に続いて、翌日には流鏑馬も行われた。本来ならば八月に行われるべき神事であったが、承久の合戦という「大穢」のために延引されていた。流鏑馬が終わると、幼い鎌倉殿三寅に代わって義時が鶴岡宮への奉幣を行った。その後、合戦に際して軍功をあげた御家人に恩賞が与えられ、「殊に神妙」との「右京兆《うきょうちょう》の消息《しょうそく》」(右京兆は右京大夫の唐名、義時の褒状《ほうじょう》)が副えられた。御家人への勲功賞は主従関係の根幹をなす行為であったから、本来は鎌倉殿が担うべきものであった。しかし、この時期、守護人・地頭職の任命、所領の安堵などのすべてが、義時が加判する下知状によって執行されている。奉幣や勲功に際しての褒状といい、下知状の発給といい、もはや鎌倉殿に匹敵する立場を実質的に確立しているといってよい。

また、すでに「高陽院《かやいん》殿を守護すべき由」を畿内の御家人に下知していたが、六波羅で担当者が選出され勤仕する順番が定められた。高陽院は、後鳥羽上皇も院御所として多用した建物で、院政=国政の拠点でもあった。翌十月十三日には、「京中の警固ならびに与党人等の刑法の次第」が沙汰され、六波羅に示された。高陽院の守護といい、京中の警固といい、以前ならば後鳥羽上皇が在京御家人を動員して担当させたであろうが、上皇の後、院御所とでもいうべき国政の拠点あるいは京中の警固が幕府・義時によって指示されるようになっていた。

幕府の矢継ぎ早に出される決定事項に、すべての人が納得していたわけではなかった。流鏑馬の翌日、鎌倉に下着した六波羅の使者は、去る八月九日、京では大炊殿《おおいどの》が焼亡し、後高倉院が高陽院に移ったが、原因は放火であったと報告した。後鳥羽院政を廃止し、行助法親王を還俗させてまで「治天の君」をまつりあげる幕府への反撥であることはいうまでもなかった。

新守護・新地頭の押領

泰時が調べ上げた京方「卿相、雲客ならびに勇士の所領」は、勲功のあった御家人に与えられた。いわゆる新補地頭である。ところが、この地頭の権利は、その所領の性格によってさまざまであった。当時、たとえば荘園に対する支配権は、荘園領主のもつ本家職《ほんけしき》や領家職《りょうけしき》、預所職《あずかりどころしき》、さらに御家人が任命された地頭職、あるいは下司職《げしき》、また荘園内にあって住民の農業経営を監督する村落領主の公文職《くもんしき》など、重層的に設定されていた。しかも、本家職の所有者にしても、預所職の所有者にしてもすべて荘園に対して年貢・公事を賦課・取得できる立場にあり、この権利こそが所有の実態であった。

したがって、承久の没収所領とは、ところによって預所職や下司職であり、あるいは地頭職であった。幕府は、この没収した所領（とくに地頭職や下司職など）に御家人を新たに地頭として任命したから、その権利の内容が一律でなかったことは当然であった。以前から任命されていた地頭が京方に味方して地頭職を没収され、その跡に新しい地頭が任命された場合、あるいは下司が京方に味方して下司職が没収され、下司職にかわって新たに地頭が任命された場合もあった。また、事件後の混乱にまぎれて、それまで地頭や下司のいなかった土地に、新たに地頭を任命することもあったかもしれない。

このように、複雑な内容をもつ新補地頭が成立したため、地頭と荘園領主や国衙とのあいだには、その支配内容をめぐって紛争が絶えず、ときには地頭が「預所・郷司」を追い出して支配を強めるなど、混乱状態が続いていた（新編追加）。

また、承久の合戦後、畿内や西国の守護が大幅に交替したことはすでに述べた。彼ら新守護は、国内支配を強化するため、国衙の役人をおどし、承久没収地と称して多くの荘園や国衙領を奪い取ることもあった。さらに新守護は、国内に対するすべての警察権を掌握して、それを行使し始めていた。

こうした事態に対し、幕府・義時は対応を考えざるをえなかった。すでに合戦終結後の秋以降、宣旨や官宣旨、「院宣ならびに殿下の仰せ」が下されていたが（新編追加）、遵守されることは少なかった。東国を基盤としていた幕府が、新たに得た西国の統治に腐心せざるをえなくなっていたのである。

それは早くも、翌貞応元年（一二二二）四月二十六日の「去年兵乱以後の守護・地頭所務条々」となって現れた。こうした承久以降、幕府が発令した「条々」は、御成敗式目を追加する法令として佐藤進一・池内義資編『中世法制史料集』第一巻（岩波書店）に「追加法」として整理されている。

「去年兵乱以後の守護・地頭所務条々」は、義時の名によって「国々の守護人ならびに新地頭、非法禁制御成敗の条々のこと」という事書きのもとに、①京都大番のこと、②謀叛人追討のこと、③刃傷殺害人禁断のこと、④地頭等存知すべき条々、⑤新地頭任命の荘園・公領、本地頭下司の得分、御使いの沙汰として注進せしむべきこと、⑥いまだ地頭を補せられざる没収の所々、御使いの沙汰として注進すべきこと、の六カ条が下知されるとともに、翌月にも同様の趣旨の関東御教書を北条時房・泰時に送っている（新編追加）。

まず、①②については「実正に随い沙汰」するように命じているが、あるいは京都大番役を忌避し、あるいは謀叛人と称して追討するなどの違法行為が早くも行われていたのであろうか。

③については、荘園・公領に対して「刃傷・殺害」人の犯否を糺明し、事実であるならば荘園・公領側に身柄の引き渡しを要求して請け取ることに限定し、幕府側の使者が荘園・公領内に乱入してはならないことを定めている。また、守護と国衙の権限を明確に分け、「盗犯・放火」や「人勾引（誘拐や拘束）」の犯人逮捕は国衙に属する検非違使の担当とし、守護の介入を厳禁している。守護が、管轄外の荘園や公領に対して検断（警察）権を行使しようとしていることがわかる。

④では、地頭に対して、近隣の他領押領の停止とともに、新地頭は旧地頭や下司の先例を守ることを命じている。ただし、新地頭の得分がなかったり、少ない時は幕府の使者の報告に基づいてあらためて命令するので、命令以前に領家や預所の得分を押領した場合は罪科に処することを定めている。

⑤では、新地頭が任命された荘園や公領については、幕府の使者が旧地頭や下司の得分を調査して報告することを、⑥では、いまもって地頭の任命されていない没収地を幕府の使者が報告することをそれぞれ指示している。

こうした背景に、京方についた人びとの所領は報告されたものの、在庁官人が守護代官の強権を怖れて詳しく報告していない状況があった。だからこそ、義時は実態究明のために使者を派遣し、「実正」を把握しようとしたのである。

義時発給の関東下知状の内容

	所職の任命	所職の安堵	安堵の裁許	狼藉等の停止	その他	計
承久元年９月～	5	4	2	2	1	14
承久３年６月～	**11**	**14**	1	6	0	32
貞応元年１月～	1	3	0	**16**	1	21
貞応２年１月～	2	7	3	6	1	19
貞応３年１月～５月	0	6	1	0	0	7
計	19	34	7	30	3	93

義時発給の関東下知状

義時が初めて単独署判の下知状を発給したのは、承久元年（一二一九）九月のこと、それから急逝する直前の元仁元年（一二二四）五月までに九十三通が確認できる。その内容は、守護職や地頭職の補任だけでなく、所職の相続等に対する安堵や狼藉行為に対する停止命令など多岐にわたる。

そこで、下知状を内容別に分け、時間を追ってその変化をまとめると表のようになる。ただし、「安堵の裁許」とは、所領・所職の相続をめぐって発生した相論に対し、一方を勝訴として安堵の下知状を発給したものであって、相続をめぐる紛争が前提にある。狼藉ではないものの、相論に際しては一方の行為が狼藉と判断されることもあろうから、「安堵の裁許」は「狼藉等の停止」に近いともいえる。

表から、半数以上の五十三通の下知状が承久三年六月から貞応元年十二月までに発給されていること、所職の安堵と狼藉等の停止で七十パーセントに近い六十四通を占めることが確認される。しかも、承久三年（以降）で多い所職の任命・安堵は計二十五通で全体の約八十パーセントを占めるのに対して、翌年は狼藉等の停止十六通で八十パーセントになる。

承久三年は、戦いが終わって勲功のあった御家人に所領・所職が与えられ、あるいは混乱のなかで不安定な所領・所職の安堵を求める場合が多かったことを示している。ところが、翌年になると、新たに任命された所職（地頭職）を基礎に、収益を拡大しようとする新補地頭等が多く現れるようになったのである。

新補率法の策定

そうしたなかで、貞応二年六月、朝廷は地頭の得分に関する新たなしくみについて、官宣旨を五畿七道諸国に下した。それを受けて幕府は、翌七月、その趣旨を六波羅の北条時房に通達した（新編追加）。その内容は、

①地頭の得分については、その支配地域の田や畠それぞれ十一町ごとに十町を「領家・国司分」とし、一町を「地頭分」とする。さらに地頭は一段につき五升の加徴米を徴収できる。ただし、幕府の下知を得た地頭の跡については（得分が決まっているので）、新たに任命された地頭の得分が減少しても、先例に従って増やすことはしない。

②所領内の寺院や神社は、その多くが領家（荘園領主）の管理下にある。地頭の氏寺・氏社であれば地頭の管理下にあるから、先例に従って新たな非法を行ってはならない。

③所領内の公文・田所・案主・惣追捕使などの庄官の任免については、領家・国司の管理に従い、地頭は介入してはならない。承久の合戦で公文以下の所職を得た場合でも、領家・国司の指示に

従うこと。

④山野・河海からとれる収穫物は、領家と地頭が折半する。

⑤犯罪者が出て、その所領を没収した時、国司・領家が三分の二、地頭が三分の一を取得する。

の五点からなっていた。この①がいわゆる新補地頭の得分率法であり、適用された地頭をとくに新補率法地頭と称し新補地頭とは区別されたが、後にはともに新補地頭と称されるようになる。

こうして幕府は、承久没収地三千余カ所に新補地頭を配置し、それまで支配力の弱かった西国に対しても、関東の御家人を地頭に任命して、その支配圏の拡大をはかったのである。

地頭の権利制限

しかし、支配圏の拡大が、地頭職を得た御家人の権利拡大に直結するとは限らない。何より、「治天の君」を頂点とする朝廷・院が行使していた全国統治権の少なくない一部が、幕府に移譲された時、義時には諸国を対象とした統治者として自律的、自制的対応が求められた。

既述したように、十一町別に一町の地頭免田と段別五升の加徴米を徴収できる権利を獲得した幕府も、所領内の寺社、あるいは公文・田所・案主・惣追捕使に対する支配は領家・国司の管理下に置かれた。さらに、山野・河海からの取得物等はそれぞれ半分の沙汰となり、犯過人の所領は国司・領家が三分の二を獲得して、地頭の三分の一を上回っていた。

また、「承久没収地三千余カ所」に対してさえ、妥協・撤退を余儀なくされた事例も少なくない。

たとえば、淡路国炬口荘《たけのくち》（兵庫県洲本市）の新地頭となったのは下総国の御家人相馬小次郎であった。かれの一族は、宇治川の渡河に際して、ひとりは水没し、二人が戦死した（『吾妻鏡』）。この勲功に対して、幕府は炬口荘をその関係者に与えたのである。ところが、この炬口荘の本家であった石清水八幡宮は、これを不服として幕府に訴えたため、相馬小次郎は地頭職を改替され、八幡宮が地頭職を沙汰することとなった（岡田 二〇一五）。

同じころ、摂津国小真上領（大阪府高槻市）は「平家没官の地」であったが、先年（おそらく承久の合戦以後）、「新藤内盛里法師」に与えられたが、「松殿法印静尊」の要請に基づいて「御坊の政所の御使」が沙汰することを義時は認めている（金剛三昧院文書）。

こうした事例は枚挙に遑《いとま》がない。幕府の根幹をなす御家人の権利は、常に保護の対象であったが、承久の合戦後は、必ずしも保護されるとは限らなくなっている。幕府が、あるいは義時が諸国を対象とした統治を意識する時、避けては通れず、政治家義時としての対応が求められた。

2　夫として、父として

ところで、承久の合戦前後から、義時の行動・行為に不可解なことが現れ始める。一条実雅《さねまさ》に対する配慮、あるいは関係づくりといって良い。

義時と伊賀氏

実雅は、頼朝の義弟一条能保の子である。兄の信能《のぶよし》が後鳥羽上皇に与《くみ》して幕府（義時）と対立し、鎌倉に護送される途中、美濃国で斬罪されたのに対して、実雅は実朝の右大臣任官に際して鎌倉に東下、実朝の暗殺後もそのまま鎌倉に残って大倉に住むと、承久元年（一二一九）十月には義時の嫡女を迎え入れた。嫡女の母は、伊賀朝光《ともみつ》の娘（伊賀方）である。

義時と朝光の娘との婚姻は、元久二年（一二〇五）六月、二人のあいだに長子政村が誕生しているから、少なくともこれ以前に始まる。比企朝宗の娘「姫の前」との婚姻は、建仁三年（一二〇三）九月の比企一族全滅の前後には解消されたであろう。義時が待ち続け、頼朝が仲立ちをして成立した婚姻も、政治的環境が変化するなかで消滅したのである。その意味で、義時の対応は実はきわめてシビアなものであった。

もっとも、これ以前、義時は伊佐朝政《いさともまさ》の娘を迎え、正治二年（一二〇〇）五月には後の有時《ありとき》が誕生している。「姫の前」との婚姻関係が継続するなかで、伊佐氏の娘を「妾」に迎えたのであるが、この女性との関係がいつまで続いたか確認できない。

建保元年（一二一三）十二月二十八日、有力御家人三浦義村を烏帽子親として、政村が元服した。わずか九歳であった。泰時・朝時の十三歳、叔父時房の十五歳と比べてもかなり早く、その背景に五歳年長の有時よりも早く元服させ、北条氏嫡系が代々名のる仮名「四郎」を「当腹」の子政村に与えることにあったとの指摘もある（森 二〇一〇）。まさに義時にとって、「鍾愛」の子であった。

もちろん、泰時が義時の後継者であったことは、すでに建保六年七月には侍所の別当を継承させ、さらに承久二年十二月、鎌倉の邸宅を譲渡していることから間違いない。しかし、この義時の溺愛が母伊賀方と一族を惑わすことになる。

なお、承元二年（一二〇八）には実泰（金沢氏の祖）が誕生し、承久三年（一二二一）十一月には、「右京兆（義時）の室」が女子を平産している。「室」は伊賀方であろうが、その間に誕生した実泰も同母であろう。また、仁治元年（一二四〇）〜寛元元年（一二四三）にかけて、『吾妻鏡』に現れる陸奥七郎時尚も、野津本「北条系図」の「実泰と同母」に基づけば伊賀方である。

その父伊賀朝光については、次のような『吾妻鏡』建保三年（一二一五）九月十四日条が詳しい。

亥《い》の時（午後十時ごろ）、佐藤伊賀前司頓滅《とんめつ》す。

従五位上伊賀守藤原朝臣朝光年

散位光郷の男、母は下総守邦業の女。

正治年月日、左衛門少尉に任ず。建永元年庚戌四月二十五日、（検非違）使の宣旨を蒙る。

二年四月十日叙留去る三月十三日畏を申す。五月二十三日職を辞す。

承元四年三月十九日伊賀守に任ず。建暦二年壬申十二月十日、従五位上に叙す。

この卒伝《そつでん》記事《きじ》は、きわめて詳細である。『吾妻鏡』に載る詳細な卒伝記事は、義経（文治五年閏四月三十日条）や藤原秀衡（文治三年十月二十九日条）、同泰衡（文治五年九月三日条、）北条時定（建久四年二月二十五日条）など少ない。義時の岳父《がくふ》ということもあるが、義時でさえ、このような詳細な記事ではない。しかも、翌日、朝光は「山城前司（二階堂）行政家の後ろの山に葬る。相州（義時）、そのところに監臨し給う」ともあって、二階堂氏や義時との強い関係が窺われる。

驕る義時

義時の娘が嫁いだ一条実雅は、承久三年七月二十八日に讃岐守を兼任し、八月二十三日に「讃岐国庁宣始め」を行った。先例に基づき、「使いの雑色」をもって「国務五ケ条」を書き下した。鎌倉に住む実雅にとって、讃岐国庁の所在地は鎌倉の居宅であり、鎌倉の国庁から国宣を発給し、「国務五ケ条」を在庁官人たちに指示したのである。二階堂行盛がこれを奉行した。政所の執事でもあった行盛が奉行した行為は、「国務五ケ条」の書き下しや在庁への指示など、政所を介して行われたことを意味する。

しかし、実雅は頼朝の姻戚関係にあるとしても、鎌倉殿でもなければ、その後見でもない。義時の女婿に過ぎない実雅の任官にともなう行為が政所を介して行われており、義時の執権という立場を考慮しても、やり過ぎという感は拭えない。

翌貞応元年正月一日、義時が先例に基づいて垸飯を「若君」に献上した。南面妻戸の間に出た三寅の前には御簾が垂れていた。ここに実雅が進み出て、御簾を巻き上げたところ、参列した多くの御家人が謁したというのである。何気ないできごとであるが、御家人が謁した先には三寅だけでなく、実雅も控えていたのではないだろうか。もし、そうであれば、多くの御家人は鎌倉殿三寅だけでなく、実雅にも礼を尽くしたことになる。

また、七月三日には、実雅の大倉邸で「百日の小笠懸《こかさがけ》」が行われた。百日にわたって日の出以前、

あるいは涼しくなった夕刻、参会することになった。本日の射手《いて》は、

結城七郎朝広（朝光の子）　駿河（三浦）二郎泰村（義村の子）　同四郎家村（義村の子）
小笠原六郎時長（長清の子）　佐々木太郎兵衛尉重綱（信綱の子）　同八郎信朝（信実の子）
伊東六郎兵衛尉祐長（祐経の子）　嶋津三郎兵衛尉忠義
原左衛門尉忠康　岡辺左衛門尉時綱（忠綱の子）　横溝五郎（資重）
同六郎（義行）　伊具右馬太郎盛重

の十三人である。その後、どのような人びとが「小笠懸」の射手として奉仕したのか明らかではないが、少なくともこの十三人は、名のりからして若輩が多く、結城・三浦以下の有力御家人の子弟や原、横溝、伊具など、後に御内人《みうちびと》と称される北条氏の被官から構成されている。

実雅が小笠懸に興じたかはわからないが、貞応二年九月には、三寅が実雅邸に渡御した際、三浦義村やその子泰村、周防前司、少輔判官代が供奉し、小笠懸を行い、さらに貞応三年二月に行われた犬追物には、義時と実雅が御壺に参り、射手を務めた三浦泰村・家村兄弟、佐々木信朝、結城朝広、武田信長、横溝義行など「百日の小笠懸」と重複する者が多い。固定化されたか確認できないが、それはあたかも、頼朝が選抜した寝所祗候衆を想像させ、実雅の周辺にこうした御家人らが集結しているのである。背後に義時が関わっていることを想像することは容易い。

それは、実雅の室（義時の娘）にも及んでいる。同年十二月、懐妊したことがわかると、実雅の大倉邸で「千度祓」が行われた。これを務めたのが、主計大夫安倍知輔、少輔大夫安倍泰貞、陰陽大允安倍親職、右京亮重宗、漏刻博士安倍忠業らであったが、翌年二月、かの女が女子を平産した際にも知輔・親職は陰陽権助安倍国道とともに「祓」を務めている。その翌々月、前浜・腰越等の浜に多くの死んだ鴨が漂着したため、前浜で「七座百怪祭」が行われたが、奉仕した国道・知輔・親職以下は幕府の陰陽師であった。かれら幕府の陰陽師が、実雅の妻の懐妊・出産に関わっているのである。

また、貞応二年五月五日の節句に、政子が三寅邸に渡御した際、義時も同行した。酒宴の席上、「歌女」が招かれ、それぞれが「芸」を披露したのであろう、大いに盛り上がったのである。すると義時は、やおら衣装を解いて、それを「歌女」に祝儀として与えたのである。三浦義村や伊賀光宗らもこれに倣ったという。

しかし、余興の延長とはいえ、幼い鎌倉殿の目前で、「衣装を解く」などの行為は決して賞められたものではない。しかも、幕政の重鎮たる義村や政所執事の光宗以下、集まった人びとがこれに倣ったという。『吾妻鏡』は何も記載していないが、義時への迎合そのものであろう。

そういえば、貞応元年正月、義時が大庭野に出かけたとき、義村以下が「扈従」したというし、翌年五月、義時が三浦海辺を逍遙したとき、義村は「美を尽くし」て饗応したが、義時に対する度を越えた対応が目立ち始めている。実雅やその室（義時の娘）に対する対応も含めて、それまでとは異なる義時の姿勢が気にかかる。

決められない義時

貞応二年正月二十日のことである。義時が人びとに諮ることがあった。すなわち、三寅の「御亭」の西側が狭いとの理由で、さらに西に位置する西大路を庭の一部に組み込んで築地を構えたいということだった。二階堂行西（行村）や三浦義村は賛意を示したが、なお「大倉館」（義時邸）で陰陽師に判断を求めたところ、不快と申す者、今年の拡張に難色を示し、来年以降に延期すべきと答える者など賛意はなく、まとまった答えはなかった。

そこで二十五日、ふたたび陰陽師たちが義時邸の中門廊に招集された。二十日の占いは一致せず、不審がないわけではない。あらためて群議すべしと問われたのである。知輔・忠業は最吉と判断したが、晴賢は来年に延期の判断を下したため、またもや統一した答えはなかった。その際、問題となったのは、当時義時が住んでいた館は、承久二年十二月段階で泰時に譲与されたものであったから、「本主」（泰時）に連絡せず、「寄宿の方人」（義時）の計画で造作することの判断も含まれていた。結果的にこれも「不快」であった。

しかし、義時はあきらめなかった。朝廷の陰陽頭に問い合わせることとし、使者を派遣したのである。二月八日になって、陰陽頭泰忠、在親、在継らの返事が到着した。泰忠の結果は「半吉」であったが、「寄宿の人」の造作はもっとも憚るべきものであった。ところが、在親、在継の結果は「不快」であったものの、「増地」、すなわち三寅邸の拡張工事は忌むべきことではないこと、「本主」が知らなければ「寄宿の人」の「禁忌」には当たらないというものであった。

九月、義時邸で「若君の御亭」建設がようやく決定した。「立柱・上棟」は来年正月三日、移徙《いし》は四月十九日が吉日と、陰陽師親職・晴賢が連署の先例に基づく調査報告を提出した。ところが十一月二十九日になって、義時邸にて「若君御所」造営について評議がなされた。そこで陰陽師が呼ばれたが、「最吉」ではないものの、建築そのものは「宜し」との卜筮の結果であった。翌日も「御所造営」について評議されたが、呼び出された七人の陰陽師七人は今度はすべて「不快」との結果を申し入れた。そこで、またもや朝廷の陰陽師に問うことになった。

その結果は、日時に関する勘文とともに翌十二月二十日に届いた。それによれば、十一月二十九日午後二時段階では七人が「最吉」という。しかし、幕府の使者が入洛したのは今十二月十日午後四時ごろで、それ以後の審問であったから、十一月二十九日の卜筮はありえなかった。そこで、鎌倉の陰陽師七人が京から届けられた「日時勘文」を開くと、信賢は「最吉」、知輔・泰貞は「平吉」、国道・親職・忠業は「不快」とのことであった。義時が尋ねても、国道の答えは「詞をもって述べ難し」、七人の「占形」を給わり「勘文」を提出するので、京に送って欲しいというものであった。

この三寅邸の拡張と「若君御所」造営が同じ作事なのか、はっきりしない。しかし、いずれにしても決められない義時がいた。強引に物事を進めようとする義時、陰陽師の卜筮に振り回される義時、驕《おご》る義時、迷う義時、おそらくどれも義時の姿なのであろうが、彷徨《さまよ》う義時がいた。

3　義時の急死

貞応三年（一二二四）が明けた。元日の垸飯は義時が献じた。御所南面に出た三寅が、これを受けた。前年と何ら変わらぬ年頭の行事である。六日には、女婿の実雅が義時邸に出向いた。今年初めてのことであったが、これとて異例というほどのことではない。その翌日から、義時は連日鶴岡八幡宮に参詣、「七ケ日」の後、十五日に満願を迎えた。何を祈念したものかわからない。

義時の死因

そうしたなかで、二月二十二日、駿河国の惣社ならびに富士新宮焼失の知らせが届いた。翌日、義時は平盛綱・尾藤景綱を派遣して対処させたが、『吾妻鏡』は「神火」とのみ記述している。「神火」は八世紀から『続日本紀』などに散見するが、奈良時代末から平安時代初期に発生した背景には、蝦夷攻撃に対する課役負担増に対する政治不安があったともいわれる（森田 一九八八）。同様に扱うことができるか確信はないが、『吾妻鏡』の記述は気になる。

三月十四日には、三寅邸の南廊の蔀《しとみ》の上に鳥が巣を作ったのが発見された。「不快」との先例もあったため、卜筮が行われたところ、国道・親職の二人は「御病事」と出たことを報告した。五月には六浦から前浜にかけて大量の魚が打ち揚げられた。鎌倉中の人びとはその宍《しし》（魚肉）を買い求め、煮詰めて油を採ったため、異香が周辺に充満した。かつてなかったことに、人びとは狼狽した。この年の夏（五月～六月）はとくに暑く、異香の充満が拍車をかけたものと思われた。六月一日午後十二時ごろ、大地震が発生した。真夜中の地震は、とくに人びとを不安に陥れたことであろう。

そうしたなかで、六月十二日、義時が発病した。炎旱や地震、大量の魚の死という、おそらく天候不順を原因とする事件だけでなく、神火や駿河国惣社の失火、さらには大量の死魚を煮詰めたことによる異臭の充満などが連続的に発生した。こうした天変地異、人災が義時を悩ましたのであろうか、当初は重症とも思われなかったが、午前十時ごろには重篤な症状に陥った。翌日の様子を、『吾妻鏡』は次のように伝えている。

前奥州（義時）の病痾すでに獲麟《かくりん》に及ぶの間、駿河守（重時）をもって使いとなし、この由を若君御方（三寅）に申さる。恩許に就き、今日寅の刻（午前四時ごろ）、落飾せしめ給う。午前十時ごろ若しくは辰の分（午前九時ごろ）かついにもって御卒去御年六十二。日ごろ脚気《かっけ》の上、霍乱計会《かくらんけいかい》と云々。昨朝より相続いて弥陀の宝号を唱えられ、終焉《しゅうえん》の期《ご》に迄《およ》ぶまで、さらに緩《おこた》り無し。丹後律師（頼暁）、善知識としてこれを勧め奉る。外縛印《げばくいん》を結び、念仏数十反《ぺん》の後、寂滅《じゃくめつ》す。まことにこれ、順次《じゅんじ》の往生《おうじょう》と謂うべきかと云々。

脚気を患っていたというが、さらに霍乱を併発したようである。霍乱とは、夏に起こる激しい下痢や嘔吐をともなう病気であり、今日いうところの急性腸炎などに相当するという。死にいたる大病という感覚はないが、三カ月前の三月二十三日には、伊賀方の兄弟である伊賀光資が同じ病気で亡くなっている。この病気は近代社会になっても、結核とともに国民病といわれるほど患者数・死亡者数が多かったから、当時としては深刻な病気であったのだろう。

しかし、余りにも突然の逝去であったため、その死因については当時からいろいろな風評があったようである。たとえば、『明月記』嘉禄三年（一二二七）四月十一日条には、京で捕縛された承久の合戦の張本の一人二位法印尊長《そんちょう》（実雅の異母兄弟）が、「ただ早く頭を斬れ、もしそうでなかったら、義時の妻が義時に呑ませた薬のように、私にも呑ませて早く殺せ」と口走ったため、人びとはそのことばに大変驚いたということが書き残されている。義時の急死は、伊賀方による毒殺との風聞が広まり、さらに被官によって刺殺されたとの巷説《こうせつ》が発生している（『保暦間記《ほうりゃくかんき》』）。

泰時の鎌倉東下

その直後、午前十二時ごろには、京都の泰時・時房に訃報を伝えるため、飛脚が派遣された。また、伊賀方が落飾した。戒師《かいし》は荘厳房律師行勇《ぎょうゆう》が務めた。この飛脚が京都に到着したのは、十六日のこと。翌朝午前二時ごろ、泰時は京都を出発した。ところが、かれが鎌倉に到着したのは二十六日午後二時ごろであるから、十日間を要したことになる。飛脚とはいいながら、四日間で鎌倉から京都に到着したのと比べると、たしかに遅い。しかも泰時は、そのまま鎌倉には入らず、由比のあたりで一泊し、翌日、「正家」に移ることにした。すでに義時の葬儀は十八日に行われ、頼朝の墓所法華堂の東の山上が墳墓にあてられていた。泰時を追って叔父時房と足利義氏の二人は十九日に出京、二十六日には泰時に追いついて由比に到着した。義氏は、義時の妹の

義時墓所と考えられる北条義時法華堂跡（鎌倉市）

子、泰時のいとこにあたる。

翌二十七日、泰時一行は小町の西北にある鎌倉邸に入った。この屋敷は、最近修理を加えるとともに、泰時の被官でもある関実忠・尾藤景綱の屋敷がその邸内に設けられていた。二人は、後に「御内人」と称される被官の中心的人物である。さらに、平盛綱・安東光成・万年右馬允・南条時員ら被官が「要人の外は邸内に参入すべからず」と、泰時の鎌倉邸を厳重に警戒していた。

ところで、『保暦間記《ほうりゃくかんき》』には、この間の経過を

> 泰時且《しばら》く伊豆国に逗留して、時房先《ま》ず鎌倉へ下て、陰謀の族《やから》を尋ね沙汰して後、同二十六日、泰時鎌倉に入る。時房、随分の忠を致しけり。

と伝えており、泰時の帰国が遅れたのは伊豆国に逗留したためであった。しかも時房がまず鎌倉に入り、事件を解決してから、二十六日、泰時も鎌倉に入ったというのである。『保暦間記』の記述がすべて事実かどうかはわからない。しかし、泰時の行動には何か必要以上の慎重さが感じられる。

『吾妻鏡』によれば、翌日、泰時・時房は、政子から「軍営の後見として、武家のことを執行すべきこと」が申し渡された。二十九日には、時房の長男時盛と、泰時の長男時氏が上洛した。京市内を警衛するようにも厳命されていた。義時の死後、いろいろなうわさが鎌倉を飛び交《か》っていた。それらのうわさを打ち消すためにも、泰時は義時死後の政務処理を迅速になさなければならなかった。

伊賀一族の計画と挫折

うわさとは、義時の後室、すなわち泰時の継母伊賀方が、政子の対応に不満をもち、子息政村（泰時の異母弟）を執権に据えて、兄の光宗に後見させ、さらに女婿一条実雅を将軍に据えようというものであった。それらは、単なるうわさとも思えず、光宗兄弟が三浦義村邸を頻繁に訪れていた。翌七月十一日には義時の四七日の仏事、さらに十六日にも五七日の仏事が営まれたが、その間も光宗兄弟はたびたび義村のもとを訪れていた。

ついに十七日の深夜、政子は女房駿河局をともなって義村邸を訪れ、伊賀兄弟との密談を詰問。さらに、承久の合戦における泰時の功績を讃えるとともに、義時の後継者は泰時をおいて他にはいないなかで、烏帽子親《えぼしおや》として義村が政村を扶持し、「濫世の企て」があるのではと問いただしたのである。もちろん義村は否定したが、それを遮るかのように「和平の計策」を求めたのである。政子の気迫に押されたものか、義村は伊賀兄弟を踏みとどまらせると確約せざるをえなかった。

政子の帰ったあと、義村は光宗に計画を思いとどまらせたのであろうか、翌日、泰時に事情を報告している。だが、不穏な状況がまったく解決されたわけではなかった。義時の七七日の仏事があった三十日の夜には、ふたたび鎌倉中が騒がしくなった。御家人たちが甲冑を身につけ、旗を上げて競い

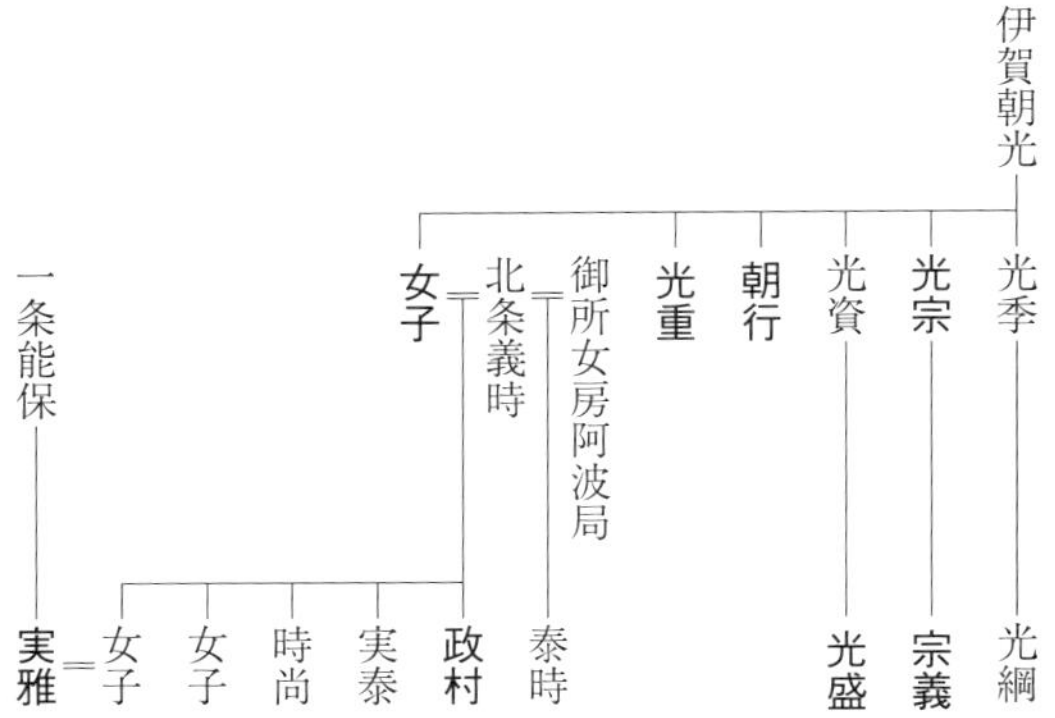

系図10　伊賀氏と北条氏

走ったが、そのまま、明け方には静まっていった。しかし、このような不穏な世上をそのままにしておくことは、もはやゆるされなかった。

翌日、泰時邸に三寅と政子が移ると、三浦義村に騒ぎを静めるとともに、泰時邸に祇候するよう命じたのである。そのほか、葛西清重《きよしげ》・中条家長《なかじょういえなが》・小山朝政・結城朝光ら宿老も召され、さらには病軀をおして大江広元も集まった。おそらく有力御家人の多くが泰時に味方したのであろう。そこで、光宗兄弟の計画に対する対応が評議された。その結果、伊賀方と光宗兄弟は流罪、一条実雅は京都に送還し、朝廷で処罰してもらうことになった。しかし、計画の波紋が広がることを防ぐためにも、かれら以外の処罰は最小限に抑えられた。

閏七月二十三日、一条実雅が鎌倉を進発、京に向かった。伊賀朝行・光重兄弟、光宗の子宗義、光資の子光盛ら光宗の兄弟・甥が随行した。二十九日には、光宗が政所執事を罷免されるとともに、五十二カ所もの所領が没収された。政子の指示を受けた泰時が下知した。執事の後任には、二階堂行盛が補せられた。さらに八月二十九日には、伊賀方が伊豆国北条に蟄居《ちっきょ》となり、光宗は信濃国に、上洛していた朝行らはそのまま鎮西に流罪とそれぞれ決まった。

こうして、いわゆる伊賀氏の事件も、泰時・時房が「軍営の後見」として「武家のことを執行」することになって終わった。しかし、この事件については、その多くを『吾妻鏡』に依拠するところが多い。したがって、『吾妻鏡』編纂の中心が北条氏であったことを考えると、義時から泰時への家督相続を伊賀一族が謀計をもって反対したという理解では、ことの真相をついたものにはならない。

武士社会慣行の限界

すでに指摘されているように、この事件を理解するためには、この時代の武士社会の婚姻や相続に関する慣習を前提に据える必要がある（奥富 一九七三）。その一つが、鎌倉時代における女性の役割が大きかったことである。たとえば、御成敗式目十八条によれば、親から所領を与えられた女子は、父母に背くことがなければ悔い返される（取り上げられる）ことはなかった。なお、男子でも背けば悔い返されたり、義絶（勘当）されたから、男女とも同じような立場にあったと見てよい。

さらに同法二十一条は、夫から所領を譲与された妻が、なんら科《とが》も無く、夫が新しい妻を娶るだけの理由で離縁された時、前妻の所領は保証されることを規定している。こうして得た所領は、父から相続した所領とともに子孫や後継者に相続できたため、実家の所領が他家に流出することになった。「女子一期《いちご》」相続が発生する遠因ともなった。

また、遺産の相続は生前譲与が原則で「譲状」が作成されたが、親父が生前譲与をせずに急死した場合、「未処分《みしょぶん》」として取り扱われた。この未処分についても、式目二十七条では、幕府への奉公の度合い、御家人役に堪えられるかどうかの器量（才能・能力）を糺明し、そのときどきのケースに随って幕府が判断すると定められていた。この条文からすれば、未処分地の相続は幕府が判断して、所領相続を行うのであるが、実際は後家（未亡人）が亡夫の代理として遺領相続に関与することが多かった。しかも、親父が複数回の婚姻を結んだ場合、継母と継子による相論もまた多く発生した。

こうした当時の武家社会の慣行は、当然のことながら北条氏の相続にも考えられただろう。したがって、義時が死没した時、譲状が作成され、後継者が決まっていれば、何ら問題は生じなかった。しかし、義時は六月十二日午前八時ごろに発病、翌日午前十時ごろに死去という、予期できない急な展開であった。たしかにこの年の夏は暑く、五月から六月にかけて「炎旱《えんかん》」（猛暑）が続く日々であった。だが、五月十八日には「炎旱の祈念」に関する評議が義時邸で行われており、同月二十一日には関東下知状（詫摩文書）に署判を加えるなど、公務に関わっていた。その結果、後継者を指名し、あるいは譲状を作成する時間的余裕などまったくなかったはずである。

伊賀方の誤解

しかも、十八日の葬送に義時の子朝時・重時・政村・実泰・有時は参列したものの、ひとり泰時だけが間に合わなかった。晩夏とはいいながら、「炎旱」の続いた時期でもあったから、葬送までに時間的余裕は無かったのかもしれないが、嫡子であるはずの泰時の意向が反映されている状況ではない。

義時の亡き後、その代理として遺領を処分できるのは、後室の伊賀方であったから、伊賀方（およびその周辺）を中心に葬送の準備と後継者の選定が進められていたと見なければならない。泰時が時間をかけて鎌倉に入り、あるいは時房・義氏と行動をともにし、邸宅周辺を主だった被官に警衛させるなど、慎重な行動を展開したのも、実はここに原因があったのである。

伊賀方が、子息政村を義時の後継者にしようとしたのも、おそらく事実であろう。当時の武士社会の慣行からすれば、伊賀方の対応は当然の行為であった。しかも、義時は実雅との関係を重用して幕府政治との垣根を低くしていたから、義時が実雅・政村ラインを想定していたとも考えられ、伊賀方が見誤ったのもやむをえないことであった。

しかし、義時の後継者とは、単に北条「家」のそれに留まらず、時に「執権」という幕政担当の後継者でもあった。しかも、女婿の実雅を新鎌倉殿・将軍に就けようとする考えは、北条氏内部の問題でありえなかったから、政子の反撥を招いたのも当然であった。亡夫頼朝とともに幕府を草創し、その後の政変のなかで、頼家・実朝という二人の子を失ってでも守ろうとした「幕府」が、実雅・政村という伊賀一族を後見とする体制に変わることは容認できなかったのではなかろうか。

政子の反撥・泰時の引け目

政子が、泰時・時房に対して「軍営《ぐんえい》の後見」を任せた時、内々に進められた「執権」の後任に反対したのは、「政村主《まさむらぬし》の外家」を主張する光宗と、伊賀方を含めた伊賀一族であった。考えてみれば、伊賀氏は武家の出ではない。かれらの父朝光は、幕府草創以来、頼朝に従い、奥州合戦や梶原景時の追討、畠山重忠の謀殺など、すべて「勝ち組」に加わって伊賀守に補せられたものの、目立った存在ではない。一方、朝光の母は源邦業《くになり》の娘であったが、邦業自身は文治二年二月、「御一族の功士」との理由で下総守に推挙され、頼朝期の政所別当に就くなど重用された人物であったから、閨閥をも利用して頼朝周辺の位置を保ち得ていた。

義時と伊賀方との婚姻は、政村の生年元久二年（一二〇五）をあまり遡らないころで、義時が、時政の後継者という位置をいまだ確保できていない時期でもあった。その意味からいえば、機を見るに敏で、義時という有力株を見る眼をもっていたと評価することもできる。しかし、閨閥を介して幕政内の立ち位置を作り上げた実績？　と武士社会の慣行だけでは、「幕府」を創り、育ててきたという政子の自負心・思いをくつがえすことはできなかった。それが、伊賀方と一族の対応を読み誤らせたといえなくもない。第二の比企氏にもなりえる事態の展開を、政子は拒否したのである。

しかし、義時亡き後、その後室の対応を否定した泰時の行動は、武士社会の慣行からすれば、周囲を充分納得させられるものではなかった。事件の首謀者に対して、泰時が流罪以上の対応を行わず、しかも実雅を除いて処罰された人びとは、その後、赦免されているのも、あるいは義時の遺領の多くを弟妹たちに分け与えたのも（『吾妻鏡』）、すべて、政子・泰時に当時の慣行を無視した引け目があったからであろう。したがって、この事件は北条一族内部における泰時の立場が盤石ではなく、弱い、あるいは不安定なものであることを示したことになった。

しかも、義時自身が「近習に召仕ける小侍に、つき害され」た可能性があるばかりか、安貞元年（一二二七）六月には、泰時の次子時実が郎等に殺害されるという事件が起こった。北条氏の被官に対する統制が、不充分であったことを示していた。

そこで、泰時が早急になすべき対策は、北条一族に対する統制の強化とともに、北条氏を中心とした幕政の安定であった。このように考えると、閏七月二十九日、尾藤景綱《びとうかげつな》を初代の家令《かれい》職に就けるとともに、翌八月二十八日には景綱・平盛綱《もりつな》に命じて家法《かほう》を作成させたのも、一族に対する統制強化の一環であった（岡田 一九八三）。

4 死後の義時

「得宗」の成立

鎌倉幕府の政治体制が、将軍家の独裁制から始まり執権政治を経て得宗《とくそう》専制に移行すると捉える理解は、その境界時期をいつに求めるか試行錯誤が続いているものの、基本的には定説化しているといえよう。

では、その政治体制を象徴する「得宗」とは、どのような立場なのであろうか。たとえば、五味氏は「鎌倉幕府執権の北条氏の家督のこと。その名の由来は、北条義時の法名徳崇にあるといわれる」とまとめられる（五味 一九八九）。しかし、義時の法名《ほうみょう》は「観海《かんかい》」であって「徳崇」ではない。もちろん「得宗」でもない。そうしたなかで、細川氏が指摘した延文四年（一三五九）付の「石清水社務嚢清《のうせい》注進状」（東寺百合文書《とうじひゃくごうもんじょ》）にある「義時号得宗」は、義時と「得宗」を結びつける文書史料としては唯一のものという。しかし、義時と同時代の史料ではなく、義時の没後約百四十年を経た段階のものであって、当該期の理解が反映された記述と考えることも可能である。

細川氏は、義時の法名は観海であって得宗ではないなかで、時頼の法名が「道崇《どうすう》」、貞時が「崇暁《すうぎょう》

（後に崇演《すうえん》）」、高時が「崇鑑《すうかん》」であること、一族にも「崇」を用いる法名を名のった例があること、さらに時頼以後の家督が禅宗に帰依して禅宗系の法名であったことを指摘、時頼が帰依した禅宗系の法号「徳崇」を義時に追贈したのではないかと推測する。さらにその背景に、義時・時頼ともに庶子から家督を継承したという共通点をあげる（細川 二〇一一）。

「徳崇」時宗と不易法

興味ある指摘であるが、時頼が「徳崇」を義時に追贈したのであろうか。たとえば、正和三年（一三一四）ごろに作成されたと考えられている『若狭国税所今富名《さいしょいまとみみょう》領主代々次第』（『群書類従』四輯・秋山 二〇〇〇）には「相模守時宗（ときよりの御ちやくし。号徳崇）」と「徳崇」とあるのである。これを素直に読めば、「時頼の嫡子」である時宗が「徳崇と号」したと読めるではないか。

細川氏は、時頼・貞時・高時が「崇」の文字を用いて法名としたのに対し、時宗は「道杲《どうこう》」と号して「崇」の文字を用いていないが、それは時頼以下が出家後も長く生存して自分の考えを反映できたのに対して、時宗は急逝したためにできなかったとも述べている。

しかし、少なくとも時宗が「徳崇」と号したと読める十四世紀初頭の史料が存在するのである。もちろん、時宗自身が「徳崇」と号したのではなく、その没後に追贈されたと考えることも可能である。それは、時宗が時頼の嫡子であるが故に、時頼の「道崇」から「崇」の文字を借用して「徳崇」を贈ったと考えても良い。

しかし、このように考えると、「徳崇」を時宗に贈った、少なくとも時宗以後を考える必要がある。

もっとも、時宗に「徳崇」を追贈した時期を特定することは容易ではない。あるいは貞時に不安を感じる頼綱によって考えられたとも、さらには永仁元年（一二九三）に頼綱を滅ぼし、訴訟制度を改革して「徳政」として諸人から歓迎された貞時とも考えられる。すなわち、追加法六一九条に、

一、康元元年より弘安七年に至る御成敗のこと。正応三（一二九〇）・九・二十六

右、自今以後に於いては、改め沙汰に及ばざるか。

とあり、康元元年（一二五六）から弘安七年（一二八四）までの「成敗」＝判決は改めてはならないという決定がなされたことがわかる。いわゆる不易法《ふえきほう》である。不易法とは、指定された時期の判決について再審を受けつけず、恒久的効力を発生させたものである。すでにこれ以前、三代将軍ならびに二位家政子、そして泰時期の判決に対して不易法が発令されていた。

康元元年は、時頼が執権職を長時に譲った時であるが、『吾妻鏡』同年十一月二十二日条には「執権を武州長時に譲らる。また、武蔵国務、侍別当ならびに鎌倉第（邸）同じくこれを預け申さる。ただし、家督（時宗）幼稚のほど、眼代《がんだい》なりと云々」とある。長時が執権を譲与されたのは、時宗が幼稚のためで、あくまで「眼代」（代官）としてであった。その後、文永元年（一二六四）には政村が引き継ぎ、時宗が執権に就いたのは文永五年（一二六八）のこと、さらに、いわゆる蒙古の襲来を退けた後、没したのが弘安七年であった。したがって、長時の執権はあくまでも時宗の代官としてであっ

たから、執権の正員は時宗という考えが正応三年当時にあり、以後の政村期も含めて時宗の治世と認識されていたのである。

当時の幕政を掌握していたのは、時宗の子貞時の乳夫《めのと》（乳母の夫）でもある平頼綱《たいらのよりつな》であった。しかし、時宗の没後、その後を貞時が継承したのは約四カ月後のことであって、三度目の蒙古襲来が懸念されるなか、十四歳という若年の執権継承に反対・不安もあったようである（森 二〇一六）。弘安八年（一二八五）に安達泰盛《やすもり》を滅ぼした平頼綱ではあったが、幕政を遂行するためには幼い貞時の権威は不十分であり、蒙古の来襲を撃退した貞時の父時宗の権威が求められたのではあるまいか。

拡散する「徳崇」「得宗」

時宗個人に与えられた「徳崇」は、その後、北条氏嫡系の家督に対しても用いられるようになる。たとえば『若狭国守護職代々系図』（『群書類従』四輯）には、

『相模守殿時宗朝臣』
得宗御分国
　文永八年より、御代官渋谷小馬十郎恒重、（中略）
『号最勝園寺殿』
得宗御分国
『貞時』

「得宗」記載の資料

年・月	西暦	史料名	文　言	鎌倉遺文
文永2年11月	1265	若狭国惣田数帳写	地頭得宗御領処	9422
正安2年閏7月	1300	六波羅下知状案	得宗御領	20530
正和元年12月	1312	鎮西下知状案	得宗御領	24715
正和5年5月	1316	関東下知状案	得宗方	25837
嘉暦元年12月	1326	関東下知状案	得宗領／得宗方	29698
元徳元年10月	1329	弘円志岐景弘代覚心申状案	得宗御領	30767
元徳2年3月	1330	肥後宮地村地頭仏意陳状案	得宗御領	30996
正慶元年11月	1332	関東下知状案	得宗家弘長2年8月3日下文	31881

延慶二年より、御代官工藤二郎右衛門尉貞祐、
（中略）
『高時』
同御分国
『貞時』
元亨四年八月より、御代官小馬三郎、（下略）

とあるが、ここでは、文永八年の時宗、元亨四年の高時、あるいは前年に出家したものの実質的に政務を担当していた貞時に関連して、若狭国をそれぞれ「得宗」の御分国と記述している。時宗の時代だけを「得宗」と記述するのではなく、貞時・高時の時代を含めて「得宗御分国」と記述しているのである。

次に、「竹内理三（編）・東京大学史料編纂所（編）CD―ROM版『鎌倉遺文』」（東京堂出版、二〇〇八）という便利なデータファイルから「得宗」を抽出したものが上の表で、八例が確認された。ただし、「若狭国惣田数

帳写」の文言「地頭得宗御領処」は朱書の後筆の可能性もあるから、文永二年段階のものとは断定できない。全体としては、少なくとも「得宗」という名称は、十四世紀初頭から見られる。

なお、正安二年（一三〇〇）以後の文書史料に「得宗御領」、正和三年（一三一四）ころの『若狭国守護職代々系図』に「得宗御分国」とあることからすれば、「徳崇」の法名は一気に認知されたものの、「得宗」という宛て字も多く発生、固定化していったものと思われる。

ところで、時宗から義時にまで「得宗」がひろまると、『梅松論』に「昇進にをいては家督を徳崇と号す」とあるように、時宗個人から北条氏の家督が「徳崇」と称されるようになる。『梅松論』は、暦応二年（一三三九）以後、あるいは貞和五年（一三四九）ころ、さらには正平七年（一三五二）～嘉慶年間（一三八七～八九）の成立と考えられているから、十四世紀半ばの認識である（益田 一九九〇）。

しかも、既述のように『若狭国守護職代々系図』に「得宗御分国」とあることは、当時の家督である高時ばかりか、貞時、時宗までもがすでに「得宗」と意識されていたことになり、「家督を徳崇と号す」『梅松論』的発想はさらに遡ることになるばかりか、その延長線上で義時が「得宗」と称されるようになった可能性を推測させる。

義時と武内宿禰

では、なぜ家督としての時宗に追贈された「徳崇」が「得宗」として義時まで遡るようになったのだろうか。これまた確証はないものの、十三世紀半ばに神格化された義時の存在があったのではないだろうか。すなわち、『古今著聞集《ここんちょもんじゅう》』には「北条義時は武内《たけのうちの》宿禰《すくね》の後身たる事」という次のような説話が載っている。

いつの時か、誰かも忘れたが、ある人が（鶴岡）八幡宮に参籠した時、夢を見た。御殿の扉が開かれると、気高き声にて「武内」と召されたので、なかに入ったところ、白髪の老人が現れ、御殿の前に畏まっていると、ふたたび気高い声がして老人に命じた。「世のなかが乱れようとしている。しばらく時政が子となって、世を治めよ」と仰せられたので、「はい」と答えた。

ここで、ある人は夢から覚めた。ある人は、義時朝臣が八幡神の命を承けた武内宿禰の「御後身《ごこうしん》」にして、その子泰時もまた尋常の人ではないことを知った、というものである。

同書は、建長六年（一二五四）十月、下級官人でもあった橘成季がまとめた説話集である。したがって、この説話は義時が亡くなって三十年ほどが過ぎたころには誕生していたことになる。

この義時と武内宿禰の伝承に気づいたのは、細川氏であった。細川氏によれば、義時と武内宿禰の共通性を指摘し、『吾妻鏡』の政子卒伝記事（嘉禄元年七月十一日条）に「神功皇后再生せられ、わが国の皇基を擁護せしめ給うか」とあることに注目して政子と神功皇后との関係を重視する。

そして、神功の子応神天皇の即位に反対した香坂王・忍熊王の乱を武内が神功皇后とともに鎮めたという「事実」と、武内宿禰の後身である義時が神功皇后が再生した政子を助け、応神天皇になぞらえる三寅＝四代将軍頼経を助ける、という対応関係を示して、義時に始まる得宗家こそ鎌倉将軍の「御後見」の「正統」の家であることの根拠となったと説くのである（細川 二〇〇七・二〇一一）。

鎌倉幕府内に誕生した、まことに雄大な、得宗家の正統性を根拠づける神話の成立である。

義時から泰時・時頼へ

しかし、この説話はあくまで義時個人と武内宿禰の関連性を示すものであって、その子孫（時頼・時宗・貞時・高時）の「正統」性を示したものではない。ところが、鎌倉時代末期に著述したといわれる『平政連《まさつら》諫草《いさめぐさ》』には、「先祖右京兆員外大尹（義時）は武内大神の再誕、前の武州禅門（泰時）は救世観音の転身、最明寺の禅閤（時頼）は地蔵薩埵の応現」とあって、義時を武内宿禰の再来とするばかりか、泰時・時頼を救世観音、地蔵菩薩のそれぞれの示現《じげん》として書き残しているのである。義時を武内宿禰という人物に仮託されたのに対して、泰時・時頼が救世観音、地蔵菩薩だったのはなぜかなどの課題は残るものの、義時以降の北条家代々が神格化され、あるいは観音・菩薩に仮託されることによって、その「正統」性は個人から「家」に拡大されているのである。同書は、徳治二年（一三〇七）～延慶二年（一三〇九）ころ、政連が内管領長崎高綱に充てて提出した幕政の批判書でもあるが、十四世紀初頭には義時・泰時・時頼という、その家系を特別視しているのである。

義時個人ではなく、得宗家が覇権を握る根拠、正統性が武内宿禰以下に求められるのは、『平政連諫草』が執筆された十四世紀初頭以前のことになろうし、既述のように諸史料に「得宗」が現れ始める正安二年（一三〇〇）とも一致し、さらに時宗・貞時・高時の治世を「得宗」と表記される『若狭国守護職代々系図』が書写される正和三年（一三一四）ころともほぼ一致する。

幕政上の政治的意図によって時宗に追贈された「徳崇」は、貞時・高時という子孫を対象とするばかりか、京都からもたらされた義時＝武内宿禰説話の影響によって義時という先祖のひとりにまで延長され、その系統こそ得宗「家」と認識されるようになる。しかもその過程で、義時のみならず、泰時＝救世観音、時頼＝地蔵薩埵の示現が成立することによって、鎌倉将軍の「後見」得宗家の正統性が成立するのであろう。

いずれにしても、その死後に変転する幕府政治のなかでも、義時は彷徨うのである。

終章　翻弄される義時

義時の生涯は、まさに波乱に満ちたものであった。それは、翻弄《ほんろう》され続けた一生といっても良い。

義時の生涯

北条時政と「伊東入道の女《むすめ》」とのあいだに生まれた義時は、兄宗時《むねとき》とともに、豊かな「北条」の大地でありふれた生活を送っていたに違いない。東国の決して大規模ではない武士（団）の二男が、何もなければ兄の家人として生涯をおくる、あるいは運良ければ、所領を持参できる女性との婚姻を通じて、自立して別の家を起こしていたかもしれない。

そうしたありふれた生活は、源頼朝と巡り会うことによって、そして、治承四年（一一八〇）四月、頼朝のもとにもたらされた以仁王《もちひとおう》の令旨《りょうじ》によって、大きく変えられることになる。山木攻めに勝利するも、石橋山の敗戦による逃避行のさなか、兄宗時は敗死、弟時房はわずかに五歳、頼朝の挙兵も先行き不透明のなかで、北条の将来は義時の双肩にかかるはずだった。しかし、父はそれをしなかった。宗時の跡を、義時が継承した痕跡は得られない。その意味で、義時が感じた、最初のつまずきだったかもしれない。

頼朝は、逃れた房総半島の地で、現地の有力者の支援を得ることによって劣勢を挽回、周辺の武士団を糾合し、鎌倉に入った。それから間もないことであろう。義時は、「江間《えま》」を与えられ、江間「家」の当主として頼朝に近侍することになる。兄亡きあと、北条家を継承することはなかった。おそらく、幼い時房に対する時政の感情が、あるいは判断が勝ったのであろう。その意味で、義時は父に疎んじられ、頼朝に重用されたのである。

義時の婚姻もまた、頼朝の意図のなかで動いた。御所女房阿波局との最初の婚姻がどのようにして成就したか明らかではないが、頼朝周辺の女性であったことは「御所女房」の文言から推測できる。それ以上に、比企朝宗の娘「姫の前」との婚姻に、頼朝は積極的であった。後継者たるべき頼家の周辺に、信頼する比企尼とその一族を配置するだけでなく、義時を組み入れ、梶原景時を頼家の傅とすることで、その均衡をはかったのである。

頼朝の寝所祗候衆に組み込まれ、その近辺に祗候するなかで、あるいは義経問題を通じて、頼朝の政治姿勢を感じ取ったはずである。さらに、頼朝に供奉して上洛し、後白河法皇を含めた京都政界との懸け引きを垣間見るなかで、「治天の君」の巨大さ、京都政界の複雑さを感じ取り、権力機構体としての幕府・鎌倉殿の何たるかが意識づくられていく。

まさに頼朝は、義時の政治的父であり、兄であったが、義時にとってはそれも含めて思いがけない方向性であったのかもしれない。「姫の前」への秘めた恋慕、こうした姿勢が、頼朝によって剝がされていく、政治的環境への応化《おうか》が少しずつ深められていく、頼朝時代の義時の一面である。

しかし、その頼朝の没後、梶原氏や比企一族が滅ぼされるなかで、頼朝の思惑は瓦解し、父の思惑が動き出す。強引ともいえるその施策に、まったくの拒否感を示すのでもなく、だからといってまったくの賛意を示すわけでもないその姿勢は、頼朝時代の多くの体験から生まれたものといえよう。一方で、頼家の殺害に関わり、結果的に畠山重忠を敗死させる。父の指示を強く示唆しながらも、その果実を、しかもそれは、多肉果をともなった核果《かっか》を結果的に手に入れるその姿勢は、誤解をも誘引する対応であった。同時に、「姫の前」との関係を解消し、重忠という朋友を失うなどの「代償」も経験するが、もちろん義時の感慨を知る史料はない。

決断する義時

義時が、自分の意思を強く主張したのが、重忠の謀殺前後の対応であろう。義時が、北条氏の家督についてどのような思いをもっていたか明らかではない。しかし、北条「家」を継承せずとも、相模守としての立場からすれば、「江間」家の当主であっても幕政内で相応の立場を維持することはできた。「北条」という存在は、必ずしもすべてに勝るステータスシンボルにはなりえない。

しかし、平賀朝雅《ひらがともまさ》の出現は、背後に控える牧方《まきのかた》とその一族、さらには京都政界との繫がりが想定できる状況のなかで、排除せざるをえず、ひいては父との関係を清算することになる。義時にとって、最初のきわめて大きな判断であった。それが、覇権《はけん》への一歩ともなることを、義時は想定していたのだろうか。

　実朝のもとで、制約はあったとしても、義時は順風であった。梶原景時の放逐以来、すべてに勝ち組であった。義時がおのれの被官を「侍」に准じようとしたのも、その延長上のできごとであった。守護制度の変革にも、程度の度合いはわからないが、関わっていたと思われる。それらはすべて失敗した。義時は、驕《おご》ったのである。あまりの順風が、その判断を誤らせたのである。「好事《こうず》魔《ま》多し」とは、第三者的に見れば容易に気づくことでも、当人には難しく、いつの時代でも良くあることである。要は、その後の対応だろう。義時の、その後を強引に進めようとしない姿勢も、頼朝の朝廷との交渉、時政の失敗を見知っていた体験から導き出されたものと思われる。何が阻害しているのか、何が原因かを判断するとともに、おのれの非さえ見つめたなかで次善の策を考える冷徹な視線、柔軟な姿勢がつくられていたとは、考えすぎであろうか。

　しかし、そうした義時でさえ、「治天《ちてん》の君《きみ》」の存在は巨大であった。後鳥羽上皇の仕掛けに対応せざるをえないとき、その巨大さに身じろぎ、容易に決断できない義時がいる。大軍が上洛するなかで、緒戦を勝ち抜くなかでも、落雷に畏怖し、「これ運命の縮まるべき端《はじめ》か」と迷う義時がいた。主君を廃し、朋友を殺害して変転する幕政を生き抜いた義時も、実は怖かったのである。巨大な「治天の君」を頂点とする、多くの政変・混乱のなかで存続してきた権威を畏れたのである。

　そうした恐怖から逃れえたのは、泰時からの書状にある「院ニハ誰ヲカ成マイラスベキ。御位ニハ誰ヲカ附マイラスベキ」ではなかったか。これを見て「義時ガ果報ハ、王ノ果報ニハ猶勝リマイラセタリケレ」と語った時ではなかったか。書状の内容も、義時が思わず発したことばも事実かどうかわからない。しかし、ようやく義時は「治天の君」の呪縛《じゅばく》から解《と》き放たれたのである。

三上皇の配流、首謀者の斬罪という荒療治の後、西国をも視野に入れた政策を遂行するなかで、結果的に御家人の権利を制限するという、東国と西国の「公平」を意識し、統治権者としての巾を拡げていく義時の「成長」、一方で、伊賀方とそのあいだに生まれた政村の存在を意識するなかで、嫡子泰時を在京させるところに、困惑ぶりさえ感じられる。

ここには、驕ると矯正し、落ち着くとふたたび慢心し、政治家として行動する一面と、夫・父としての一面が相克する、ありふれた人物像が導き出される。一方で、義時は、その死後さえ利用され、彷徨《さまよ》い続けることになる。

中世の評価

義時の死から約三十年の後、義時が武内宿禰の転生《てんせい》という説話が誕生し、それが幕府政界に受け入れられると、泰時は救世観音の転身、時頼は地蔵菩薩の応現と敷延し、その後、時宗に法名「徳崇」が贈られると、さらにその子孫を経て、義時もまた「得宗」家の祖に位置づけられる。

しかし、義時に対する評価はこれで収まらなかった。十三世紀を生き抜き、『沙石集《しゃせきしゅう》』を執筆した無住が嘉元三年（一三〇五）に著述した仏教説話集に『雑談集《ぞうたんしゅう》』がある。ここでは、北条貞時が霜月騒動、平禅門の乱、吉見義世の乱という「三度ノ難」を逃れたのは、「七代」にわたってその身を保ちうるという「先祖夢想」によるものであった。しかし、それればかりでなく「仏法ヲ信ジ」、「徳政」

を行い、「諸寺ニ寄進」することがあったからであり、それは義時にも該当するとして、「三度ノ難」＝和田合戦、実朝の暗殺、承久の合戦が描かれる。この「三度ノ難」を生き抜いた義時に、「仏法」「徳政」「寄進」を考えなければ得心できぬほどの「大タル幸」「希代ノ大運」を無住は感じとったのである。ここには、仏教者には理解できぬ限界があった。

義時に対する評価・利用はさらに続く。北条氏を滅ぼして誕生した後醍醐天皇の建武政権は、わずか三年で崩壊し、後醍醐天皇を京都から追った足利尊氏・直義兄弟は、鎌倉幕府の継承者を自任した。そうしたなかで、建武三年（一三三六）十一月、尊氏は中原是円《ぜえん》らに諮問して「建武式目条々《けんむしきもくじょうじょう》」を定めた。その第一項は、幕府の所在地をいずれにするかを論じたものであるが、鎌倉郡が「吉土」である根拠として、頼朝が幕府を開いた土地であること、そして、義時が承久の合戦に勝利し、「天下を併呑」したことを挙げている。

鎌倉幕府の継承者としての尊氏の立場を意識して定められているから、義時の立場が肯定的に書き上げられていたとしても当然といえば当然である。しかし、その肯定的評価は、尊氏の周辺にとどまらなかった。たとえば、『神皇正統記《じんのうしょうとうき》』には、

次ニ王者ノ軍《いくさ》ト云ハ、科《とが》アルヲ討ジテ、瑕疵《きず》ナキヲバ滅ボサズ。頼朝高官ニ昇《のぼ》リ、守護ノ職ヲ給《たまわる》。コレ皆《みな》法皇ノ勅裁《ちょくさい》也。私《わたくし》ニ盗《ぬす》メリトハ定《さだ》メ難《がた》シ。後室ソノ跡ヲ計《はから》ヒ、義時久《ひさし》ク彼ガ権ヲトリテ、人望ニ背《そむ》カザリシカバ、下《しも》ニハイマダ瑕疵有トイフベカラズ。一往ノイワレバカリニテ

追討セラレシハ、上ノ御科トヤ申ベキ。謀叛《むほんお》起コシタル朝敵ノ利ヲ得タルニハ比量《ひりょう》セラレ難シ。

とある。王者の戦いというものは、罪・過ちがあるのを討つのであって、瑕疵《かし》無き人を滅ぼすものではないとしつつ、頼朝・政子に次いで、義時が権力を掌握した後も人望に背くこともなかったので、今にいたるまで民人《たみびと》に痛手もないと評価する。そして、必然性のない理由でもって（義時は）追討されたが、それは「上」（後鳥羽上皇）の非違《ひい》ともいうべきで、謀叛を起こして利を得る朝敵とは比べられない、というものであった。

『神皇正統記《じんのうしょうとうき》』は、北畠親房《きたばたけちかふさ》が南朝の正統性を主張した著書で、延元四年（暦応二・一三三九）にはまとめられた。したがって、室町幕府の前身ともいうべき鎌倉幕府の権力者義時への評価であるにもかかわらず、きわめて好意的叙述というべきであろう。

同じように、『太平記』巻一「後醍醐天皇治世の事、付けたり武家繁昌の事」にも、義時個人というよりも、義時以下、貞時までの七代の政治を、その徳は「窮民ヲ撫」し、その威は「万人」に及んだだけでなく、位階も四位以上は望まず、謙虚に仁恩を施したので、不安定なものにはならなかったと評価する。もちろん、これは貞時の子高時の時、「天地命《めい》ヲ革《あらた》ムベキ危機云《ここにあらわ》顕レタリ」との対比のなかで書き表されたものという点を割り引いても、決して否定していないことに気づく。同書は、南北朝期には成立しており、北朝優位という社会的情勢があったとしても、『神皇正統記』とともに好意的である。

ところが、江戸時代に入ると、義時に対する評価は厳しくなる。たとえば、新井白石《あらいはくせき》は『読史余論《とくしよろん》』で、「三帝二王子を流し、一帝を廃」した義時を「本朝古今第一等の小人」と評価する。さらに、公暁を利用して実朝を暗殺させ、梶原景時・和田義盛を殺害したことなど、すべて義時の所為として評価の対象とする。『吾妻鏡』の記述は「信ずべからず」として排除する。

また、水戸徳川家が編纂した『大日本史』には次のようにある（適宜、読み下す）。

義時、外には忠厚《ちゅうこう》を示し、内に陰狡《いんこう》を極む。既に頼家及び其の三子を弑《しい》し、また、宗室の阿野全成等を殺す。実朝の弑し、また義時の意に出《いず》る。而るに蹤跡《しょうせき》秘して詭《いつわ》る。人、その端倪《たんげい》を窺うに能わず。承久の犯闕《はんけつ》に及び、以後、天子を廃立し、大臣を進退す。世、その家を出で、至りて、摂政以下愬《うった》え有れば。その曲直《きょくちょく》を質《ただ》す。国家の大柄《たいへい》、悉《ことごと》く鎌倉に帰す。元仁元年、近習のために刺死《しし》するところ、年六十二。

すなわち、表面的には忠厚を示すも、内に陰狡を秘めているばかりか、頼家の弑逆から始まり、実朝の暗殺、承久の合戦後の天子の廃立など、頼朝以後の事件がすべて義時によって行われたかのような描き方である。

近世の評価

『大日本史』が編纂される過程で、招聘《しょうへい》した朱舜水《しゅしゅんすい》から歴史の正統性の意味を諭されると、南北朝時代の南朝を正統とする考えが確立したといわれる。したがって、後醍醐天皇が打倒すべき対象とした鎌倉幕府については厳しい筆が目立ち、義時も例外ではなかった。ここでは、義時の死因を病気とする考えは捨て去られ、陰狡を秘めた多くの事件の結果、まともな死を迎えるのではなく、自身もまた「近習」によって刺死する必然性が述べられる。

近代史家の評価

義時は、近代以降も翻弄されつづける。たとえば、原勝郎は『日本中世史續篇』において

或は承久の一挙を以て、義時を目して老譎なる奸賊叛臣となすものあるも、これ主として大義名分の論盛なりし徳川時代に養はれたる思想より来りたるもの、承久の乱、京師の失敗は、当時の勢然らざるべからざるものありしものにして、其乱後の処置として、三帝の播遷を致せしに至りても、必しも深く北条氏の罪とのみ認むべきにあらず。天皇の責任を負ひたまひし例は、淳仁天皇の淡路配流、陽成天皇の廃位等、古も其例に乏しからざれども、降りて殊に保元の乱に至りては、前者に於けるが如く、親子を責むるにもあらず、又後者の例に於けるが如き正当なる政治上の理由ありしにもあらず、全く閨門の中に発りて、政治より見るも、道徳より論ずるも、一も其正当なる点を見出す事能はず、

と、三帝配流は「天皇の責任」にあり、「深く北条氏の罪とのみ認」めることはできないと論述して

いる（原 一九二九）。ここには、「北条氏の罪とのみ」とあるように、北条氏の「罪」そのものを否定したわけではないが、義時への「老諡なる奸賊叛臣」なる評価は、江戸時代の大義名分論に基づくものと喝破している。この「日本中世史續篇」の執筆時期は明らかにできないものの、正篇ともいうべき「日本中世史 第一巻」は明治三十九年（一九〇六）二月に刊行されているから、それほど隔てられた時期ではないだろう。

ところが原は、大正二年（一九一三）十一月発行の雑誌『藝文』第四年第十一号に載せた「鎌倉時代を三期に分たば」では、「吾人は承久における北条氏の下克上の挙を悪む。義時父子の所為はこれ臣子の分として恕すべからざるものなり」と、義時父子を批判している。国定教科書が「三上皇を遠島に遷し奉る」義時を「無道の行」と批判する傾向が強まるなかで、それを無視できない世情を暗示させる。

しかし、その後に原は「然れども之を以て北条氏を責むるものは、鎌倉幕府の創粆者《そうそうしゃ》たる源氏をも責めざるべからず。源氏に厳なるものは、武家政治の俑を成せる平氏に寛なるべからず。平氏を罪せむと欲するものは、王権陵夷の端を啓きし藤原氏をも恕すべからざるなり。天皇の廃立と播遷とは藤氏既に之を敢てせり。（下略）」と記して、その核心を吐露しているのである。

原とほぼ同時期、東京帝国大学文科大学を拠点に、『新訂増補国史大系』の編纂に従事した黒板勝美は、明治四十一年（一九〇八）に『国史の研究』を刊行し、そこで「承久の乱」と記述したが、昭和七年（一九三二）に刊行した『更訂国史の研究 各説上』（岩波書店、一九三二）では「承久の変」と改め、「これは実に武家が積極的に朝廷に対し奉って軍兵を進めたもので、これまで我が国史に先例のないこと」と評価している。安田元久氏は、この変化の背景に「国定教科書における呼称の改変」を指摘するが（安田 一九八四）、原と同様、当時の史家の、国家主義思想を強調する、まさに皇国史観にいかに対峙できるかを問うた結果でもあった。

戦後の幕政史研究と三段階論の成立

ところで、義時の評価は幕府の政治形態、あるいは幕政の評価とも直結する。その際、約百五十年の幕政を諸段階に分けて、それぞれの特質を見極める視点は、すでに三浦周行『鎌倉時代史』（早稲田大学出版部、一九〇七）に見られ、さらに既述の原「鎌倉時代を三期に分たば」や黒板の『更訂国史の研究　各説上』にあるが、幕府政治の本質論を前提とした区分では必ずしもなく、まして、義時をどのように評価するか、積極的な記述は見られない。

それは、安田氏の「武家政権の成立と構造」（『日本歴史講座』第三巻、河出書房、一九五一）でも同様であった。もっとも、安田氏の根底には、初期封建制から「（純粋）封建体制」への移行過程を追求する視点がこの段階ではとくに強く、幕政の変遷に関する見解はもう少し後になった。

そうしたなかで佐藤進一氏は、鎌倉幕府初期の政治体制を「京都下りの下級貴族およびその亜流によって囲繞される将軍独裁制」と規定し、下級貴族と政治から阻害された東国御家人との対立を調停し、政局を収拾した北条氏を「政治的首導者として形成された執権政治」という第二段階の政治体制に移行する。ところが、「制度的に位置づけられた執権の職に固着していた」幕政の最高権力は、「執権という公職から離れて北条氏の家督個人の手中に移」っていったが、「当時北条氏の家督は義時の別称にちなんで得宗とよばれたから、この新しい北条氏家督中心の専制体制」こそ「得宗専制」という第三段階の政治形態であると指摘したのである（佐藤 一九五五）。

その直後、安田氏は、概説書ながら平安時代末期の平家政権時代から鎌倉幕府の滅亡を取り扱うなかで、頼朝没後の政治史を執権政治から得宗専制政治への推移を詳述し、三段階論的政治変化を述べている（安田 一九五八）。また、『岩波講座　日本歴史〈中世1〉』（岩波書店、一九六二）に収録された石井進氏「鎌倉幕府論」および上横手雅敬氏「承久の乱」もまた三段階論を肯定した成果である。

その後、鎌倉時代史に関する研究は限りなく多いが、この三段階論は多少の修正はなされたものの、基本的にはほぼ定説化されている（細川 二〇一五）。ただし、頼朝の独裁制は当初からなのか、それとも順次独裁化していったのか（岡田 二〇〇六）、あるいは将軍独裁制は頼朝期だけなのか、二代頼家、三代実朝期は含まれるのか否か、あるいは執権政治体制は貞永式目の制定や評定衆を設置した泰時段階は当然としても、時政や義時段階は含まれるのか、さらに得宗専制とは寄合政治を展開した時頼段階から始まるのか、貞時段階から始まるのかなど、多くの見解が入り交じっているのが現状であろう。

執権政治の評価と義時

幕府政治を三段階論的に理解する時、将軍の独裁、得宗の専制とに挿まれた執権政治こそ、「道理の定立と実践とを目標とし、武士階級の主体性の確立を指向する政治」であり、「御成敗式目の制定と評定衆設置に見られる合議制」がその特徴と考えられている（安田 一九五八）。ここでは、「豪族領主層御家人を中心とする武士階級の政治的代弁者」である執権に幕政の最高権力が固着した政治形態こそ、「将軍独裁制の克服としてあらわれ」、「東国御家人の政治的主張」が体現された政治形態であったと理解される（佐藤 一九五五）。

一方で石井氏は、「合議制・集団指導制」に見られる執権政治が、「御家人層の意思の重視・その立場と権益の擁護も、北条氏自身の権力の弱さと狭さが止むなく受け入れさせた一時の妥協」と指摘し（石井 一九六二）、上横手氏も、「式目は執権政治のこの進歩的な役割を発展させ、御家人保護の強い一面をもっていた」としつつも、承久の乱後の変質を指摘する。すなわち、多発する地頭の非法行為に対して提起される庄園領主の訴訟に対して行われる「幕府法による裁判」は、結果的に在地領主に不利となり、「彼らの成長の桎梏となる」側面をもっていたのであるから、「執権政治の進歩的役割」は、後鳥羽院政が消滅することによって、「調停権力としての保守性を具え」ることになったとその限界を指摘する（上横手 一九六二）。また、「（鎌倉殿独裁政治の）後期（実朝・三寅の時期：筆者注）には、すでに執権政治が成立しており、御家人保護の政治方針は貫かれているが、政治形態は合議制ではなく、鎌倉殿政子と執権北条義時とに権力が集中」していたのであり、「泰時に鎌倉殿の権威尊重と合議政治とを必要ならしめた」のは、「泰時の権力はなお確立されて」いなかったからと指摘しており、北条氏が合議制を志向した背景に、北条氏自身の権力の弱さを位置づけている。しかも、鎌倉幕府の政治史は、「概して独裁と専制の歴史」であるばかりか、泰時時代の「合議制は、得宗が鎌倉殿にとってかわる過渡期における例外的現象」とも指摘する（上横手 一九七五）。

少し細かに研究史を述べてきたが、幕政の第二段階として位置づけられる執権政治が「合議制」を本質とする点で共通するものの、その合議制自体が「武士階級の政治的代弁」を制度化したものなのか、北条氏がその弱さを克服する手段として合議制を用いたのか、さらに泰時段階が執権政治の頂点に位置づけられるのかについても大きく議論が分かれるといえよう。

北条氏・義時についても、佐藤氏が「豪族領主層出身ではな」い北条氏の「幕府の高い政治的地位」は、「これから実力と伝統をつくり出すための手段」であったから、「執権政治は頭初より専制化する危険を包蔵していた」と指摘するなかで(佐藤 一九五五)、安田氏も実朝の暗殺によって、「幕府における北条氏の独裁的地位が全く確立した」と述べるとともに、「義時の時代は、権力の集中にともなって独裁的傾向を強くしていった」と評価する(安田 一九五八)。上横手氏もまた執権政治成立期は「鎌倉殿政子と執権北条義時とに権力が集中」する「両頭政治」であり、強いていえば「主従制的支配の頂点を政子に求め、統治権的支配の頂点を義時に求め」ている(上横手 一九七五)。

しかし、執権政治の特徴を「御成敗式目の制定と評定衆設置に見られる合議制」として泰時段階とする安田氏等に対して、承久の乱後、早くも変質するという上横手氏の考えの開きは大きい。しかも、多くの識者が義時・政子に幕府権力が集中する期間を経て、泰時段階に合議制が確立すると理解した時、時政あるいは義時段階の建仁三年(一二〇三)あるいは建保元年(一二一三)が合議制に基づく執権政治の成立期と考える不合理を解消することは難しい。

そうしたなかで杉橋氏は、上横手氏の指摘を継承しつつ、執権政治とはその政治形態が合議制か独裁・専制かにかかわらず、執権が主導する政治であることを基調に、時政・義時期の政治動向を詳述した（杉橋　一九八一）。さらに、義時期に政所別当が九人に増員されても、「幕府政治の実質的運営に力を持ちえたのは、やはり第一に北条氏」であること、「いかに合議的形態をとったとしても」、合議構成者の一部が「構成員の実質的任免権をも保持している場合」、それは真の意味での合議ではないことなどを指摘している（杉橋　一九八〇）。

頼家・実朝期の再評価と義時

執権政治との関連で位置づけられる義時とは、政子とともに幕府権力を掌握した人物として描かれることが多い。それに対して頼家は、専恣な行動、愛憎偏頗な性格というマイナスイメージが強かったし、実朝も歌道・蹴鞠に耽溺し、御家人の信頼を失ったという評価が多かった。

ところが、『鎌倉遺文』が刊行されるなかで、幕府の発給する公文書の様式の変遷や数量的な研究が深化しつつあり、従来の考えを再考する研究も増えてきた。

五味氏の「源実朝――将軍独裁の崩壊」（一九七九）は、そうした研究の嚆矢ともなった。すなわち、実朝期の政所別当九人制は、実朝が「諸人の愁訴」を積極的に受理しようとする姿勢に対応するもので、実朝は傀儡的な鎌倉殿ではなかったと考え、さらに「執事・執権・得宗――安堵と理非」（一九八八）でも、時政・義時と泰時以後とではその権限に大きな差異があったこと、「執事」として将軍を補佐する立場であった時政・義時段階に対し、理非聴断権を掌握した泰時によって、「執権」が成立したと指摘した。頼家・実朝に対する評価が前提としてあるが、それは結果的に幕政における義時の位置づけを弱めることになった。

人物の評価は、時とともに変化し、一時も休まることはない。義時に対する評価もまた、自ら望んだわけではないにしても、時代とともに変化し続けた。しかし、同時代史料が蓄積されるなかで、そして従来からの史料が再検討されるなかで、大きく変転してきた。それは今も継続している。思えば、義時は、死後間もなくして伝説化されるなかで変転し、とくに近代の皇国史観が闊歩するなかで、逆臣義時という評価が定着した。

戦後、民主化が進展するなかで、佐藤氏・安田氏によって、将軍独裁制を克服するなかで合議制を基調とする執権政治が位置づけられ、昭和二十年代後半から三十年代前半に定着した。当時、朝鮮戦争が始まり、レッドパージが進められるなかで警察予備隊が新設されると、公職追放が解除された旧軍人が採用されるなど、民主化への揺り戻しともいえる現象が続くなかでの研究の成果であった。

そのようななかで、将軍独裁制を止揚して成立する合議制＝執権政治こそ、皇国史観に替わって民主的に、自由に研究が進められる戦後政治に通底するものでなければならなかったと見るのは、あるいは執権政治＝合議制＝民主制こそ、皇国史観を克服すべき政治形態でなければならなかったと考えるのは、曲解であろうか。

そして、今また同時代史料が蓄積、データ化されるなかで、従来考えられなかった研究方法によって新たな試みが生まれつつあるように思われる。そこでは、義時に対する評価もまた再検討されなければならない対象となるのであって、ふたたび義時は翻弄されるのである。

主な参考文献

相田二郎『日本の古文書・上』岩波書店、一九四九年。

秋山喜代子「西面と武芸」『中世公家社会の空間と芸能』山川出版社、二〇〇三年。

秋山哲雄「鎌倉期の若狭国守護と『若狭国代々守護職系図』」『遙かなる中世』一八、二〇〇〇年。

――――『北条氏権力と都市鎌倉』吉川弘文館、二〇〇六年。

――――『都市鎌倉の中世史』吉川弘文館、二〇一〇年。

池谷初恵『鎌倉幕府草創の地　伊豆韮山の中世遺跡群』新泉社、二〇一〇年。
＊北条氏の館と確認できる御所之内遺跡を中心とする守山中世史跡群の考古学的成果から、北条氏の実態・動向を文献学の成果とともに追求した著書。
石井進a「鎌倉幕府論」『岩波講座　日本歴史〈中世1〉』岩波書店、一九六二年。

――――b「志太義広の蜂起は果して養和元年の事実か」『中世の窓』一一号、一九六二年。

――――『日本の歴史7　鎌倉幕府』中央公論社、一九六五年。

――――「九州諸国における北条氏所領の研究」『荘園性と武家社会』吉川弘文館、一九六九年。

入間田宣夫「鎌倉幕府と奥羽両国」『中世奥羽の世界』東京大学出版会、一九七八年。

上杉和彦『大江広元』吉川弘文館、二〇〇五年。

上横手雅敬「承久の乱」『岩波講座　日本歴史〈中世1〉』岩波書店、一九六二年。

――――『日本中世政治史研究』塙書房、一九七〇年。

――――「鎌倉幕府と公家政権」『岩波講座　日本歴史〈中世1〉』岩波書店、一九七五年。

――――『鎌倉時代政治史研究』吉川弘文館、一九九一年。

岡田清一『鎌倉の豪族Ⅱ』かまくら春秋社、一九八三年。後に『北条得宗家の興亡』と改題して再刊、新人物往来社、二〇〇一年。

――――『鎌倉幕府と東国』続群書類従完成会、二〇〇六年。

――――「畠山重忠――虚像と実像」『秩父平氏の盛衰』勉誠出版、二〇一二年。

――――『相馬氏の成立と発展』戎光祥出版、二〇一五年。

奥富敬之「陸奥国得宗領の研究（正・続）」『目白学園短期大学紀要』六・七号、一九七〇～七一年。

――――「鎌倉北条氏の惣領制について」日本医科大学『文科研究誌』一、一九七三年。

――――「鎌倉幕府・伊賀氏事件の周辺」日本医科大学『文科研究誌』二、一九七三年。

――――『鎌倉北条氏の基礎的研究』吉川弘文館、一九八〇年。

落合義明「北条時政と牧の方」『治承～文治の内乱と鎌倉幕府の成立』清文堂、二〇一四年。

折田悦郎「鎌倉幕府前期将軍制についての一考察（上）」『九州史学』七六、一九八三年。

糟谷優美子「乳母と乳母子」『治承～文治の内乱と鎌倉幕府の成立』清文堂、二〇一四年。

金沢正大「武蔵守北条時房の補任年時について」『政治経済史学』一〇二号、一九七四年。

川合康『鎌倉幕府成立史の研究』校倉書房、二〇〇四年。

菊池紳一「武蔵国留守所惣検校職の再検討」『鎌倉遺文研究』二五号、二〇一〇年。

――――「鎌倉幕府の政所と武蔵国務」『埼玉地方史』六四号、二〇一一年。

――――「武蔵国留守所惣検校職の再検討」『秩父平氏の盛衰』勉誠出版、二〇一二年。

木村茂光『初期鎌倉政権の政治史』同成社、二〇一一年。

――「大蔵合戦再考――一二世紀武蔵国の北と南」『府中市郷土の森博物館紀要』二六、二〇一三号。

黒板勝美『更訂国史の研究　各説上』岩波書店、一九三二年。

黒田俊雄「中世の国家と天皇」『岩波講座　日本歴史〈中世2〉』岩波書店、一九六三年。

五味文彦「源実朝――将軍独裁の崩壊」『歴史公論』五の三、一九七九年。

――「執事・執権・得宗」『中世の人と政治』吉川弘文館、一九八八年。

――「得宗」『国史大辞典』一〇、吉川弘文館、一九八九年。

――『吾妻鏡の方法』吉川弘文館、一九九〇年。

――『増補・吾妻鏡の方法』吉川弘文館、二〇〇〇年。

――「京・鎌倉の王権」『日本の時代8　京・鎌倉の王権』吉川弘文館、二〇〇三年。

佐伯真一『戦場の精神史――武士道という幻影』日本放送出版協会、二〇〇四年。

坂井孝一『源実朝――「東国の王権」を夢見た将軍』講談社選書メチエ、二〇一四年。
＊源実朝の生涯を文学資料をも駆使して、その人物像の通説を批判的に叙述した著書。
佐藤進一『鎌倉幕府訴訟制度の研究』畝傍書房、一九四三年。

――「北条義時」『日本歴史講座三〈中世篇一〉』河出書房、一九五一年。

――「鎌倉幕府政治の専制化について」『日本封建制成立の研究』吉川弘文館、一九五五年。

――「室町幕府論」『岩波講座　日本歴史7』岩波書店、一九六三年。

――『増訂鎌倉幕府守護制度の研究』東京大学出版会、一九七一年。

清水亮編『畠山重忠』戎光祥出版、二〇一二年。

杉橋隆夫「執権・連署制の起源」『立命館文学』四二四～四二六号、一九八〇年。

――「鎌倉執権政治の成立過程」『御家人制の研究』吉川弘文館、一九八一年。

――「牧の方の出身と政治的位置」『古代・中世の政治と文化』思文閣出版、一九九四年。

関幸彦『源頼朝――鎌倉殿誕生』ＰＨＰ研究所、二〇〇一年。

――『北条政子』ミネルヴァ書房、二〇〇四年。

――『北条時政と北条政子』山川出版社、二〇〇九年。

――『承久の乱と後鳥羽院』吉川弘文館、二〇一二年。

立花美香「伊豆北条氏の存在形態について」京都女子大学宗教・文化ゼミナール『紫苑』四、二〇〇六年。

田中稔「史料紹介野津本『北条系図、大友系図』」『国立歴史民俗博物館研究報告』五、一九八五年。

田辺旬「北条義時――義時朝臣天下を併呑す」『公武権力の変容と仏教界』清文堂、二〇一四年。

豊田武・遠藤巌・入間田宣夫「東北地方における北条氏の所領」東北大学日本文化研究所『研究報告』別巻七、一九七〇年。

永井晋「鎌倉幕府垸飯の成立と展開」『日本中世政治社会の研究』続群書類従完成会、一九九一年。

――『鎌倉幕府の転換点――『吾妻鏡』を読みなおす』日本放送出版協会、二〇〇〇年。

――『鎌倉源氏三代記』吉川弘文館、二〇一〇年。

永井路子『炎環』光風社、一九六四年。

永原慶二編『常滑焼と中世社会』小学館、一九九五年。

長村祥知「藤原秀康」『公武権力の変容と仏教界』清文堂、二〇一四年。

――『中世公武関係と承久の乱』吉川弘文館、二〇一五年。

七海雅人「鎌倉幕府の武蔵国掌握過程」『年報三田中世史研究』一〇、二〇〇三年。

野口実『坂東武士団の成立と発展』弘生書林、一九八二年。後に戎光祥出版から再版、二〇一三年。

＊秀郷流小山氏、足利氏、上総氏、千葉氏、相模国諸武士団の動向を多くの資料を博捜して詳述する関東武士団研究の基本的著書。
――「中世成立期における武蔵国の武士について」『古代文化史論攷』一六、一九九七年。

――「中世前期における宇治の軍事機能について」京都女子大学宗教・文化研究所『研究紀要』第二十二号、二〇〇九年。

――『列島を翔る平安武士』吉川弘文館、二〇一七年。

野口実・長村祥知「承久宇治川合戦の再評価」京都女子大学宗教・文化研究所『研究紀要』二三、二〇一〇年。

羽下徳彦『惣領制』至文堂、一九六六年。

橋本義彦『平安貴族社会の研究』吉川弘文館、一九七六年。

原勝郎「鎌倉時代を三期に分たば」『藝文』四の一一、一九一三年。

――『日本中世史の研究』同文館、一九二九年。

福田豊彦『中世成立期の軍制と内乱』吉川弘文館、一九九五年。

藤本頼人「源頼家像の再検討――文書史料を手がかりに」『鎌倉遺文研究』三三、二〇一四年。

細川重男『鎌倉政権得宗専制論』吉川弘文館、二〇〇〇年。

――『鎌倉北条氏の神話と歴史――権威と権力』日本史史料研究会、二〇〇七年。

――『北条氏と鎌倉幕府』講談社、二〇一一年。
＊北条氏の歴史を義時・時宗を中心に、平安末期の北条氏の実態あるいは得宗専制の背景を追求する著書。
――「鎌倉幕府と将軍・執権・連署」『鎌倉将軍・執権・連署列伝』吉川弘文館、二〇一五年。

本郷和人『新・中世王権論』新人物往来社、二〇〇四年。
＊鎌倉時代の北条氏権力の根源や幕府政治の本質を二項対立のなかで解き明かす判りやすい著書。

益田宗「梅松論」『国史大辞典』一一巻、吉川弘文館、一九九〇年。

町田有弘「牧別当に関する一考察」『白山史学』二九、一九九三年。

三浦周行『鎌倉時代史』早稲田大学出版部、一九〇七年。

峰岸純夫「河越氏畠山氏等秩父家と武蔵国留守所惣検校職」『秩父平氏の盛衰』勉誠出版、二〇一二年。

峰岸純夫・村井章介編『中世東国の物流と都市』山川出版社、一九九五年。

森幸夫「伊豆守吉田経房と在庁官人北条時政」『ぐんしょ』再刊八、一九九〇年。

――「北条貞時」『鎌倉将軍・執権・連署列伝』吉川弘文館、二〇一六年。

森田悌『古代の武蔵』吉川弘文館、一九八八年。

安田元久「武家政権の成立と構造」『日本歴史講座三〈中世篇一〉』河出書房、一九五一年。

――『源頼朝』弘文堂、一九五八年。

――『北条義時』吉川弘文館、一九六一年。
＊北条義時の生涯を、幕府政治の展開のなかで著述したもので、現在も評価の高い古典的著書。
――『鎌倉執権政治――その展開と構造』教育社、一九七九年。

――「歴史事象の呼称について――「承久の乱」「承久の変」を中心に」『学習院大学文学部研究年報』三〇、一九八四年。

柳田国男『地名の研究』角川書店、一九六八年。

八幡義信「鎌倉幕府垸飯献儀の史的意義」『政治経済史学』八五号、一九七三年。

湯山賢一「北条義時執権時代の下知状と御教書」『國學院雑誌』八〇巻一一号、一九七九年。

渡邊晴美『鎌倉幕府北条氏一門の研究』汲古書院、二〇一五年。

綿貫友子『中世東国の太平洋海運』東京大学出版会、一九九八年。

本書脱稿後、下記の著書・論考が刊行された。併せて参照されたい。


秋山哲雄『鎌倉を読み解く──中世都市の内と外』勉誠出版、二〇一七年。

山野龍太郎「秩父重綱と『武蔵国留守所惣検校職』」日本史史料研究会編『日本史のまめまめしい知識』第2巻、岩田書院、二〇一七年。

清水亮『中世武士　畠山重忠──秩父平氏の嫡流』吉川弘文館、二〇一八年。

坂井孝一『承久の乱──真の「武者の世」を告げる大乱』中公新書、二〇一八年。

本郷和人『承久の乱──日本史のターニングポイント』文春新書、二〇一九年。

元木泰雄『源頼朝──武家政治の創始者』中公新書、二〇一九年。

あとがき――団塊の世代の歴史体験・続補遺

わが師・安田元久先生が名著『北条義時』（吉川弘文館）を刊行されたのは、昭和三十六年十二月のこと。先生四十三歳、北海道大学に勤務されていた。その前後、『源頼朝』（弘文堂、一九五八）、『日本封建制成立の諸前提』（編著・吉川弘文館、一九六〇）さらに『地頭及び地頭領主制の研究』（山川出版社、一九六一）、『初期封建制の研究』（編著・吉川弘文館、一九六四）、『武士団』（塙書房、一九六四）などを矢継ぎ早に刊行され、中世前期研究者として重きを成していたといって過言では無かった。そうした期間に刊行された『北条義時』は、今もって当該期研究者に評価され続けている。

その先生の門下を希望し、念願叶ったのは昭和四十五年四月、学習院大学大学院に入学を許可された時である。爾来、五年間、大学院学生として指導を受け、その後も多くの薫陶を得た。大学院の講義を受けた時、「禁煙」の張り紙の下で悠然と煙草を嗜まれていたことは驚きであった。昨今の窮屈な縛り有る授業風景とは大きく異なるもので、学習院の「自由」？　を知ったのもこの時であった。

入学すると、安田ゼミ学生を中心として、『吾妻鏡』の人名索引の編集作業が進められていた。後に、御家人制研究会編『吾妻鏡人名索引』（吉川弘文館）となって刊行された。國學院大學時代、同じように『吾妻鏡』の人名索引編集に従事し、宝治二年までの二分冊に関与、学生サークル・日本史研究会で出版したこともあってか、この作業を通して院生・学部生との語らいにはすぐに打ち解けたように思われた。もっとも、手荒い？　歓待を受けることになる箱根の合宿は予測できなかったが。

演習は、当時刊行が進んでいた『鎌倉遺文』の講読であり、定例的な箱根芦之湯温泉・松坂屋ばかりか、時に新穂高温泉での合宿も行われ、夕餉とその後の院生・学部生との交歓も刺激的であった。また、院生を中心とする研究会も組織され、大三輪龍彦氏・飯田悠紀子氏・村尾元忠氏、鈴木哲氏のほか、学部生も参加して盛会裡に進められた。

こうした活動のほか、筆者に大きな影響を与えたのが、御家人制研究会への参加であった。昭和四十六年五月末、本郷の学士会館本郷分館（湯島会館？）で行われた研究会に出席、田中稔・網野善彦・五味克夫・上横手雅敬ら諸先生の報告を拝聴したのが最初であったように思う。その後、同年十二月に開催された舘山寺温泉での研究会を含めて、当時の学会を先導されていた多くの研究者に接する機会が増えた。仙台市に着任してからも、国立歴史民俗博物館に移られた福田豊彦先生には、荘園データベース作成のための資料調査委員を紹介され、平泉・柳之御所遺跡の保存運動にご支援を得た網野・石井両先生とは交歓の場が増え、著書刊行のたびにご恵贈下された川添昭二先生など、その恩恵を十二分に受け続けた。さらに、杉橋隆夫氏や惜しくも平成六年に急逝された棚橋光男氏など、他大学の院生とも知り合うことができた場であって、本書執筆にも杉橋氏の研究から多くを学んだ。

昭和五十二年四月、縁あって東北福祉大学に勤務することになったが、その人事選考に際して、先生は推薦書を認められ、送付下された。もっとも、筆者が読む機会は今も無く、どのようなことが書かれてあったのかわからない。確認できぬ日々が続くことを祈るばかりである。

仙台に移住してからも、先生からいろいろ御教示を得たが、筆者が関わった最初の自治体史『取手市史』編纂に際しては、先生に監修をお願いした。先生が自治体史編纂の監修に関わるのは、これが最初であったように思う。勤務校のゼミでは、『吾妻鏡』を講読した。史学専攻でもない学生にとっては苦痛の日々であったと思うが、その後、十年ほど継続した。この間、講読した『吾妻鏡』の成果？ を「『吾妻鏡』註釈」として勤務校の紀要に掲載したが、お送りした抜刷を先生が時に利用されていることを知って、驚くと同時に嬉しくもあった。そのまとめられた抜刷は焼失せず、一部焼け焦げたまま、手元にある。

平成元年から三年間、先生を代表とする科研費事業・総合研究(A)「『吾妻鏡』の総合的研究」が始まった。研究分担者は、以下、敬称は略させていただくが、石井進・上横手雅敬・大隅和雄・奥富敬之・工藤敬一・五味克夫・近藤成一・杉橋隆夫・鈴木英雄・瀬野精一郎・田代脩・田中稔・新田英治・野口実・福田以久生・福田豊彦の諸氏、さらに学習院大学関係の大三輪・鈴木・吉井宏・菊池紳一、さらに伊藤正義・関幸彦・宮崎康充が加わった。御家人制研究会といい、今回の科研費事業といい、全国の錚々たる研究者を動員する組織力に圧倒されるが、学閥を嫌い、学統・学党を重んじられた先生の姿勢が表れたものであったと思う。

学習院大学の学長職を退かれ、ゆっくりとした時間のなかで、研究を邁進されると考えていた弟子達にとって、平成八年一月二十三日は忘れることのできない日となった。前夜の漏電でご自宅が全焼、壽子夫人とともにお亡くなりになったのである。朝、テレビのニュース番組に流れるテロップを見て愕然とし、間違いではと思うも、数回にわたって流れるテロップに変化はなかった。先生は七十七歳、奥様は七十二歳の凶事であった。慌てて上京、世田谷・松原のご自宅に伺うが、焼失した建物の前に何もできず、鈴木哲氏らと茫然自失の時間が流れたことは忘れられない。新田英治氏を告別式委員長、大三輪龍彦氏を副委員長とする実行委員会を組織、同月二十九日、千日谷会堂で行われた告別式は、永原慶二氏、小倉芳彦氏、道正邦彦氏、宮地正人氏、小林のぶ子氏、福田豊彦氏から弔辞・追悼のお言葉をいただき、献花の後、先生が好んで歌われた「青葉の笛」「惜別の歌」を合唱して終了した。

時系列的に、安田先生の思い出を綴ったが、結婚式には主賓として御挨拶をいただき、正月四日に披かれるゼミ新年会に遅くまで宴を楽しみ、そのまま泊めていただくなど、厚かましい学生であった。大学院入学以来、四半世紀以上にわたり、公私ともにお世話になった（ご迷惑をおかけした）先生の、数知れぬ学恩の大きさにただただ感謝申し上げるばかりなのである。先生の没後、ゼミ卒業生を中心として、「駘馬の会」が設けられ、毎年一月、卒業生による交歓会が催され、それが終わると、古い卒業生を中心に新宿・歌舞伎町の「ナルシス」で往事を語り継いでいる。また、畏友鈴木哲・関幸彦両氏からは、本書執筆に参考となる刺激を受けることが少なくない。先生没してもなお、ゼミの影響大なることを強く感じる。

本書刊行に際して、ミネルヴァ書房編集部の堀川健太郎氏には永きにわたって原稿完成を待っていただいた。また、同編集部の石原匠氏には詳細に原稿を読み取り、適切な指示を下された。両氏に深謝申し上げたい。この間、平成二十一年九月、飯村均氏（福島県文化振興財団）の紹介を得て、池谷初恵氏に守山中世史跡群をご案内いただき、「北条」の大地を実見できた。少しずつ膨らむ構想のもとで、原稿らしきものも増えていった。ところが、平成二十三年三月十一日に発生した東北地方太平洋沖地震とそれにともなう巨大津波、さらに福島県の東京電力第一原子力発電所の炉心融合による放射能飛散という未曾有の大震災は、筆者の学究環境にも大きな影響を与えた。それにもかかわらず、その前後にわたる学内の校務増に大きな変化はなく、執筆活動を困難にした。震災の影響は未だ止まず、果たすべき役割も終わらぬなかで、ようやく脱稿し、校正を進める時、先生と同名の書であるが故に、募る不安はこれまでの時とはまた異なるものを感ずる。

本書執筆のきっかけは、上横手先生と関幸彦氏にあると聞く。深謝申し上げるとともに、安田先生を介した好機をどの程度活かすことができたか、甚だ心許ない。今は、「洛陽の紙価」を貶めることを唯々危惧するものである。

著者識す

平成三十一年一月二十三日　寒気迫る杜都仙台にて

北条義時略年譜

和暦	西暦	齢	関係事項	一般事項
永暦 元	一一六〇			3月頼朝、伊豆国に配流される。
長寛 元	一一六三	1	この年、北条義時、時政の二男として誕生。	
治承 四	一一八〇	18	8・17源頼朝の挙兵に従う。8・20頼朝に供奉して土肥郷に向かう。8・23石橋山の合戦、8・27土肥郷岩浦より乗船して房州に向かう。10・18頼朝、黄瀬川にて論功行賞、父時政とともに馬・直垂を賜う。10・23頼朝、相模国府にて勲功行賞、父時政とともに御恩に浴す。	8・17源頼朝、山木兼隆を襲う。8・24兄宗時、早河辺にて討死。9・7木曾義仲挙兵。10・6頼朝、鎌倉に入る。10・20富士川の戦い。11・17和田義盛、侍所別当に就く。
養和 元	一一八一	19	4・7頼朝の寝所祗候衆に加えられる（江間姓の初出）。	2・1義時の妹、足利義兼に嫁す。閏2・4平清盛没。
寿永 元	一一八二	20	11・14父時政の伊豆下国に随わず頼朝より賞される。	8・12源頼家誕生。
二	一一八三	21	この年、嫡子泰時誕生。	7月平家都落ち。9月義仲入京。
元暦 元	一一八四	22	8・8平家追討使源範頼に随い西海に赴く。	1・26義仲滅亡。2月一ノ谷の合戦。

文治元	一一八五	23	1・26豊後国に渡る。3・11頼朝から大功ある御家人十一人とともに慇懃の書状を受ける。10・24勝長寿院供養会に供奉。	3・24平家、長門壇ノ浦に滅ぶ。11・29諸国に「守護と地頭」設置の勅許。
二	一一八六	24	7・19駿河国富士領上政所、福地社への神田寄進を沙汰す。	3・12九条兼実、摂政。
四	一一八八	26	7・10頼家の着甲始の儀に参列。進み出て頼朝の御簾を上ぐ。	
五	一一八九	27	4・18弟元服して時連（後の時房）と名のる。7・5駿河国富士領帝釈院への田地寄進を担当。7・19頼朝の奥羽進攻に供奉。**この年**、異母弟政範（母は牧方）生まれる。	**閏**4・30源義経没。8・10厚樫山の合戦。8・23頼朝、平泉に入り藤原氏滅亡。
建久元	一一九〇	28	11・7頼朝の上洛に先陣の随兵を勤む。11・11頼朝に供奉して六条若宮・石清水八幡宮に社参。12・1頼朝の右大将拝賀に随兵を勤む。	11・8頼朝、権大納言に任ぜらる。11・24頼朝、右近衛府大将に任ぜらる。12・3頼朝、権大納言、右大将を辞す。
二	一一九一	29	2・4二所詣に進発する頼朝に供奉す。3・4鎌倉大火。鶴岡宮・義時小町邸焼亡。7・28頼朝の新邸移徙に後陣を勤む。11・21鶴岡宮遷宮に頼朝の傍らに劔をもって供奉す。	**この年**、栄西、南宋から帰国。臨済宗を伝える。
三	一一九二	30	8・9実朝誕生。義時以下六人、護刀を献ず。9・	3・13後白河法皇没。7・12頼

				25比企朝宗の娘姫の前を娶る。	朝、征夷大将軍に任ぜらる。
	四	一一九三	31	3・12病気のために伊豆に帰参、本日鎌倉に戻る。3・21頼朝、那須野・三原の狩倉に進発。弓馬に優れた義時を含む二十二人が選抜。5・8富士巻狩に向かう頼朝に供奉す。10・1頼家、義時の新造花邸に渡御。	5・28曾我祐成・時致、父の敵工藤祐経を討つ。8・17源範頼誅さる。
	五	一一九四	32	2・2嫡男金剛元服（泰時）。2・6政子、義時邸に入御。7・23願成就院破損修理のため伊豆に下向。閏8・7安田義定跡の屋敷地を拝領す。11・18奉幣使として伊豆三嶋社に向かう。12・26永福寺薬師堂の供養会に頼朝に供奉。	4・10鎌倉の道路を修築。7・20朝廷、下野国司の訴えにより宇都宮朝綱らを配流。
	六	一一九五	33	2・14上洛する頼朝に供奉。3・10東大寺再建供養会に向かう頼朝に供奉す。4・15石清水八幡宮に参詣する頼朝に供奉。5・20四天王寺に参詣する頼朝に供奉。7・4義時の姉妹（稲毛重成妻）没。7・10軽服のため伊豆に下向。8・13伊豆より帰参。	3・4頼朝、六波羅邸に入る。7・8頼朝、鎌倉に着く。9・29奥州惣奉行置かれる。
正治	元	一一九九	37	4・12頼家の聴断を停止して時政・義時ら十三人の上申とする。6・13頼朝の子乙姫没、葬送に参列す。	1・13頼朝没。2・26頼家、頼朝の遺跡を嗣ぐ。
	二	一二〇〇	38	3・3鶴岡宮法会に頼家の代わりにて奉幣使を務む。4・10大江広元、若狭保季の殺害人処分につき泰時の	1・20梶原景時敗死。4・1時政従五位下、遠江守に叙任。

			意見を求む。5・25義時の妾、男子（有時）を出生す。	
建仁 元	一二〇一	39	1・4頼家の使者として鶴岡宮に奉幣す。7・6頼家の百日鞠に見證（判定役）を務む。9・15鶴岡宮放生会に頼家に供奉。	
二	一二〇二	40	9・10三嶋社祭に頼家の代参として奉幣使を務む。	
三	一二〇三	41	2・4鶴岡宮に参詣する千幡（実朝）を扶持す。4・3鶴岡宮祭に奉幣御使を務む。9・2比企能員殺害。一族の籠もる一幡の館を攻める。9・15政子、義時らを遣わして実朝を時政邸から自邸に迎え入れる。10・8実朝、時政邸で元服、義時ら雑具を持参す。11・15鎌倉中の寺社奉行として義時ら鶴岡宮を担当。	9・7実朝、征夷大将軍・従五位下に叙任。後鳥羽より実朝の名を下さる。9・10時政、御家人に所領安堵の下知状を発給。10・9実朝の政所始。10・27時政、武蔵の御家人に忠勤を求む。
元久 元	一二〇四	42	1・18実朝の奉幣使として二所詣に参宮。1・22伊豆山から還向。2・12実朝に供奉して由比浜に向かう。2・25実朝、義時邸に渡る。3・6従五位下、相模守に叙任。4・18岩殿観音堂に向かう実朝に供奉す。7・24頼家の家人謀叛を企つ。金窪行親を派遣して鎮圧す。9・14実朝、義時邸に入る。	1・5実朝従五位上に昇叙。4・1実朝、駿河・武蔵・越後の検注を命ずるも遵行されず。7・18前将軍頼家殺害。11・5義時の弟政範、京都で没。
二	一二〇五	43	2・17実朝に供奉して鶴岡宮に参宮。6・22畠山重忠討伐勢の大将軍として重忠を討つ。閏7・19実朝、	1・1北条時政、垸飯を源実朝に献上。7・8政子、重忠余党

			義時邸に入り、御家人参集。8・19頼綱、結城朝光を介して髻を義時に献じ陳謝。	の所領を勲功の輩に給う。閏7・19時政落飾、翌日伊豆国北条に下向。8・7宇都宮頼綱謀叛の風聞。8・16頼綱出家。
建永元	一二〇六	44	2・4実朝、名越に御出、義時の山荘にて和歌会を開く。5・6祭主能隆、加藤光員の年貢未納・検非違使罷免を訴う。義時・広元・善信、年貢未納を禁止し検非違使については仙洞の計らいとして却下す。6・21実朝、御所南庭で相撲を覧る。同席す。10・24義時次男（朝時）、御所にて元服。	2・22実朝、従四位下に昇叙。6・16頼家の子善哉（公暁）政子邸にて着袴の儀を行う。
承元元	一二〇七	45	1・5従五位上に昇叙。1・22二所詣に進発する実朝に扈従。4・16義時邸で実朝の病気回復の祈願を行う。6・2天野遠景、御恩所望の嘆願書を義時に提出。8・17鶴岡宮放生会時の供奉辞退の輩に就き時房・善信・二階堂行光らと評議す。	
二	一二〇八	46	7・5鶴岡宮神宮寺上棟に時房・広元らと監臨。12・17鶴岡宮神宮寺の薬師像開眼供養会に広元とともに参列。	12・9実朝、正四位下に昇叙。
三	一二〇九	47	3・3鶴岡宮一切経会に奉幣使として代参。5・20法華堂で行われた梶原景時追悼の仏事に参列。8・	4・10実朝、従三位に昇叙。5・12和田義盛上総介を所望。

和暦	西暦	齢	事項	関連事項
			15鶴岡宮放生会に奉幣御使として代参。11・4義時の諫言に実朝、小御所にて切的を行う。11・8駿河国益頭荘年貢を鶴岡宮神宮寺の灯油料に宛つべき旨義時に命ず。11・14年来の郎従を侍に準ずべきことを要請、許されず。12・6宇佐大宮司の訴えに勝訴の御教書を発給。初めての単独書判の御教書。12・11政所、藤原能直を肥後国神蔵荘の地頭下司職に任ずる下文を発給。義時、政所別当の初見。	11・20諸国守護の交替制が論議。12・15近国守護ら補任の下文等を提出。
四	一二一〇	48	1・1実朝の使いとして鶴岡宮に奉幣す。3・22義時室の熊野詣の路地雑事を地頭に宛てる。5・6実朝、広元邸に渡御、時房とともに扈従。6・3相模丸子河にて土肥・小早川一族と松田・河村一族喧嘩す。今後は厳罰の書をくだす。7・20上総在庁、新国守藤原秀康の使者の非義を訴う。奏聞すべきを命ず。8・15実朝の奉幣使として鶴岡宮放生会に参る。9・9鶴岡宮祭に実朝の奉幣使として参宮。	2・1鎌倉の民屋焼亡。若宮大路に延焼。3・14武蔵国の大田文を作成、国務条々を定む。
建暦元	一二一一	49	1・1垸飯を献ず。1・15実朝御行始めに義時邸に入る。4・13三嶋社神事のため伊豆国に下向。4・21帰参。8・15鶴岡宮放生会に奉幣使を勤む。10・22伊賀朝光、永福寺の傍らに一梵宇を建立し供養会	1・5実朝正三位に叙せらる。

			を営む。義時夫妻渡御。12・17義時知行の神社仏事に対し興行の沙汰に及ぶ。	
二	一二一二	50	1・1垸飯を献ず。1・19実朝鶴岡宮に御参、広元らと供奉。2・3実朝・政子二所詣に進発、扈従。3・9実朝三浦三崎に渡御、政子・御台所同伴。時房らと扈従。4・18実朝、大倉郷に建立する寺院の上棟、時房らと参向。5・7女事により次男朝時を義絶、駿河国富士郡に下向。7・2広元とともに、先月の刃傷事件により御所の一部造替を決定、千葉介成胤に命ず。10・11建立中の堂舎を覧るため大倉に渡御する実朝に扈従。12・29実朝、頼朝の法華堂以下を巡礼、大江親広らとともに供奉。	
建保元	一二一三	51	1・2垸飯を献ず。1・4実朝、義時邸に入る。1・10義時邸にて神社仏事以下の吉事等始めを沙汰す。1・22実朝二所詣に進発、時房らと供奉。2・15千葉介成胤、謀叛を計画する安念法師を捕らえて義時に進む。2・16安念の白状により謀叛の輩を生け捕り、与同人の捕縛を各地の守護に命ず。2・27正五位下に昇叙。4・2和田胤長の屋敷地を拝領。分給された被官、前給人和田義盛の代官を追い出す。	2・27実朝正二位に昇叙。3・8和田義盛、謀叛に与した子息義直・義重の赦免を願い、赦される。3・9義盛、甥胤長の赦免を願い出るも叶わず、その後、陸奥国岩瀬郡に配流。4・20実朝、南都十五大寺出行う非人施行の費用を京畿内の御家人に命

4・4倒壊した平泉の寺塔修復の奉書を郡内地頭に下す。4・28義時、広元と談合し鶴岡宮で大般若経の転読を供僧に命ず。4・29義絶した次男朝時を駿河国から呼び戻す。5・2三浦義村・胤義兄弟、義盛謀叛を申す。政子および実朝御台所を御所北門から鶴岡宮別当坊に逃す。5・3義時・広元連署に実朝の花押を据えた御教書を近国御家人に発給す。5・5侍所別当に就任。翌日、被官金窪行親を侍所司に任ず。5・7相模山内荘を得る。6・26時房・広元らと参会して御所の新造を評議す。7・7御所にて和歌会、泰時・東重胤らと参加。8・3御所上棟、義時以下群参。8・20実朝、新造の御所に移徙、義時以下扈従。10・2実朝、方違のため義時邸に入る。12・28義時子息、御所にて元服、政村と名のる。

ず。5・2八田知重、義盛邸に軍勢の競い集るを見て広元に報告。広元御所に参る。午後四時ごろ、義盛勢、御所を襲う。5・3午前四時ごろ、横山時兼勢、義盛に合流。午後六時過ぎ、義盛討たれる（和田合戦終わる）。5・4義盛与同の軍勢、各地で討たれる。5・5義盛・時兼らの所領を没収。5・7恩賞を軍功ある御家人に給与す。泰時は陸奥遠田郡、時房は上総飯富庄を得る。5・21午前十二時ごろ大地震。多くの舎屋倒壊。7・7午後八時ごろ、大地震。

二　一二一四　52

1・22鶴岡宮に参詣する実朝に供奉す。2・23鶴岡宮に参詣する実朝に供奉。4・18大倉大慈寺の落慶供養会について評議。7・27大慈寺の落慶供養会に参列。9・29二所詣に進発する実朝に供奉。10・3子息元服。実義と名のる。

2・4実朝発病、栄西茶を薦む。

三	一二一五	53	1・1鶴岡宮に参詣する実朝に供奉。3・5三浦横須賀を逍遙する実朝に供奉。8・22地震多く重変との占いに実朝御所から義時邸に移る。9・15朝光、二階堂家の後山に葬る。監臨。10・30鶴岡宮浜鳥居新造。監臨。11・8実朝、義時邸から御所に還る。12・16義時御願により願成就院南新御堂の供養行われる。	1・6北条時政没。9・14地震頻発。伊賀朝光没。
四	一二一六	54	1・13従四位下に昇叙。2・15伊勢国大橋御園の地頭職に就き広元と連署で下知状を発給。7・29小河法印忠快、相模河にて六字臨法を修す。御出する実朝に供奉。9・18広元を招請し実朝の征夷大将軍任官を評議す。10・29鶴岡宮北斗堂にて一切経供養会を行う実朝に扈従。11・12中納言昇進にともなう鶴岡宮拝賀の実朝に扈従。11・24渡唐船修造を命ずる実朝に諫言。	6・20実朝、権中納言に就任。7・20実朝、左近衛中将に転ず。
五	一二一七	55	1・26二所詣に進発する実朝に供奉。1・28右京権大夫に就任。11・9重篤につき広元を見舞う。12・12陸奥守を兼ねる。	6・20公暁鶴岡宮別当に就く。
六	一二一八	56	3・23常陸国願成寺住僧の訴えを認め、検注使の新儀停止を下知す。6・27左大将任命により鶴岡宮に	1・13実朝、権大納言。2・21政子・時房上洛。4・14政子、

和暦	西暦	齢	事項	参考事項
			参る実朝に供奉。7・8鶴岡宮に御参する実朝に供奉せず宮寺にて参会。12・2義時建立の大倉新御堂に安置する薬師如来像の供養会行われる。12・20実朝の右大臣就任にともなう政所始めに列座。	従三位に叙せらる。4・29政子、鎌倉に帰る。7・22嫡子泰時、侍所別当に就く。10・9実朝、内大臣。11・13政子、従二位に昇叙。12・2実朝、右大臣に補任。
承久 元	一二一九	57	1・27右大臣拝賀のため鶴岡宮に御参する実朝に扈従するも、心神違例により御劔役を源仲章に譲り退出。1・30鶴岡宮供僧重賀に本坊安堵の書状を下す。2・1鶴岡宮供僧良祐に安堵を下知す。2・2鶴岡宮領武蔵国熊谷郷の地頭に対し宮寺使の入部停止と年貢納入の書状を下す。2・8大倉薬師堂に参詣。2・19阿野時元誅戮のため金窪行親以下を駿河に派遣。時元自害す。3・8後鳥羽の使者藤原忠綱下向。その後、摂津国長江・倉橋荘地頭職解任を求む。4月義時、平広忠を陸奥国岩楯村の地頭代職に任ず。7・19左大臣道家の子三寅、鎌倉に下向。大倉の義時邸に入る。夕刻に政所始め。10・20一条実雅、義時嫡女を娶る。	1・27実朝、公暁に討たれる。2・13政子の命により二階堂行村上洛。将軍後継として親王の東下を要請。2・14京都警固のため伊賀光季上洛。将軍家の政所全焼。2・29京都守護として大江親広上洛。3・15政子の使者として時房上洛。7・28小侍所別当に北条重時就任。9・6政所執事に伊賀光宗就任。9・22鎌倉大火。12・24故実朝邸（政子居所）焼亡。12・27政子、実朝追福のため五仏堂建立。
二	一二二〇	58	5・20時房らとともに広元邸に会合、小弓会を行う。	2・16鎌倉大町以南焼亡。2・

			8・6一条実雅の妻（義時女）男子出産。9・25鎌倉中失火、義時邸余災を免れる。12・1三寅着袴の儀、義時大倉邸にて執行。実雅・時房らとともに候ず。12・15大慈寺舎利会に政子とともに参堂。	26大町上失火。7月晦鎌倉中風雨甚く人家顛倒、死亡する者多し。10・11鎌倉町辺焼亡。南北二町余災。
三	一二二一	59	1・27政子、法華堂にて実朝三年追善を行う。義時・時房以下群参。5・14義時追討の宣旨下る。5・19義時追討の宣旨鎌倉に届く。義時邸にて軍議。東国御家人に上洛を促す奉書を送る。5・21重ねての軍議に三善善信即時の上洛を主張。義時甘心。泰時京都に進発。泰時に従う軍士に兵具を与う。5・23鎌倉にて祈禱、軍勢派遣を催す。5・25上洛する軍勢惣じて十九万騎。6・8義時邸の釜殿に落雷。畏怖して広元に「これ運命の縮まるべき端《はじめ》か」と問う。6・24合戦張本の公卿らの罪名につき注文を作成。翌日、安東光成、注文をもって上洛。8・7政子の命を承け、叛逆の卿相・勇士の所領約三千余カ所を勲功の士に給与す。9・16鶴岡宮に奉幣。11・23義時室、女子を平産。	1・25鎌倉内町大路東失火、三善善信邸焼失、重書・問注記等焼失。4・20順徳院譲位。仲恭天皇受禅。5・15後鳥羽、伊賀光季を討つ。5・19政子、群参する家人に頼朝以来の御恩を説く。5・25泰時駿河に到着。6・3公卿僉議。関東勢迎撃のため軍勢を発遣。6・5泰時・時房勢尾張一宮に到着。官軍と合戦。6・6北条時氏ら摩免戸・筵田で合戦。6・8秀康・有長ら帰洛。敗戦を奏聞。6・12官軍を各地に発遣。6・14泰時勢、宇治川を渡る。6・16泰時ら六波羅館に入る。時房、合

年号	西暦	年齢	事項	一般事項
				戦の勝利を鎌倉に伝える。6・23飛脚、鎌倉に到着。6・24〜25合戦の張本の公卿ら、六波羅に送らる。7・1合戦の張本衆断罪の宣下。7・8後高倉院政始まる。7・9後堀河践祚。7・13後鳥羽、隠岐に配流。7・21順徳、佐渡に配流。8・9三善康信（善信）没。閏10・10土御門、土佐に移る。
貞応 元	一二二二	60	1・1垸飯を献ず。2・6三寅、御所南庭にて行われた犬追物を見る。足利義氏とともに見物。4・26承久合戦以後の守護地頭の所務について下知す。5・18守護地頭の非義糾明を時房・泰時に命ず。5・25三浦海辺を逍遙。8・16陸奥守を辞す。9・22義時邸に放火。10・15大慈寺にて一切経会、政子とともに参詣。10・16右京権大夫を辞す。12・12義時室、男子平産。	7・23大地震。8・13西園寺公経太政大臣となる。
二	一二二三	61	1・1垸飯を献ず。1・2垸飯の後、三寅邸にて手鞠会あり。鞠衆を務める。1・23新補の守護地頭の	4・8承久合戦の恩賞に漏れたる人びとに沙汰。5・12大地震。

			非違注進を畿内西国に命じる。5・18後高倉院没を政子に伝える。6・20駿河国富士浅間宮造替遷宮を執行。6・28故伊賀光季の子息四人に対し忠直に励むべきことを伝える。7・6新補地頭の得分等について宣旨の遵守を時房に下達す。7・25鶴岡若宮回廊にて法華経百部の書写供養を行う。8・20南新御堂の供養、北条朝時らとともに廊に着す。9・5連日の天変出現に祈禱すべきを沙汰す。9・25三寅邸の新設を決定す。10・4三浦義村の田村別荘に参る。12・3義時邸に光物あり。大倉薬師堂にて祈禱、神馬を奉る。鶴岡宮にて七座招魂祭を執行。	5・14後高倉院没。6・15新補地頭の得分について宣旨下る。10・1北陸道守護成敗について朝時に尋問。
元仁元	一二二四	62	1・1垸飯を献ず。1・4垸飯時に祇候し二階堂行村らに盃酌、数献に及ぶ。1・6女婿一条実雅、義時邸に来臨。1・15鶴岡宮に参詣。2・23富士新宮など火災につき平盛綱・尾藤景綱を派遣。2・29越後に漂着する高麗人の弓箭など具足を三寅邸にて見る。3・19今暁から祈禱百日泰山府君祭を始む。5・18炎旱につき五龍祭を修すべきを決める。6・12辰刻、病悩。6・13巳刻没。6・18葬送。6・19初七日の仏事。6・26二七日の仏事。7・11四七日	6・13飛脚を京都に発遣。6・16飛脚入洛。6・17泰時出京。6・26泰時・時房・足利義氏下着。6・27泰時、小町西北の鎌倉邸に入る。6・28泰時・時房、政子より「軍営の後見として武家の事を執行すべき」旨を仰せられる。義時後室・伊賀一族、一条実雅将軍擁立を計画の風聞。

の仏事。7・16五七日の仏事。7・30七七日の仏事。9・5義時の遺領、男女賢息に配分。

閏7・23一条実雅、鎌倉を進発、京都に向かう。閏7・29伊賀光宗、政所執事職罷免、所領五十二カ所を没収。二階堂行盛、政所執事に就任。尾藤景綱、泰時の後見として北条氏の家令に就任。8・29義時後室伊賀方、政子の命により出国北条に籠居。伊賀光宗は信濃、朝行・光重兄弟は鎮西に配流。

人名索引

あ行

か行

さ　行

た　行

な　行

は　行

ま　行

や・わ　行

事項索引

あ行

か行

さ　行

や　行

ら・わ　行

地名索引

あ行

か行

さ行

た　行

な　行

は　行

ま　行

や・ら・わ　行

《著者紹介》

岡田清一（おかだ・せいいち）

1947年　茨城県生まれ。

1970年　國學院大學文学部卒業。

1975年　学習院大学大学院人文科学研究科博士課程（史学専攻）満期退学。

1977年　東北福祉大学専任講師，助教授，教授を経て，

現　在　東北福祉大学大学院教育学研究科嘱託教授。専門は日本中世史。博士（文学）（東北大学）。

著　書　『中世相馬氏の基礎的研究』崙書房，1978年。

『鎌倉の豪族Ⅱ』かまくら春秋社，1983年。

『中世日本の地域的諸相』（共著），南窓社，1992年。

『鎌倉幕府と東国』続群書類従完成会，2006年。

『中世東国の地域社会と歴史資料』名著出版，2009年。

『相馬氏の成立と発展』戎光祥出版株式会社，2015年。

『相馬藩世紀・第一』（編著）続群書類従完成会，1999年。

『相馬藩世紀・第二』（編著）続群書類従完成会，2002年。

『河越氏の研究』（編著）名著出版，2003年。

ほか多数。

ミネルヴァ日本評伝選

北《ほう》条《じょう》義《よし》時《とき》

——これ運命の縮まるべき端か——

2019年４月10日　初版第１刷発行　〈検印省略〉

2021年９月10日　初版第２刷発行

定価はカバーに表示しています

著　者　岡　田　清　一

発行者　杉　田　啓　三

印刷者　江　戸　孝　典

発行所　株式会社　ミネルヴァ書房

607-8494　京都市山科区日ノ岡堤谷町１

電話代表（075）581-5191

振替口座 01020-0-8076

共同印刷工業・新生製本

ISBN978-4-623-08604-7

Printed in Japan

刊行のことば

歴史を動かすものは人間であり、興趣に富んだ人間の動きを通じて、世の移り変わりを考えるのは、歴史に接する醍醐味である。

しかし過去の歴史学を顧みるとき、人間不在という批判さえ見られたように、歴史における人間のすがたが、必ずしも十分に描かれてきたとはいえない。二十一世紀を迎えた今、歴史の中の人物像を蘇生させようとの要請はいよいよ強く、またそのための条件もしだいに熟してきている。

この「ミネルヴァ日本評伝選」は、正確な史実に基づいて書かれるのはいうまでもないが、単に経歴の羅列にとどまらず、歴史を動かしてきたすぐれた個性をいきいきとよみがえらせたいと考える。そのためには、対象とした人物とじっくりと対話し、ときにはきびしく対決していくことも必要になるだろう。

今日の歴史学が直面している困難の一つに、研究の過度の細分化、瑣末化が挙げられる。それは緻密さを求めるが故に陥った弊害といえるが、その結果として、歴史の大きな見通しが失われ、歴史学を通しての社会への働きかけの途が閉ざされ、人々の歴史への関心を弱める危険性がある。今こそ歴史が何のためにあるのかという、基本的な課題に応える必要があろう。評伝という興味ある方法を通じて、解決の手がかりを見出せないだろうかというのも、この企画の一つのねらいである。

狭義の歴史学の研究者だけでなく、多くの分野ですぐれた業績をあげている著者たちを迎えて、従来見られなかった規模の大きな人物史の叢書として、「ミネルヴァ日本評伝選」の刊行を開始したい。

平成十五年（二〇〇三）九月

ミネルヴァ書房

ミネルヴァ日本評伝選

企画推薦
梅原猛
ドナルド・キーン
佐伯彰一
角田文衞

監修委員
上横手雅敬
芳賀徹

編集委員
石川九楊
伊藤之雄
猪木武徳
今谷明
今橋映子
熊倉功夫
佐伯順子
坂本多加雄
武田佐知子
竹西寛子
西口順子
兵藤裕己
御厨貴

上代

*俾弥呼　古田武彦
日本武尊　西宮秀紀
*仁徳天皇　若井敏明
雄略天皇　吉村武彦
継体天皇　若井敏明
*蘇我氏四代　遠山美都男
*推古天皇　義江明子
聖徳太子　仁藤敦史
斉明天皇　武田佐知子
*小野妹子・毛人・毛野　大橋信弥
*額田王　梶川信行
弘文天皇　遠山美都男
天武天皇　新川登亀男
持統天皇　丸山裕美子
阿倍比羅夫　熊田亮介
*藤原四子　木本好信
役小角　脊古真哉
*柿本人麿　古橋信孝
*元明天皇・元正天皇　渡部育子
聖武天皇　本郷真紹
光明皇后　寺崎保広

*孝謙・称徳天皇　勝浦令子
藤原不比等　荒木敏夫
橘諸兄・奈良麻呂　遠山美都男
吉備真備　今津勝紀
*藤原仲麻呂　木本好信
道鏡　吉川真司
*藤原種継　木本好信
*行基　吉田靖雄

平安

*桓武天皇　井上満郎
嵯峨天皇　西別府元日
宇多天皇　古藤真平
醍醐天皇　石上英一
村上天皇　京樂真帆子
花山天皇　上島享
*三条天皇　倉本一宏
藤原薬子　中野渡俊治
*藤原良房・基経　瀧浪貞子
*紀貫之　神田龍身
*安倍晴明　斎藤英喜
*藤原道長　朧谷寿

*藤原伊周・隆家　倉本一宏
藤原定子　山本淳子
*藤原彰子　朧谷寿
清少納言　三田村雅子
和泉式部　ツベタナ・クリステワ
大江匡房　小峯和明
*阿弖流為　樋口知志
坂上田村麻呂　熊谷公男
*源満仲・頼光　元木泰雄
平将門　西山良平
藤原純友　寺内浩
源義家　大津雄一
最澄　吉田一彦
円珍　岡野浩二
*空也　石井義長
奝然　上川通夫
*源信　小原仁
慶滋保胤　吉原浩人
*後白河天皇　美川圭
*式子内親王　奥野陽子
建礼門院　生形貴重

藤原頼長・師長　樋口健太郎
*藤原秀衡　入間田宣夫
平時子・時忠　元木泰雄
平維盛　根井浄
木曾義仲　樋口州男
守覚法親王　阿部泰郎
藤原隆信・信実　山本陽子

鎌倉

*源頼朝　川合康
*源義経　近藤好和
源実朝　神田龍身
*九条兼実　加納重文
九条道家　上横手雅敬
北条時政　野口実
熊谷直実　佐伯真一
*北条政子　関幸彦
*北条義時　岡田清一
曾我十郎・五郎　杉橋隆夫
後鳥羽天皇　兵藤裕己
北条時頼　山本隆志
北条時宗　近藤成一

平頼綱　細川重男
竹崎季長　堀本一繁
西行　光田和伸
鴨長明　浅見和彦
藤原定家　赤瀬信吾
*京極為兼　今谷明
*兼好　島内裕子
重源　横内裕人
*運慶　根立研介
快慶　井上一稔
法然　今堀太逸
*栄西　中尾良信
明恵　西山厚
*親鸞　末木文美士
恵信尼・覚信尼　西口順子
覚如　今井雅晴
*道元　船岡誠
叡尊　細川涼一
*忍性　松尾剛次
*日蓮　佐藤弘夫
一遍　蒲池勢至
夢窓疎石　原田正俊
*宗峰妙超　竹貫元勝

南北朝・室町

後醍醐天皇　上横手雅敬
*護良親王　新井孝重
*懐良親王　森茂暁
*赤松氏五代　渡邊大門
*北畠親房　岡野友彦
楠正成　兵藤裕己
*楠木正行・正儀　生駒孝臣
*新田義貞　山本隆志
*光厳天皇　深津睦夫
足利尊氏　市沢哲
*足利直義　亀田俊和
佐々木道誉　下坂守
細川頼之　亀田俊和
円観・文観　田中貴子
足利義詮　早島大祐
*足利義持　吉田賢司
足利持氏　植田真平
足利義政　木下昌規
*日野富子　田端泰子
*大内義弘　平瀬直樹
伏見宮貞成親王　松薗斉
*山名宗全　山本隆志
細川勝元・政元　古野貢
畠山義就　呉座勇一
足利成氏　阿部能久
世阿弥　西野春雄
雪舟等楊　河合正朝
宗祇　鶴崎裕雄

*満済　森茂暁
一休宗純　原田正俊
蓮如　岡村喜史

戦国・織豊

北条早雲　家永遵嗣
*北条氏綱　黒田基樹
*北条氏政　黒田基樹
*大内義隆　藤井崇
*斎藤氏四代　木下聡
*毛利元就　岸田裕之
*毛利輝元　光成準治
*小早川隆景・秀秋　光成準治
*六角定頼　村井祐樹
*今川義元　小和田哲男
*武田信玄　笹本正治
*武田勝頼　笹本正治
*真田氏三代　笹本正治
*三好長慶　天野忠幸
松永久秀　天野忠幸
*宇喜多直家・秀家　渡邊大門
*上杉謙信　矢田俊文
*大友義鎮　鹿毛敏夫
島津義久・義弘　福島金治
細川幽斎　鈴木元
*長宗我部元親・盛親　平井上総
最上氏三代　松尾剛次
浅井長政　長谷川裕子
蠣崎・松前氏五代　新藤透

吉田兼倶　西山克
山科言継　松薗斉
*雪村周継　赤澤英二
正親町天皇・後陽成天皇　神田裕理
*足利義輝・義昭　山田康弘
織田信長　三鬼清一郎
織田長益　八尾嘉男
*明智光秀・秀満　小和田哲男
豊臣秀吉　藤井讓治
豊臣秀次　矢部健太郎
*北政所おね　田端泰子
*淀殿　福田千鶴
蜂須賀正勝・家政　三宅正浩
前田利家　東四柳史明
山内一豊・忠義　長屋隆幸
*黒田如水　小和田哲男
*蒲生氏郷　藤田達生
石田三成　堀越祐一
*細川ガラシャ　田端泰子
*支倉常長　田中英道
千利休　熊倉功夫
*長谷川等伯　宮島新一
*顕如　神田千里
教如　安藤弥

江戸

*徳川家康　笠谷和比古
板倉勝重　谷徹也

本多忠勝　柴裕之
本多正純　小川雄
柳生宗矩　福田千鶴
*徳川家光　野村玄
徳川吉宗　横田冬彦
*後水尾天皇　久保貴子
*光格天皇　藤田覚
*春日局　福田千鶴
宮本武蔵　渡邊大門
*池田光政　倉地克直
保科正之　八木清治
シャクシャイン　岩崎奈緒子
*田沼意次　藤田覚
細川重賢　安高啓明
松平治郷　小林准士
*二宮尊徳　小林惟司
末次平蔵　岡美穂子
*高田屋嘉兵衛　生田美智子
沢庵宗彭　芳澤元
*林羅山　鈴木健一
吉野太夫　渡辺憲司
熊沢蕃山　川口浩
*山崎闇斎　澤井啓一
山鹿素行　前田勉
*北村季吟　島内景二
伊藤仁斎　澤井啓一
貝原益軒　辻本雅史
*ケンペル　B・M・ボダルト＝ベイリー
新井白石　大川真
荻生徂徠　柴田純
*雨森芳洲　上田正昭

石田梅岩　高野秀晴
白隠慧鶴　芳澤勝弘
前野良沢　松田清
平賀源内　石上敏
本居宣長　田尻祐一郎
杉田玄白　吉田忠
木村蒹葭堂　有坂道子
*大田南畝　沓掛良彦
菅江真澄　赤坂憲雄
*鶴屋南北　諏訪春雄
良寛　阿部龍一
*山東京伝　佐藤至子
*滝沢馬琴　高田衛
平田篤胤　山下久夫
国友一貫斎　太田浩司
シーボルト　宮坂正英
本阿弥光悦　岡佳子
小堀遠州　中村利則
狩野探幽・山雪　山下善也
尾形光琳・乾山　河野元昭
*二代目市川團十郎　田口章子
伊藤若冲　狩野博幸
*浦上玉堂　高橋博巳
*佐竹曙山　成瀬不二雄
葛飾北斎　岸文和
酒井抱一　玉蟲敏子
孝明天皇　青山忠正
*和宮　辻ミチ子
徳川慶喜　大庭邦彦
島津斉彬　原口泉
*横井小楠　沖田行司

*古賀謹一郎　小野寺龍太
*永井尚志　高村直助
*岩瀬忠震　小野寺龍太
*栗本鋤雲　小野寺龍太
大村益次郎　竹本知行
岩倉具視　斎藤紅葉
河井継之助　小川和也
松平春嶽　大石学
*西郷隆盛　家近良樹
*由利公正　角鹿尚計
橋本左内・橋曙覧　角鹿尚計
*塚本明毅　塚本学
松平容保　白石烈
山岡鉄舟・高橋泥舟　岩下哲典
三条実美　奈良勝司
*月性　海原徹
*吉田松陰　海原徹
*高杉晋作　海原徹
*久坂玄瑞　一坂太郎
ペリー　遠藤泰生
ハリス　福岡万里子
オールコック　佐野真由子
アーネスト・サトウ　奈良岡聰智

近代

*明治天皇　伊藤之雄
*大正天皇　F・R・ディキンソン

*昭憲皇太后・貞明皇后　小田部雄次
大久保利通　三谷太一郎
山県有朋　鳥海靖
木戸孝允　落合弘樹
井上馨　伊藤之雄
*松方正義　室山義正
榎本武揚　醍醐龍馬
北垣国道　小林丈広
板垣退助　小川原正道
長与専斎　笠原英彦
大隈重信　五百旗頭薫
伊藤博文　坂本一登
井上毅　大石眞
*井上勝　老川慶喜
*桂太郎　小林道彦
*渡邉洪基　瀧井一博
*乃木希典　佐々木英昭
星亨　小林道彦
林董　奈良岡聰智
*児玉源太郎　小林道彦
*高宗・閔妃　木村幹
山本権兵衛　室山義正
*金子堅太郎　松村正義
高橋是清　鈴木俊夫
小村寿太郎　簑原俊洋
*犬養毅　小林惟司
原敬　季武嘉也
*加藤高明　櫻井良樹
牧野伸顕　小宮一夫
田中義一　黒沢文貴
内田康哉　高橋勝浩

平沼騏一郎　堀田慎一郎
*鈴木貫太郎　小堀桂一郎
宇垣一成　北岡伸一
*宮崎滔天　榎本泰子
*浜口雄幸　川田稔
幣原喜重郎　西田敏宏
関一　玉井金五
水野広徳　片山慶隆
広田弘毅　井上寿一
安重根　上垣外憲一
*グルー　廣部泉
*永田鉄山　森靖夫
東條英機　牛村圭
今村均　前田雅之
蔣介石　劉岸偉
近衛文麿　庄司潤一郎
*岩崎弥太郎　武田晴人
伊藤忠兵衛　末永國紀
*五代友厚　田付茉莉子
大倉喜八郎　村上勝彦
*安田善次郎　由井常彦
*渋沢栄一　武田晴人
中野武営　佐賀香織
益田孝　鈴木邦夫
山辺丈夫　宮本又郎
武藤山治　阿部武司・桑原哲也
池田成彬　松浦正孝
西原亀三　森川正則
小林一三　橋爪紳也
大倉恒吉　石川健次郎
大原孫三郎　猪木武徳

*河竹黙阿弥　今尾哲也
イザベラ・バード　加納孝代
小泉八雲　斎藤英喜
*林忠正　木々康子
*森鷗外　小堀桂一郎
*二葉亭四迷　ヨコタ村上孝之
*正岡子規　井上泰至
*夏目漱石　佐々木英昭
徳冨蘆花　半藤英明
巌谷小波　千葉信胤
樋口一葉　佐伯順子
*島崎藤村　十川信介
泉鏡花　東郷克美
上田敏　小林茂
*有島武郎　亀井俊介
志賀直哉　小林幸夫
北原白秋　平石典子
菊池寛　山本芳明
芥川龍之介　高橋龍夫
*宮沢賢治　千葉一幹
高浜虚子　坪内稔典
与謝野晶子　佐伯順子
*種田山頭火　村上護
*斎藤茂吉　品田悦一
*高村光太郎　湯原かの子
石川啄木　先崎彰容
萩原朔太郎　エリス俊子・栗原飛宇馬
*原阿佐緒　秋山佐和子
*狩野芳崖・高橋由一　古田亮

川村清雄　落合則子
*小堀鞆音　小堀桂一郎
竹内栖鳳　北澤憲昭
黒田清輝　高階秀爾
中村不折　石川九楊
横山大観　高階秀爾
*橋本関雪　西原大輔
土田麦僊　天野一夫
岸田劉生　北澤憲昭
濱田庄司　濱田琢司
*山田耕筰　後藤暢子
松旭斎天勝　川添裕
中山みき　鎌田東二
佐田介石　谷川穣
*ニコライ　中村健之介
*出口なお・王仁三郎　川村邦光
*新島襄　太田雄三
新島八重　佐伯順子
木下広次　冨岡勝
山川健次郎　小宮京・中澤俊輔
海老名弾正　西田毅
嘉納治五郎　クリストファー・スピルマン
柏木義円　片野真佐子
津田梅子　田中智子
*澤柳政太郎　新田義之
*河口慧海　高山龍三
*山室軍平　室田保夫
大谷光瑞　白須淨眞
*久米邦武　高田誠二
フェノロサ　伊藤豊

井上哲次郎　井ノ口哲也
三宅雪嶺　長妻三佐雄
*岡倉天心　木下長宏
志賀重昂　中野目徹
徳富蘇峰　杉原志啓
*竹越与三郎　西田毅
内藤湖南・桑原隲蔵　礪波護
*廣池千九郎　橋本富太郎
岩村透　今橋映子
*西田幾多郎　大橋良介
*金沢庄三郎　石川遼子
*柳田国男　鶴見太郎
厨川白村　張競
*村岡典嗣　水野雄司
大川周明　山内昌之
西田直二郎　林淳
*折口信夫　斎藤英喜
九鬼周造　古川雄嗣
三木清　杉山直樹
シュタイン　瀧井一博
*西周　清水多吉
*福澤諭吉　平山洋
成島柳北　山田俊治
*福地桜痴　山田俊治
*村山龍平　早房長治
島田三郎　武藤秀太郎
田口卯吉　鈴木栄樹
*陸羯南　松田宏一郎
有賀長雄　森田吉彦
*黒岩涙香　奥武則
幸徳秋水　馬渕浩二

長谷川如是閑　織田健志
上杉慎吉　今野元
*吉野作造　田澤晴子
*山川均　米原謙
*岩波茂雄　十重田裕一
*北一輝　岡本幸治
*穂積重遠　大村敦志
中野正剛　吉田則昭
荒畑寒村　川村邦光
*満川亀太郎　福家崇洋
*エドモンド・モレル　林田治男
*北里柴三郎　福田眞人
高峰譲吉　木村昌人
田辺朔郎　秋元せき
*南方熊楠　飯倉照平
*辰野金吾　河上眞理・清水重敦
*七代目小川治兵衛　尼崎博正
本多静六　岡本貴久子
ブルーノ・タウト　北村昌史
*ウィリアム・メレル・ヴォーリズ　山形政昭・吉田与志也

現代

昭和天皇　御厨貴
高松宮宣仁親王　後藤致人
*李方子　小田部雄次
吉田茂　中西寛

マッカーサー　柴山太
鳩山一郎　楠綾子
*石橋湛山　増田弘
重光葵　武田知己
*市川房枝　村井良太
*池田勇人　藤井信幸
高野実　篠田徹
和田博雄　庄司俊作
ライシャワー　廣部泉
朴正熙　木村幹
*田中角栄　新川敏光
宮沢喜一　村上友章
竹下登　真渕勝
*松永安左エ門　橘川武郎
鮎川義介　井口治夫
*出光佐三　橘川武郎
*松下幸之助　米倉誠一郎
渋沢敬三　井上潤
*本田宗一郎　伊丹敬之
*井深大　武田徹
*佐治敬三　小玉武
幸田家の人々　金井景子
*正宗白鳥　大嶋仁
*大佛次郎　福島行一
井伏鱒二　滝口明祥
*川端康成　大久保喬樹
*薩摩治郎八　小林茂
坂口安吾　千葉一幹
太宰治　安藤宏

松本清張　杉原志啓
安部公房　鳥羽耕史
*三島由紀夫　島内景二
井上ひさし　成田龍一
R・H・ブライス　菅原克也
柳宗悦　熊倉功夫
バーナード・リーチ　鈴木禎宏
*熊谷守一　古川秀昭
川端龍子　岡部昌幸
藤田嗣治　林洋子
*井上有一　海上雅臣
*手塚治虫　竹内オサム
古賀政男　藍川由美
*吉田正　金子勇
武満徹　船山隆
*八代目坂東三津五郎　田口章子
*力道山　岡村正史
*西田天香　宮田昌明
安倍能成　中根隆行
サンソム夫妻　平川祐弘・牧野陽子
*天野貞祐　貝塚茂樹
和辻哲郎　小坂国継
矢代幸雄　稲賀繁美
石田幹之助　岡本さえ
*平泉澄　若井敏明
*早川孝太郎　須藤功
安岡正篤　片山杜秀
*青山二郎　田野勲
*島田謹二　小林信行

田中美知太郎　川久保剛
前嶋信次　杉田英明
*唐木順三　澤村修治
亀井勝一郎　山本直人
宮本常一　須藤功
知里真志保　モコットゥナシ
竹内好　田澤晴子
*保田與重郎　谷崎昭男
石母田正　磯前順一
*福田恆存　川久保剛
井筒俊彦　安藤礼二
吉田満　貝塚茂樹
佐々木惣一　伊藤孝夫
高田保馬　金子勇
小泉信三　都倉武之
*瀧川幸辰　伊藤孝夫
式場隆三郎　服部正
大宅壮一　有馬学
*清水幾太郎　庄司武史
*フランク・ロイド・ライト　大久保美春
*中谷宇吉郎　杉山滋郎
今西錦司　山極寿一

*は既刊
二〇二一年九月現在